KB039038

브랜드 심리학(3판)

우석봉 저

3판

브랜드 심리학
BRAND PSYCHOLOGY

우석봉 저

학지사

3판 머리말

　브랜드 관리를 위한 소비자의 핵심적인 심리기제에 초점을 맞춘다는 이 책의 목적은 3판에서도 그대로 유지된다. 2010년에 2판이 출간되고 약 5년이라는 시간이 지났다. 그간의 변화로는 소셜 미디어가 소비자와 브랜드 관계에 어느 정도 영향을 미치기 시작했다는 점을 꼽을 수 있다. 브랜드 커뮤니케이션을 위한 도구로서라기보다는 소비자와 브랜드가 상호작용하는 패러다임에 변화가 있었다는 표현이 더 정확할 것이다. 통합 마케팅 커뮤니케이션의 활성화도 그간의 변화로 꼽을 수 있겠다. 이러한 변화가 있다고 해서 브랜드 관리를 위한 소비자의 심리기제가 바뀌는 것은 아니다. 오히려 환경이 변화하고 경쟁이 치열해질수록 중심을 잃지 않고 자사만의 경쟁력 있는 브랜드를 육성하기 위해 핵심적인 브랜드심리의 기제에 천착하는 것은 더욱 중요하다.

　3판에서는 '브랜드 관리의 문화심리학'이라는 한 개 장을 추가하였다. 최근 심리학에서는 그동안 보편적인 것으로 간주했던 심리현상들이 문화(국가나 사회)에 따라 다르게 작용한다는 비교문화심리학 연구결과에 대한 관심이 증가하고 있다. 이에 문화심리학의 관점에서 우리나라 소비자의 심리기제에 대해 더 많은 지식을 가진다면 강력한 브랜드 관리에 한 걸음 더 다가갈 수 있을 것으로 확신하면서 새로운 내용을 추가하였다. 다만 좀 더 실무적 관점

에서 내용을 제시하기에는 한계가 있었던 점이 아쉬움으로 남는다. 비교문
화심리학이 한국의 소비자 그리고 브랜드에 적용된 연구가 아직까지는 많지
않다는 점을 구실로 내세울 수밖에 없다.

　마지막으로 『브랜드 심리학』에 남다른 애정을 가져 주시고 3판 개정 작업
에도 아낌없는 지원을 해 주신 학지사 김진환 사장님께 감사드린다. 그리고
열정적으로 작업을 진행하고 챙겨 주신 편집부의 김순호 부장님과 박나리
님에게도 감사의 말씀을 전한다.

2016년
지은이　우석봉

차 례

BRAND PSYCHOLOGY

들어가며

BRAND PSYCHOLOGY

날로 치열해져 가는 무한경쟁 시대에 생존을 넘어 시장리더가 되기 위해 브랜드 전략가가 진정 갖추어야 할 것은 무엇일까? 복제 실현 가능성이 희박한 과거의 성공적인 브랜드 사례의 모방일까? 브랜드 전략가라면 누구나 알고 있을 법한 브랜드 모형으로 머리를 채우는 것일까? 이제 브랜드 전략가는 어떠한 환경이나 조건에서도 성공을 창출할 수 있는 브랜드 관리의 핵심 '기제와 원리'로 무장해야만 한다.

오늘날 우리는 유사성의 시대에 살고 있다고 해도 과언이 아니다. 시장은 특성이나 기능이 엇비슷한 제품으로 넘쳐 나고 있고 급격한 기술발전으로 말미암아 새로운 기능이나 성능을 지닌 제품이 봇물 터지듯 쏟아지고 있다. 그러나 앞선 것으로 알려진 기능이나 성능 또는 특징도 과거와는 달리 이제 더 이상 특정 기업의 소유물이라 할 수 없다. 기술의 발전은 혁신제품을 모방하는 데 소요되는 시간마저도 급격히 단축시켜 버렸기 때문이다. 혁신제품을 출시하더라도 그 이점을 온전히 누리기도 전에 경쟁사는 유사 제품, 아니 오히려 그보다 더 경쟁력 있는 제품을 출시해 버린다.

기업이 자사 제품을 경쟁사와 차별화할 수 있는 기회가 점차 줄어들고 있는 상황 속에서도 시장 환경은 지속적인 차별화만이 기업의 유일한 생존전략이라고 몰아붙이고 있다. 이뿐만이 아니다. 막강한 유통 지배력을 지닌 대형할인점의 등장은 기존 유통구조나 가격정책뿐만 아니라 소비자 선택과 구매행동에까지 심대한 영향을 미치고 있다. 소비자는 제품력에서의 차별성에 둔감해지고 있으며, 앞다투어 실행되는 가격촉진 활동은 브랜드 전략가나 관리자를 더욱 난처하게 만들고 있다. 어디 이뿐인가? 소비자와 미디어 환경은 그 앞을 가늠할 수 없을 정도로 분화되고 복잡해지고 있다. 소비자 취향이나 욕구는 세분화, 극세분화에서 이제는 개인화 수준을 넘보고 있다. 하루가 달리 발전하는 정보통신과 미디어 기술은 기업과 소비자 간의 커뮤니케이션 환경 자체를 바꾸고 있다. 그런 상황 속에서도 기업은 감소하는 수익성 압박으로부터의 탈출과 경쟁적 차별화 달성이라는 두 마리 토끼를 잡아야만 생존할 수 있다. 이런 난제를 해결할 수 있는 열쇠는 무엇일까? 그것은 바로 브랜드다.

'현대 소비자는 제품이나 서비스를 구입하는 것이 아니라 브랜드를 구입한다'는 말이 이제는 조금도 어색하게 들리지 않는다. '브랜드'는 비단 상업제품이나 서비스에 국한되는 것도 아니다. 스포츠나 대중 스타, 정치인, 대학 그리고 심지어는 국가에 이르기까지 브랜드라는 명칭이 붙지 않는 것이 없을 정도다. 왜 그럴까? 답은 간단하다. 브랜드가 그만큼 중요한 시대가 되었기 때문이다. 과거, 브랜드가 심벌이나 로고 또는 패키지 디자인과 같은 말초적인 전술요소로 간주되었던 제품중심의 마케팅 패러다임은 이제 브랜드가 중심축이 되는 브랜드 마케팅 패러다임으로 변화하고 있다. 브랜드 자산, 브랜드 에센스, 브랜드 관계, 브랜드 확장 등과 같은 브랜드 전략 개념은 기업 경영의 중심축으로 자리 잡고 있다. 너나 할 것 없이 모든 기업은 한결같이 브랜드의 중요성을 외치고 있다.

1. 왜 브랜드 심리학인가

브랜드의 중요성을 반영하듯, 그동안 브랜드 전략의 기획과 운영 및 실행에 관한 수많은 책이 쏟아져 나왔다. 국내 K 문고에서 취급하는 브랜드 관련 서적은 국내외 단행본을 합쳐 천 권이 넘는다. 이틀에 한 권씩 읽어 치운다 하더라도 모두 읽으려면 6년 이상이 걸릴 정도로 엄청난 양의 브랜드 관련 서적이 우리 주위에 널려 있는 것이다. 아마 이 순간에도 새로운 브랜드 신간 서적이 독자의 선택을 기다리고 있을 것이다. 이는 브랜드가 현대 기업경영에서 얼마나 중요한 위치를 차지하는지에 대한 방증이지만 그 엄청난 양적 풍부함 속에서도 한 가지 아쉬움을 지울 수 없다. 그것은 바로 접근 방법에서의 한계다.

대부분의 브랜드 서적은 성공적인 브랜드 사례를 중심으로 서술하여, 특정 브랜드가 어떻게 성공가도를 달릴 수 있었는지를 제시하는 데 치중하고 있다. 하지만 이는 다분히 결과 중심적이어서 브랜드를 둘러싸고 있는 환경 변수의 역동성을 간과해 버리는 문제가 있다. 즉, 어떤 브랜드라도 처해 있는 환경이 어떠하든 그대로 따라 하기만 하면 성공 브랜드처럼 될 수 있다는 환상을 제시할 뿐이다. 브랜드 전략 기획서를 보더라도 성공 브랜드 사례는 전략의 당위성을 뒷받침하는 강력한 근거로 사용된다. 하지만 여기서 한 가지 반드시 짚고 넘어가야 할 것이 있다. 브랜드라는 것은 결코 환경에서 유리되어 있지 않다는 점이다.

유기체가 환경과의 끊임없는 상호작용을 통해 성장하고 변화하는 것처럼 브랜드 또한 마찬가지다. 만약 하나의 조건이라도 같지 않다면 당연히 그 결과도 달라진다. 그러니 성공적인 브랜드가 취했던 전략을 그대로 따라 한다고 하더라도 결코 동일한 결과를 얻을 수 없는 것이다. 관리하고자 하는 브랜드의 현재 환경이 성공사례로 꼽히는 브랜드가 처했던 환경과 같지 않을 뿐더러 브랜드를 구성하는 다양한 마케팅 요소도 같을 수 없기 때문이다.

그렇다면 날로 치열해져 가는 무한경쟁 시대에서 살아남기 위해 브랜드 전략가에게 진정 필요한 것은 무엇일까? 그것은 어떤 환경이나 조건에서도 자사 브랜드를 성공적으로 관리할 수 있는 핵심 기제와 원리로 무장하는 것이다. 그렇다면 브랜드 관리의 핵심 기제와 원리는 무엇이며 이는 어디에서 오는 것일까? 이런 물음에 답하려면 먼저 브랜드 성패의 열쇠를 쥐고 있는 주인공이 누구인지에 대한 냉철한 판단이 필요하다.

한 브랜드의 성패를 결정하는 주역은 누구라고 생각하는가? 참신한 제품 아이디어를 쏟아 내는 제품기획자? 창의성에 목숨 거는 커뮤니케이션 기획자나 광고 크리에이터? 아니면 출중한 지식과 이론으로 무장한 브랜드 전략가? 이들 모두 중요하다. 하지만 브랜드 성패를 좌우하는 진정한 주역은 바로 소비자다. 성공적인 브랜드는 결코 전략가의 손에 의해 만들어지는 것이 아니다. 다만 그렇다고 착각할 뿐이다. 브랜드를 직접 통제할 수 있다고 생각하는 것만큼 마음 편한 일이 있을까? 하지만 실상은 그렇지 않다는 것이 문제의 핵심이다. 브랜드 전략과 제품이나 서비스가 어떠하든, 광고가 어떻든지 간에 그러한 브랜드 행위가 성공적인 결과로 이어지느냐 않느냐 하는 것은 그 누구도 아닌 바로 소비자가 브랜드 행위를 어떻게 받아들이고 반응하느냐에 달려 있다. 이러한 결론은 필자의 20년간의 실무 경험에 기초한 것이다.

브랜드 행위에 대한 소비자의 반응은 전적으로 심리학적 영역에 속한다. 즉, 기업이 실행하는 다양한 브랜드 행위에 대한 소비자의 심리학적 과정과 그 결과에 따라 브랜드의 성패가 좌우된다. 브랜드 전략가가 아무리 많은 브랜드에 대한 지식과 전략적 원리를 꿰고 있다고 하여도 브랜드에 대한 소비자 심리기제와 작용과정을 제대로 이해하지 못한 채 브랜드 전략을 입안하고 실행 및 통제한다면 이는 모래 위에 성을 쌓는 것과도 같다. 우리는 과거 '뉴 코크(New Coke)'의 참담한 실패 사례를 너무나도 잘 알고 있다. 맛 테스트의 결과가 엉터리였던가? 뉴 코크의 맛에 문제가 있었던가? 아니다. 브랜드에 대한 소비자의 심리학적 기제를 정확히 파악하지 못했기 때문이다. 또한 제품의 특성이나 기능에서 별반 차이가 없는데도 모두의 입에 오르내리는 성공적인 브랜드들은 그저 운이 좋아서일까? 아니다. 이 브랜드들은 소비자를 정확히 이해했기에 성공할 수 있었던 것이다. 소비자에 대해 얼마나 잘 이해하느냐에 따라 성공의 길로 가느냐 아니면 실패의 낭떠러지로 떨어지느냐가 결정된다. 그렇다고 그저 소비자를 왕처럼 모시고 자나 깨나 소비자만 생각하는 '마음'만으로는 한계가 있다. 마음도 중요하지만 '머리'도 있어야 한다. 이 책은 바로 '머리', 즉 브랜드에 대한 소비자의 심리학적 기제에 대해 이야기하고자 한다. 브랜드에 대한 소비자의 심리학적 기제를 이해하고 이를 실무 적용에서 통찰로 연결시킬 수 있다면 다른 어떤 브랜드 전략가보다 강력한 브랜드 관리 노하우로 무장하게 되어 브랜드의 성공 확률도 그만큼 높일 수 있을 것이다.

2. 이 책의 구성

▶1장은 브랜드의 역할과 기능에 대해 알아본다.

현대에서 왜 브랜드가 그토록 중요한 존재인지, 브랜드의 다양한 역할과 기능은 무엇인지 알아본다. 브랜드의 기능에서는 소비자에 대한 기능과 기업에 대한 기능으로 나누어 살펴볼 것이다. 아울러 왜 브랜드 관리의 핵심 주체가 소비자인가에 대해 생각해 볼 것이다.

▶ 2장에서는 브랜드 인식의 심리기제와 과정을 다룬다.

기존 브랜드이건, 신규 브랜드이건 모든 브랜드는 어떤 형태로든 일단 소비자의 인식에 자리 잡게 된다. 이는 브랜드 관리의 출발점인 셈이다. 기존 브랜드는 광고, 세일즈 프로모션, 패키지, 웹 커뮤니케이션, 고객 서비스 등 지금까지 행하여 온 다양한 브랜드 행위의 누적에 의해, 그리고 신규 브랜드는 시장진입 시 최초 브랜드 행위에 의해 인식이 형성된다. 다양한 브랜드 행위와 그로 인한 브랜드 인식 형성에는 어떤 심리학적 기제와 과정이 관여하는지 이해하는 것은 성공적인 브랜드 관리를 위한 초석을 놓는 것과도 같다. 브랜드 이미지, 브랜드 포지셔닝, 브랜드 아이덴티티 그리고 브랜드 에센스와 같은 핵심 개념도 브랜드 인식의 틀에서 조망해 본다.

▶ 3장에서는 브랜드 활성의 심리학적 기제와 과정에 대해 알아본다.

브랜드 활성(brand activation)이란 소비자가 가지고 있는 브랜드에 대한 다양한 지식이 브랜드의 탐색, 선택, 구입 그리고 사용 시점에서 적용되고 영향을 발휘하는 과정이다. 브랜드 활성은 특정 브랜드의 구매 이전, 구매 시 그리고 사용과 폐기의 전 단계에서 작동함을 가정한다. 이런 브랜드 활성은 역동적 과정이다. 소비자가 제품, 유통, 광고, 퍼블리시티 등 다양한 브랜드 행위와 지속적으로 영향을 주고받는 상호작용 과정이기도 하다. 이미 형성된 브랜드 인식 역시 후속 브랜드 행위에 영향을 미치면서 브랜드에 대한 소비자 지식은 계속적으로 수정, 강화 그리고 변화한다. 브랜드 활성은 역동적이며 변화무쌍한 과정이다.

▶ 4장에서는 브랜드 확장의 심리기제와 과정을 알아본다.

최근 들어 기업이 새로운 제품을 출시하거나 새로운 비즈니스 영역으로 진입할 때 기존 브랜드를 이용하는 경향이 급속히 강해지고 있다. 새로운 브랜드를 출시하고 관리하는 데 드는 비용이 만만치 않은 이유도 있지만 과거와 달리 새로운 브랜드의 성공 확률도 점차 낮아지기 때문이다. 따라서 기업 브랜드(corporate brand)를 여러 제품 영역에 적용한다거나(예, 휴렛팩커드 프린터, 휴렛팩커드 노트북) 또는 하위 브랜드(sub-brand)를 적용하는(예, 휘센 냉장고, 휘센 공기청정기) 등의 다양한 브랜드 확장(brand extension) 전략이 사용되고 있다. 브랜드 확장의 성공 여부 역시 상당 부분 소비자에 의해 결정된다. 즉, 브랜드 확장의 성패는 확장 브랜드의 활성화 기제와 확장 제품이나 제품 라인 또는 확장 사업 영역에 대한 인식의 심리기제 간의 상호작용에 의해 영향을 받는다. 브랜드 확장의 심리기제와 작동 과정을 이해함으로써 브랜드 관리자나 전략가는 확장 진단과 확장 실행 시 주의를 기울여야 할 부분을 사전에 점검하고 더욱 효과적으로 대처할 수 있을 것이다.

▶ 5장에서는 통합 브랜드 커뮤니케이션의 실체와 관련 심리기제에 대해 알아본다.

정보기술의 발전, 유통 채널파워의 급격한 변화, 경쟁의 심화, 브랜드 품질 동위(parity), 뉴 미디어의 등장과 대중매체 광고효과의 감소 그리고 소비자의 정보탐색과 통합력 증가 등으로 인해 소비자에 대한 브랜드 커뮤니케이션 효과를 보장받는 것은 이제 더 이상 전통적 형태의 광고만으로는 한계가 있을 뿐만 아니라 과거와 같이 개별 브랜드 커뮤니케이션 활동을 독립적으로 집행하는 것은 한계에 부딪히게 되었다. 통합 브랜드 커뮤니케이션(integrated brand communication)은 브랜드에 대한 다양한 커뮤니케이션의 총체적 접근과 시너지효과를 핵심으로 하는, 현대 브랜드 관리의 중추적인 전략개념이다. 이 장에서는 통합 브랜드 커뮤니케이션이란 무엇이며, 통합 브랜드 커뮤니케이션의 실행과 관련한 심리기제는 무엇인지에 대해 알아본다. 아울러 심리기제에 기초한 운영모형에 대해서도 다룬다.

▶ 6장에서는 브랜드 관계의 심리기제와 과정을 다룬다.

브랜드 관계(brand relationship)는 소비자와 브랜드 간에 이루어지는 양방향 소통의 결과로 형성된다. 아울러 브랜드 관계는 이성적, 감성적, 문화적 측면을 모두 포함하는 총체적 과정의 결과물이다. 구매나 소비행위 그리고 다양한 브랜드 커뮤니케이션 활동을 통해 소비자와 브랜드는 지속적으로 상호작용한다. 상호작용이 누적됨에 따라 소비자와 브랜드 간에는 마침내 관계가 형성된다. 인류학자는 인간이 무생물을 의인화한다는 사실을 이미 오래전에 알아냈으며, 브랜드 마케팅에 심리인류학적 접근을 시도하는 일단의 학자는 소비자와 브랜드 간의 관계란 것이 어떻게 형성되는지를 밝히는 데 관심을 기울이고 있다. 소비자와 브랜드 간의 관계는 브랜드에 대한 인식은 물론 브랜드 활성화에도 지대한 영향을 미치게 된다. 이 장에서는 소비자와 브랜드 간에 어떤 과정을 거쳐서 관계가 형성되며, 어떤 심리기제가 관여하는지 알아본다.

▶ 7장은 문화적 특성을 고려한 브랜드 관리의 시사점을 다룬다.

최근 들어 비교문화심리학에 대한 관심이 증가하면서 그동안 보편적 현상으로 여겨졌던 심리학적 현상들이 문화에 따라 다를 수 있다는 연구가 지속적으로 보고되고 있다. 예컨대, 명품 브랜드를 추종하는 경향은 북미와 아시아에서 차이를 보이며, 브랜드 확장에서 확장제품에 대한 평가도 문화나 문화지향성에 따라 다를 수 있다. 이 장에서는 브랜드 관리자가 관성적으로 적용할 수도 있는 주요 브랜드 전략 개념을 그동안 연구된 비교문화심리학적 관점에서 정리하면서 우리 문화에 더욱 적합한 브랜드 관리란 무엇인가에 대해 생각하는 기회를 제공하고자 한다.

▶ 8장에서는 효과적인 브랜드 관리를 위해 현장 실무자가 적용할 수 있는 실용적인 소비자 조사기법과 분석시각에 대해 알아본다.

브랜드를 관리하기 위한 다양한 조사기법이 사용되고 있다. 하지만 이 책에서는 심리학적 기제에 토대한 '실용적' 소비자 조사기법과 자료분석 시각을 중심으로 논의한다. 대부분의 내용을 현장에서 가장 많이 사용하는 서베이와 심층면접과 같이 일상적으로 수행하는 조사에 어떻게 활용될 수 있는지에 할애하였다. 단순히 조사기법을 나열, 제시하기보다는 각 조사기법이 갖는 함의와 분석 활용방법까지 상세히 다룬다.

3. 이 책은 누구를 위한 것인가

이 책을 집필하기로 마음먹은 계기는 필자가 학부생을 위해 개설한 '브랜드 심리학' 강의를 위한 적절한 교재가 필요했기 때문이다. 브랜드에 대한 다양한 성공 사례나 브랜드 모형을 다룬 책은 쉽게 찾을 수 있었지만 기본적인 브랜드에 대한 소비자 심리기제를 체계적이며 조직적으로 다룬 책은 찾기 어려웠다. 막상 학생들에게 브랜드 전략실습을 시켜 보면 기존의 성공 사례를 보면서 '흉내'는 낼 수 있지만 자기만의 전략을 고안하는 데는 어려움을 겪는 경우가 많았다. 이를 어떻게 해소해 줄 것인지 고민하면서 이 책의 윤곽

이 잡히기 시작했다. 하지만 집필을 진행하는 과정에서 필자의 지난 20년간 현장 실무 시절을 되돌아보고, 또 현재 브랜드 플래닝을 하고 있는 일선 동료나 후배 실무자에게 실질적으로 필요한 내용을 수렴하면서 이들에게도 도움이 되기를 바라게 되었다.

이 책은 대부분의 사람이 브랜드 서적이라고 할 때 떠올리는 브랜드 관리 가이드나 성공적인 브랜드 사례를 나열하려고 하지 않았다. 그보다는 브랜드 관리를 위한 핵심적인 기저원리, 즉 브랜드 관리의 주역인 인간으로서 소비자의 브랜드에 대한 심리학적 기제를 이해하고 실무에서 이를 되짚어 보는 기회를 제공하는 데 초점을 맞추었다. 그러다 보니 이론적인 냄새가 강하여 내용이 다소 딱딱하게 보일 수 있다. 이를 완화하기 위해 이론적 개념을 최대한 쉽게 설명하려 하였다.

모두가 총을 가지고 전쟁터로 나갈 때 이 책을 읽은 브랜드 전략가는 총과 함께 수류탄으로 무장한 경쟁력 있는 브랜드 전사로 전쟁에 임하게 되기를 기대한다. 아울러 이 책은 브랜드라는 흥미 있는 주제에 관심을 가진 학생에게는 접근 시각을 보완, 강화하는 역할을 할 것으로 기대한다.

브랜드 실체

BRAND PSYCHOLOGY

01

1. 왜 브랜드인가

브랜드는 현대 기업경영의 핵심 요소로 자리 잡고 있다. 소비자는 제품이
나 서비스를 구입하는 것이 아니라 브랜드를 구입한다는 말이 자연스럽게
통용되고 있으며, 제품 중심의 마케팅 패러다임도 브랜드 중심의 패러다임

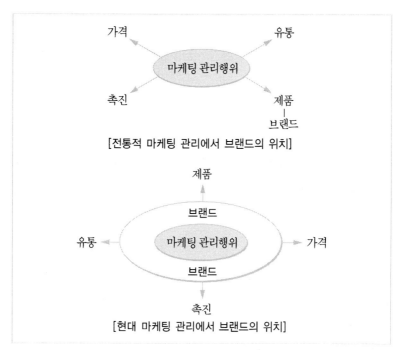

[그림 1-1] 마케팅 관리에서의 브랜드 기능과 역할 변화

으로 변화하고 있다(그림 1-1 참조). 브랜드 자산, 브랜드 에센스, 브랜드 확
장 그리고 브랜드 아키텍처 등과 같은 전략 개념은 전략회의에서 단골 주제
가 되었다. 바야흐로 이제 마케팅 전쟁은 브랜드 전쟁으로 바뀌고 있으며 경
영자든 투자자든 기업의 가장 가치 있는 자산은 바로 브랜드임을 인정하는
데 조금도 주저하지 않는다. 현대 경영에서 브랜드가 이토록 중요한 존재로
부각된 배경은 무엇일까?

신제품의 진입환경이 너무나 많이 바뀌었다

과거와 달리 새로운 브랜드를 개발하고 시장에 성공적으로 진입하는 데
너무 많은 비용이 든다. 특히 날이 갈수록 증가하는 막대한 광고 커뮤니케이
션과 유통관리 비용이 걸림돌이다. 수많은 경쟁자 틈새에서 소비자에게 자
사 브랜드를 제대로 알리고 소비자의 눈길과 손이 닿는 곳에 적절하게 자리
잡지 않고서는 성공을 보장받기란 불가능한데, 이를 위한 비용이 너무 많이
소요된다는 것이다.

기업의 재원이란 것은 언제나 한정적이기 때문에 무턱대고 신규 브랜드를
위해 비용을 퍼부을 수는 없다. 설사 많은 비용을 투입할 여력이 있다고 하여
도 신규 브랜드가 반드시 성공한다는 보장도 없다. 미국의 경우, 매년 수많은
신제품이 시장에 나오지만 제대로 소비자의 관심도 받지 못하고 소리 소문
없이 사라지는 제품이 70%를 넘는다. 따라서 효율적인 기업 운영을 위해서
는 성공을 기약하기 어려운 새로운 브랜드를 출시하기보다는 기존 브랜드를
잘 관리하여 강건하게 만드는 것이 더 바람직하다는 인식의 변화는 당연한
결과일 것이다. 우리나라의 경우, 지난 1990년대의 IMF 이후에 상당수의 기
업이 CI(Corporate Identity)나 BI(Brand Identity)를 재정비하거나 변경하였는데,
비록 제품 수준이 아니라 기업 브랜드 수준이지만 이 역시 동일한 맥락에서

이해할 수 있을 것이다. 실정이 이러하니 경영자의 관심은 기존 브랜드에 쏠릴 수밖에 없다. 자사 브랜드의 시장 위치가 어떠한지, 자사 브랜드의 기회와 문제는 무엇인지, 어떻게 하면 더욱 강력한 브랜드가 되어 지속적으로 기업에 활기를 공급할 수 있는지가 주된 관심의 대상인 것이다.

브랜드의 인수·합병이 이미 효율적인 기업 성장전략의 일환으로 자리 잡고 있다

기존 브랜드의 강화 이외에 위험 부담을 최소화하면서 기업의 성장을 도모할 수 있는 또 다른 방편으로 급부상한 것은 이미 시장에 잘 알려져 있는 브랜드를 인수·합병하는 것이다. 이는 이제 효율적인 기업 성장전략의 일환으로 자리 잡고 있다. 인수·합병은 전 세계적인 추세일 뿐만 아니라 우리나라도 예외는 아니다. 이 경우 중요한 이슈 중의 하나는 과연 인수·합병 브랜드의 값어치를 어떻게 그리고 얼마로 매길 것인가 하는 것이다. 이런 고민을 해결하는 과정에서 설비나 유통망 그리고 부동산 등과 같은 유형의 자산 이외에 소비자 인지도나 선호도 등과 같은 무형의 가치도 매우 중요한 자산임을 인식하게 되었다. 이는 브랜드 실체를 다시 생각하게 만드는 계기를 제공했다. 대부분 알다시피 실제 회계장부상의 가치보다 600%나 높은 130억 달러에 팔린 크래프트, 장부 가치를 훨씬 웃도는 250억 달러에 인수된 나비스코의 여러 브랜드, 1988년에 브랜드 라이선싱의 대가로 1,000만 달러를 웃도는 돈을 벌어들인 선키스트의 사례 등이 있다.

기능이나 성능에서의 '품질 동위' 현상이 증가하고 있다

기업 간 기술개발이나 혁신상의 차이가 점차 감소하면서 시장에서 자사 제품 질의 차별성을 기하기란 점차 어려워지고 있다. 물론 정보통신이나 디지털 제품과 같이 새로운 혁신 사이클 상에 있는 예외적인 경우도 있지만 대부분의 제품은 그 기능이나 성능 면에서 엇비슷하다. 심지어 승용차의 경우도 대부분의 회사가 수년 내에 거의 비슷한 기술 수준에 도달할 것으로 예측되고 있지 않은가! 사정이 이러하니 기업은 소비자 구매를 유도하기 위한 효과적인 방법으로 가격전략에 눈을 돌리게 되었으며 치열한 가격인하 프로모션을 앞다투어 실행하기에 이르렀다(이런 현상은 특히 일상용품에서 두드러진다). 하지만 이런 가격인하 정책은 낮은 투자이익을 가져오고 이는 제품 연구개발이나 혁신에 필요한 투자 감소로 이어져서 결국에는 또다시 가격인하를 해야만 하는 악순환에 빠지게 만든다. 이에 기업은 이런 비생산적인 가격 경쟁으로 인한 악순환의 고리를 끊어 버리고 더욱 장기적이며 지속적으로 경쟁 우위를 유지할 수 있는 방법이 무엇일까를 고심하게 되었으며, 결국 효과적인 해결책은 브랜드에 있다는 것을 인식하게 된 것이다.

브랜드의 부상은 비단 기업 영역에만 국한되는 것은 아니다. 브랜드는 이제 우리 생활의 거의 모든 곳에 산재해 있다. 대통령 선거의 후보, 시·도의 행정단위, 대학, 부산 국제 영화제나 전주 비엔날레와 같은 문화 이벤트, 정부 부처와 공공기관, 프로축구나 프로야구 팀, 대중문화 스타 그리고 심지어 우리 자신에 이르기까지 이 모든 것은 브랜드로 자리 잡고 있다. 그러면 도대체 브랜드란 무엇인가? 브랜드가 어떤 기능이나 역할을 하기에 이토록 중요한 존재로 자리 잡을 수 있는 것인가?

2. 브랜드 기능과 역할

미국 마케팅 협회(American Marketing Association)에 따르면, 브랜드란 한 기

업의 특정 제품이나 서비스를 식별시키고 나아가 경쟁기업의 제품이나 서비스와 차별화하기 위해 사용하는 이름, 사인(sign), 상징물, 디자인 또는 이들의 조합이다. 브랜드는 브랜드 네임, 로고, 심벌, 패키지 디자인 등 다른 누구의 것이 아닌 바로 자사의 제품이나 서비스임을 확인시키고 경쟁자와 차별화하는 역할을 한다. 하지만 이런 브랜드 정의는 피상적일 뿐만 아니라 현대 브랜드 기능을 제대로 이해하기에는 미흡한 면이 있다. 브랜드는 이름, 상징물 또는 디자인 등과 같은 차별적인 언어적, 시각적 요소 그 이상이기 때문이다.

브랜드를 더욱 정확하게 이해하는 한 가지 방법은 브랜드를 제품(product) 개념과 비교해 보는 것이다. 마케팅 석학인 필립 코틀러(Philip Kotler)는 "제품이란 구입, 사용 또는 소비함으로써 소비자의 특정 욕구나 원망(want)을 충족시키기 위해 시장에 제공 가능한 모든 것"으로 정의한다. 이 정의에 따르면 제품은 유형의 물리적인 것(자동차, 햄버거, 시계 등)에서부터 서비스(항공, 은행, 병원 등)나 리테일 스토어(백화점, 편의점, 대형할인점 등) 그리고 각종 영리, 비영리조직에 이르기까지 그 유형은 매우 다양하다.

한편, 테드 레빗(Ted Levitt)은 다른 관점에서 제품을 정의하였다. 레빗은 현대에서 실질적인 기업 간 경쟁은 공장에서 생산되는 유형의 제품이나 기업이 제공하는 무형의 서비스가 아니라 광고, 고객 서비스, 패키지나 배달 그리고 고객 불만처리 등과 같이 '본원적인 제품 이외의 부가 요소'에서 전개된다고 설파하였다.

레빗의 견해는 현대 브랜드의 역할과 기능에 더욱 근접한 것으로 볼 수 있다. 레빗의 견해를 좀 더 구체적으로 들여다보자. 브랜드란 동일한 욕구를 충족하기 위해 고안된 제품이나 서비스와 차별화하기 위해 제품이나 서비스의 본원적 속성 외에 부가적 요소가 추가된 것이다. 여기서 '차별화'란 개념을 명확히 해 두어야 한다. 차별화란 물론 경쟁자와 다른 것을 말한다. 그런데 중요한 것은 차별화의 재료다.

자동차의 연비, 세제의 세척력, 음료의 맛이나 칼로리 등과 같은 이성적이거나 유형의 속성에 기인한 것일 수도 있고, 칠성 사이다의 깨끗함, 존슨앤드존슨 베이비 샴푸의 저자극성 그리고 루이비통의 고급스러움 등과 같이 브랜드가 불러일으키는 상징, 연상, 감정 등과 같은 무형의 것에 기인할 수도 있다. 어떤 브랜드는 세척력이나 칼로리 등과 같은 이성적이거나 유형의 속성에서 독특한 차별성을 지닐 수 있으며, 어떤 브랜드는 품위, 여성스러움 등과 같은 무형의 속성에서, 그리고 어떤 브랜드는 유 · 무형 모두의 속성에서 차별성을 지닐 수 있다. 그런데 중요한 것은 이런 차별점이 바로 브랜드의 부가가치를 창출한다는 점이다. 데이비드 아커(David Aaker, 1991)도 "브랜드 자산이란 그 브랜드이기 때문에 가져다주는 부가가치"라고 하였다. 결국 브랜드란 유 · 무형의 부가가치 덩어리인 셈이다. 현대 소비자는 제품이나 서비스를 구입하는 것이 아니라 브랜드를 구입한다는 것도 결국 브랜드가 지닌 부가가치를 구입한다는 것을 말한다. 그러면 브랜드가 구체적으로 어떠한 기능을 하는지 소비자와 기업 측면에서 구분하여 살펴보자.

소비자에 대한 브랜드 기능

유 · 무형의 차별점 그리고 부가가치가 도대체 어찌되었다는 것인가? 이제 부가가치 덩어리로서의 브랜드가 어떤 기능을 하는지 알아보자. 브랜드의 기능은 두 가지 관점에서 살펴볼 수 있다. 한 가지는 소비자 측면에서, 그리고 다른 한 가지는 기업 측면에서다. 먼저, 소비자 측면에서 브랜드는 어떤 존재이며 어떤 기능을 하는지 알아보자.

브랜드는 구매위험을 줄여 준다

제품을 구매할 때 소비자는 알게 모르게 다양한 형태의 위험(risk)에 노출될 수 있다. 브랜드는 '바로 특정 브랜드이기 때문에' 구매 시 소비자가 느낄 수 있는 다양한 형태의 위험을 감소시키는 역할을 한다. 제품 구매 시 소비자가 경험하게 되는 위험의 유형은 다음과 같다.

기능적 위험   제품을 잘못 구입했을 때 기대한 만큼의 제품 수행력 결과를 얻지 못할 수 있다는 생각에서 초래되는 위험이다. 강력한 흡입력을 가진 진공청소기 구입을 원할 때, 표백 시 옷의 컬러에 손상을 주지 않는 표백제 구입을 원할 때, 그리고 성장기 자녀를 위해 영양분이 제대로 함유된 시리얼을 구입하고자 할 때 등과 같이 소비자는 특정 기능이나 편익을 제공하는 제품을 구입할 때 브랜드를 잘못 선택함으로써 기대를 충족할 수 없을지 모른다는 위험을 느끼게 된다. 소비자가 잘 알지 못하거나 또는 원하는 기능을 가진 것은 알지만 확신을 가지지 못할 때, 그리고 주위 사람이 별로 사용하지 않는 브랜드일 때 소비자가 느끼는 기능적 위험은 더 커질 수 있다.

우리는 통상 잘 알지 못하거나 널리 사용되지 않아서 그다지 유명하지 않은 브랜드에 대해서는 그 브랜드의 제품 성능이나 효능에 대해 확인해 보지도 않은 채 선입견을 가지고 부정적인 시각으로 바라보는 경향이 있다. 아니, 대부분의 소비자가 확인조차 하지 않으려는 것이 브랜드 관리자 입장에서는 더 큰 문제이기도 하다. 반면, 친숙하거나, 광고를 많이 하고 잘 알려져 있거나, 또는 주위 사람이 많이 사용하는 브랜드에 대해서는 기능적 위험도 덜 느끼며 심지어 선택에 확신을 가지기도 한다.

재정적 위험   브랜드를 잘못 선택할 때 지불한 가격만큼의 유 · 무형적 가치를 보장받지 못할 수 있다는 생각에서 오는 위험이다. 예컨대, 잔고장이 많다거나 또는 애프터서비스나 환불, 교환이 원활하지 않다면 재정적 위험을 느끼게 된다. 기능적 위험과 마찬가지로 강력한 브랜드는 소비자가 느끼는 재정적 위험을 감소시키는 기능을 한다. 아마 누구나 한번쯤 이런 위험을 느껴 본 적이 있을 것이다. 우리나라의 경우, 가정용 데스크톱 컴퓨터 시장이 성장기에 있을 때 주부는 브랜드 결정에서 상당한 영향력을 차지하는 고객층이었다. 이들은 컴퓨터에 대한 지식이 부족하므로 잘못된 제품 구입에 따른 재정적 위험을 그 누구보다도 많이 느꼈다. 당시 주부가 가장 선호하는 브랜드는 삼성 컴퓨터였는데, 왜 그럴까? 이는 바로 삼성이라는 브랜드의 인지도, 신뢰, 평판과 같은 후광효과가 삼성 컴퓨터에 대한 주부의 재정적 위험을 감소하는 데 지대한 역할을 했기 때문이다. 최근 들어 수입 승용차의 국내 점유율은 높아지고 있지만 여전히 구매에 대한 병목현상이 해소되고 있지는 않다. 구매에 병목을 일으키는 주요인 중의 하나는 바로 애프터서비스에 대한 불안이나 불편함에 대한 인식 때문이다. 이러한 병목을 어떤 브랜드가 적절히 해소하고 소비자의 인식에서 우위를 누리느냐에 따라 판매도 상당한 영향을 받을 수 있다.

사회적 위험   기능적 위험이나 재정적 위험이 소비자 개인 수준에서 발생하는 것이라면 사회적 위험은 다른 사람과의 상호작용과 관련이 있다. 사회적 위험은 잘못된 브랜드의 구입이나 사용으로 인해 주위 사람으로부터 바람직하지 않은 인상이나 평판을 받을지 모른다는 생각에서 초래되는 위험이다. 이 유형의 위험은 소비자가 사용하는 브랜드가 다른 사람에게 노출될 기회가 높을수록 더 커진다. 패션, 액세서리나 보석, 자동차, 심지어 음료나 담배 브랜드조차도 친구나 동료, 또래집단이 보이는 반응이나 다른 사람이 자신을 보는 시선에 영향을 미칠 수 있기 때문에 사회적 위험을 초래할 수 있다. 자신의 취향이나 선호보다는 다른 사람의 '눈' 때문에 특정 브랜드를 구입해 본 경험이 한번쯤은 있을 것이다. 특히 우리나라와 같이 체면이나 위신을 중시하는 문화에서는 사회적 위험이 브랜드 선택에서 매우 큰 역할을 한다.

개인차도 물론 영향을 미친다. 유독 다른 사람의 시선이나 상황에 민감한 소비자가 있는가 하면 그러한 것에 별로 개의치 않는 소비자도 있다(다른 사람의 시선이나 상황에 민감한 것을 '자기 감시'라 하며 흔히 자기 감시 수준이 높은 사람, 낮은 사람으로 구분한다). 어떤 부류가 사회적 위험에 더 민감할까? 물론 전자의 소비자다. 그러면 어떤 계층이 전자에 속할 가능성이 높을까? 청소년일까 아니면 중년의 남성일까? 물론 개인에 따라 차이가 있겠지만 아마 청소년이 중년의 남성보다는 또래집단의 시선에 더 민감할 가능성이 높다. 하지만 승용차를 구입한다면 어떨까? 이 경우에는 중년의 남성이 주위 사람을 더 많이 의식할 것이다. 통상 청소년층에서 유행하는 패션 브랜드는 중·장년층에서는 별로 호응을 얻지 못하며 그 반대 경우도 마찬가지다. 청소년층에서 유행하는 패션 브랜드는 청소년 사이에서는 더욱 급속히 확산되는 경향이 있다. 이는 브랜드가 사회적 위험을 제거하는 기능을 하기 때문이다. 소비자는 사회적 위험을 최소화하고자 하기에 강력한 브랜드는 사회적 위험의 감소에 지대한 역할을 한다.

심리적 위험   잘못된 브랜드의 선택으로 자기상(self-image)이 손상받을 수 있다는 지각에서 초래되는 위험이다. 자기상은 마치 외부의 사물을 보는 것과 유사한 방식으로 개인이 자기 자신에 대해 가지는 지각된(perceived) 이미지다. 우리가 다른 사람이나 대상에 대해 이미지를 가지듯 우리 자신에 대해서도 이미지를 가진다. 그런데 우리는 자신에 대해 하나의 이미지보다는 다양한 유형의 자기 이미지를 가진다. 실제적 자기상(actual self-image)은 있는 그대로의 자신에 대한 이미지다. 이상적 자기상(ideal self-image)은 현재의 자신과는 관계없이 이상적으로 추구하는, 그렇게 되고 싶어 하는 자신이며, 사회적 자기상(social self-image)은 실제적 자기상이나 이상적 자기상과 관계없이 다른 사람이 이러저러하게 보아 주기를 원하는 자기의 유형이다.

흥미로운 것은 상황에 따라 특정 유형의 자기상이 유독 부각된다는 것이다. 제품유형에 따라서도 영향을 받게 된다. 그런데 소비자는 브랜드에 대해 독특한 이미지나 연상을 가지는데(이에 대해서는 3장에서 자세히 살펴본다) 대체로 자기상과 일치하는 브랜드를 더 선호하는 경향이 있다. 즉, 자기상과 일치하는 브랜드일수록 심리적 위험을 감소하는 기능이 더 크다. 하지만 고가의 손목시계 브랜드 잡지광고에 등장하는 광고모델이 주로 어떤 인물인지 보라. 분야는 다르지만 대체로 동경의 대상이 모델로 등장한다. 이는 소비자의 이상적 자기상에 호소하는 것이다. 화장품 브랜드의 광고도 비슷한 모델 전략을 추구한다. 반면, 도브 광고는 실제 소비자를 모델로 등장시켜 소비자의 많은 호응을 받았다. 물론 판매도 늘어났다.

시간손실의 위험   브랜드를 잘못 선택하게 되면 고장으로 인한 수리나 애프터서비스의 지연으로 인해 사용에 지장을 초래하거나 또는 다른 대안을 찾아야 하는 문제 등으로 시간적인 기회비용을 지불해야 할지도 모른다는 지각에서 비롯되는 것이 시간손실에 대한 위험이다. DHL이나 FedEx와 같은 브랜드는 고객의 시간손실에 가장 민감한 서비스를 다루는 사업의 예다. 가전이나 자동차와 같은 내구재의 경우도 시간적 위험은 중요한 요소로 인식될 수 있다. 성능이나 기능에서 대기업의 유명 브랜드에 비해 손색없는 우수한 중소기업 브랜드 판매가 활기를 얻지 못하는 것도 부분적으로는 소비자가 느끼는 시간적 위험 때문일 것이다. 브랜드는 이런 시간적 위험을 감소시키는 기능을 한다. '제품에 대한 지식이 없으면 유명 브랜드를 구입하라'는 생활의 간편법(heuristic)은 브랜드가 지닌 시간적 위험 감소의 기능을 잘 보여 주는 것이다. 특히 현대사회에서처럼 '시간이 곧 돈'이라는 인식이 팽배할수록 잘못된 브랜드 선택에 따른 시간적 위험도는 커질 것이며, 시간적 위험을 최소화하는 브랜드가 유리한 위치를 점할 것이다.

이상에서 살펴본 것처럼, 브랜드는 구매에 수반되는 다양한 형태의 위험을 감소하는 데 지대한 역할을 한다. 그런데 한 가지 중요한 사실은 이런 여러 유형의 위험은 '객관적이며 실제적인 위험'이 아니라 소비자의 주관에 토대한 '지각된 위험(perceived risk)'이라는 점이다. 지각된 위험은 '실체(reality)'와는 무관하다. 지각된 위험은 소비자의 주관적 해석과정의 결과다. 신제품에 대한 소비자 조사에서 동일한 제품이라 하더라도 어떤 브랜드를 부착하느냐에 따라 제품의 성능에 대한 소비자의 평가는 물론 시각적인 외관 디자인에 대한 평가도 상이하게 나타나는 것을 드물지 않게 발견한다. 심지어는 맛과 같은 감각평가도 예외는 아니다. 물리적으로는 같은 맛일지라도 어떤 브랜드로 알려 주는지에 따라 맛에 대한 소비자의 평가는 확연히 달라진다. 물리적인 제품의 실체는 동일한데도 말이다! 바로 이것이 브랜드의 실체다.

브랜드는 탐색비용을 줄여 준다

소비자가 구매결정을 할 때는 통상 두 가지 유형의 탐색과정이 동원된다. 한 가지는 '내적 탐색(internal search)'으로 과거 구매경험이나 광고, 구전 등에 의해 기억에 저장된 다양한 브랜드지식을 활용하는 것이다. 다른 한 가지는 '외적 탐색(external search)'으로 이는 매장에 진열된 제품의 외형이나 패키지에 있는 원료나 성분, 기능, 특성 등의 정보 또는 매장에 비치된 팸플릿 등의 자료 그리고 인터넷의 블로그나 게시판 또는 친구나 매장 판매사원의 의견을 활용하는 것이다. 물론 구매결정을 할 때 우리는 두 가지 탐색 중 어느 한 가지에만 의존할 수도 있고 두 가지 탐색 모두에 의존할 수도 있다. 하지만 우리는 구매 시에 언제나 활용 가능한 모든 정보를 이용하지도 않을 뿐만 아니라 모든 정보에 일일이 주의를 기울이지도 않는다. 주류 경제학이 전제로 하는 '합리적, 경제적 인간'에 대한 가정이 경제 현상을 완벽하게 설명하는 데 한계를 보이는 것도 인간에 대한 잘못된 믿음 때문이다. 주류 경제학은 인간은 선택과 판단에서 활용 가능한 모든 정보를 이용하며 완전히 합리적이어서 언제나 최대효용을 추구한다고 가정하지 않는가! 하지만 실상은 그렇지 않다는 것을 우리 모두는 잘 안다. 왜 그럴까?

우리는 과거 구매 경험이나 광고 및 각종 마케팅 커뮤니케이션 또는 구전 등을 통해 획득한 지식에 기초해 특정 브랜드에 대한 '가정(assumption)'과 '기대'를 형성한다. 우리가 매장에서 브랜드를 접할 때 어떤 일이 일어나는가? 브랜드를 보는 순간 우리의 머릿속은 백지장처럼 빈 상태인가? 아니다. 우리는 그 브랜드의 품질, 성능 또는 느낌이나 이미지를 거의 자동적으로 떠올린다. 이뿐만 아니다. 브랜드는 우리가 직접 경험해 보지 않고 잘 알지 못하는 제품의 어떤 측면에 대해 '추론'하게 하는 기능도 한다. 소비자는 언제나 최소의 노력으로 기대한 결과를 얻고자 한다. 만약 최소의 노력으로 구매결정을 하는 데 별다른 어려움을 느끼지 않는다면 소비자는 그렇게 할 것이다. 공기정화기를 구입하기 위해 가전제품 매장을 방문했다고 치자. 만약 구매 경험이나 구체적인 제품지식이 거의 없는 상태에서 널리 알려진 유명 브랜드가 부착된 공기정화기를 보게 되었다면 어떻게 되겠는가? 우리는 그 브랜드 제품의 성능, 애프터서비스의 원활성 등을 추측하는 데 별다른 어려움을 느끼지 않을 것이다. 이처럼 브랜드는 우리가 구매결정을 할 때 투입하는 탐색시간을 획기적으로 줄여 준다. 소비자 입장에서는 브랜드 탐색에 투입하는 시간도 일종의 비용이므로 그 비용을 줄일 수 있다면 이는 소비자에게는 보상과도 같은 기능을 하게 된다.

브랜드는 약속이자 계약이며 유대다

특정 브랜드는 '바로 그 브랜드'이기 때문에 소비자에게 경쟁자가 제공하지 못하는 차별적인 유·무형의 편익을 약속하며, 이러한 약속에 대해 소비자는 지속적인 구매, 우호적인 태도로 답례하고, 나아가 변치 않는 우정이나 사랑이라는 유대로까지 발전하게 된다. 브랜드가 제공하는 약속과 이에 대한 소비자의 반응은 소비자와 브랜드 간에 형성되는 묵시적 계약관계라 할수도 있다. 이런 메커니즘은 '소비자가 왜 다른 브랜드에 비해 특정 브랜드를 더 선호하는가?'라는 질문에 대한 단서를 제공한다.

왜 소비자는 같은 제품 범주에서 특정 브랜드를 더 좋아하는 것일까? 우리가 특정 브랜드를 선호하는 것은 '그 브랜드만이 약속하는 무엇'이 있기 때문이다. 물론 약속의 형태는 다양하다(앞서 살펴본 다양한 '위험' 유형과 연결하여 생각해도 좋다). 자동차의 주행성능이나 연비, 컴퓨터의 그래픽 기능, 디지털 카메라의 화소 등과 같은 기능적 약속이 있는가 하면, 타인에게 세련되게 혹은 이지적으로 보이게 하는 등의 사회적 약속, 개인의 자기상에 부합하는 심리적 약속 또는 놀이기구의 짜릿함이나 속도감 그리고 입안을 감도는 부드러운 아이스크림의 맛과 같은 감각적(sensory) 혹은 체험적(experiential) 약속도 있다. 동일한 제품이라 하더라도 브랜드에 따라 약속은 다를 수 있다.

자동차의 경우, 볼보는 안전이라는 기능적 약속을 하지만 벤츠는 위신이나 품격이라는 사회적 약속을 한다. 햄버거의 경우, 버거킹은 맛을 약속하지만 맥도날드는 가족과 함께 보내는 시간을 약속한다. 여러 브랜드가 동일한 약속을 하기도 한다. 하지만 약속을 하는 것 자체가 물론 중요하지는 않다. 어떤 브랜드의 약속은 더 신뢰할 수 있지만 또 다른 브랜드의 약속은 신뢰도가 떨어질 수 있다. 약속에 대한 신뢰의 판단 역시 소비자에게 달려 있다.

브랜드 약속은 계약관계에서 나아가 앞서 살펴본 위험감소 기능과 밀접한 관계가 있다. 브랜드는 특정의 약속을 제시하고 일관되게 지킴으로써 그와 관련된 특정 유형의 위험을 감소시키며, 소비자는 지속적인 구매나 충성 그리고 몰입으로 반응함으로써 계약관계는 더욱 굳건해진다. 지속적인 관계는 마침내 끈끈한 유대로 발전되는 것이다.

브랜드는 신호이자 상징이다

우리는 필요한 모든 정보를 다 갖추고 구매결정을 하지는 않는다. 대부분의 경우 제한된 내·외적 정보나 지식에 토대해 브랜드를 선택하게 된다. 이럴 때 우리가 취하는 행위 중의 하나는 신호(sign)를 이용하는 것이다. 어떤 자동차 브랜드가 다른 브랜드에 비해 좀 더 장기간의 수리보증을 제시한다면 우리는 이를 보고 그 자동차가 품질 면에서 다른 어떤 브랜드보다 우수할 것으로 추론한다. 그만큼 품질에 자신이 있기 때문에 장기 보증을 하는 것이라 생각한다. 세제의 경우에는 거품량을 보고 세척력을, 초콜릿의 경우에는 색을 보고 코코넛 함유량을, 그리고 전자제품의 경우에는 원산지(country of origin) 표기를 보고 품질을 추론하기도 한다. 아마 우리가 일상 구매 시에 가장 많이 활용하는 신호는 가격일 것이다. 심지어 광고의 양이나 광고 집행 매체와 같은 제품 외적인 단서를 통해 제품 질을 추론하기도 한다. 이렇듯 보증

[그림 1-2] ☞ 신호이자 상징으로서의 브랜드
처음에는 콜라, 담배, 스포츠화를 나타내는 이름에 지나지 않았지만 지금은 제품 그 이상의 것을 의미한다.

기간, 거품, 원산지, 가격 등이 바로 신호다.

　브랜드는 이런 신호 중에서 구매에 가장 강력한 영향을 미치는 신호다. 브랜드가 신호로 작용한다는 증거는 브랜드 확장(brand extension)에서 확장제품에 대한 소비자 반응에서 쉽게 찾을 수 있다. 브랜드 확장이란 한 제품범주에 사용하는 브랜드를 타 제품범주에도 그대로 적용하는 것이다(브랜드 확장에 대해서는 4장에서 상세히 다룰 것이다). 선키스트는 비타민 제제에, 티파니는 향수에, 크레욜라는 페인트에, 그리고 중장비 브랜드인 캐터필러는 캐주얼 의류에 동일한 브랜드를 적용하였다. 또한 피아노로 잘 알려진 삼익은 삼익 음악학교를 운영 중이다. 이들 모두가 브랜드 확장의 예다. 브랜드 확장에서 소비자는 브랜드를 통해 확장한 제품의 다양한 측면에 대해 긍정적(또는 부정적)으로 추론하고 신념을 형성하게 된다. 모 브랜드가 일종의 신호역할을 하기 때문이다.

　신호는 경험의 누적에 의한 학습으로 인해 마침내 상징(symbol)으로 발전한다. 상징이란 최초의 어떤 대상이 다른 것을 대체하는 것이다. 예를 들면, 프랑스는 예술을 '상징'하고 붉은 악마는 축구에 대한 열정과 애국심을 '상징'한다. 브랜드는 하나의 신호에서 누적된 소비자와의 관계를 통해 마침내 상징이 되는 것이다. 코카콜라는 탄산 음료 그 이상의 의미를 지닌다. 코카콜라가 상징하는 것은 바로 미국 그리고 젊음이다. 말보로는 남성미와 자유 그리고 도전을, 나이키는 프로정신을 '상징'한다.

기업에 대한 브랜드 기능

브랜드는 소비자뿐만 아니라 기업에도 가치 있는 기능을 한다. 기업에 대한 브랜드의 구체적인 기능은 이 책의 범위를 넘어서는 것이지만 이는 앞서 살펴본 소비자 측면에서의 기능과 관련되어 있을 뿐만 아니라 브랜드 기능에 대한 이해의 폭을 넓힌다는 측면에서 간략하게나마 살펴보도록 한다. 기업이 브랜드를 잘 관리하고 강화함으로써 얻을 수 있는 핵심 이점은 다음과 같다.

가격 프리미엄의 이점이 있다

경쟁자에 비해 프리미엄 가격의 책정을 가능하게 하며 경쟁자와의 가격경쟁에서 유리한 위치에 있게 한다. 만약 특정 브랜드에 대한 인지도나 품질에 대한 평가, 충성도가 높고 경쟁 브랜드에 비해 더욱 긍정적인 이미지나 연상을 가진다면 소비자는 더 많은 돈을 지불하고서라도 기꺼이 그 브랜드를 구입할 것이다. 뿐만 아니라 경쟁자가 가격을 낮춘다거나 공격적인 가격할인 프로모션을 실시하더라도 고객은 쉽사리 브랜드를 바꾸지 않을 것이다. 기능적, 물리적 차이에 대해 소비자가 조금의 지각된 차이라도 가지거나 또는 패션 아이템과 같이 상징성이 강한 경우에는 브랜드로 인한 가격 프리미엄의 이점은 더욱 극명하게 작용한다.

신제품의 성공확률을 높인다

　브랜드는 소비자에 대한 약속, 신호, 상징의 기능을 하기 때문에 신제품을 출시하더라도 브랜드가 강력하다면 성공의 확률을 높일 수 있다. 특정 브랜드가 경쟁자에 비해 차별적이고 유익한 약속을 한다면, 그리고 긍정적인 유·무형의 신호나 상징으로 작용한다면 그 브랜드로 출시되는 신제품에 대해서도 소비자는 유사한 반응을 보일 가능성이 높다. 이는 신제품에 대한 초기 구매 시도 가능성을 높일 뿐만 아니라 신제품에 대해 더욱 긍정적으로 반응할 준비태세를 갖추게 한다.

유통우위를 점한다

　강력한 브랜드는 유통침투가 원활하다. 점주는 당연히 소비자가 선호하는 브랜드를 입점시키려 한다. 이는 매출을 높이는 방편이기도 하지만 판매점을 방문하는 고객에 대한 만족도를 높이기 때문이다. 아울러 강력한 브랜드는 유통기업과의 가격협상 시에 좀 더 유리한 입장에 설 수 있다. 최근 우리나라뿐만 아니라 전 세계적으로 대형할인점이 판매망을 장악하고 있다. 이들은 막강한 유통 장악력으로 자사 입점가격 협상권을 좌지우지하기도 한다. 특히 신제품을 입점시키고자 할 때 이들 유통기업의 권한은 거의 절대적이다. 하지만 소비자가 선호하는 강력한 브랜드는 이런 환경에서 비교적 자유로울 수 있다.

소비자 충성도를 높인다

　강력한 브랜드는 소비자 충성도를 높이며 높은 브랜드 충성도는 반복구매를 일으키기 때문에 높고 안정적인 수익을 즐길 수 있다. 브랜드 충성도가 높으면 경쟁자가 가격을 할인하거나 프로모션을 실시한다 해도 고객이 이탈할 가능성 역시 낮아진다. 안정적인 수익 보장으로 인해 기업은 연구개발에 더욱 적극적으로 투자할 수 있다. 만약 판매나 그로 인한 수익이 안정적이지 못하면 기업은 불안을 느껴 투자를 꺼리게 된다. 수익이 불안정하면 미래 현금흐름의 예측 가능성이 낮아지기 때문이다. 연구개발에 대한 적극적인 투자는 더욱 우수한 제품의 개발로 이어지고 우수한 제품은 고객의 브랜드 충성도를 높이는 선순환 고리를 만들어 낸다.

원활한 내부 의사소통을 촉진한다

브랜드는 외부 소비자나 고객뿐만 아니라 기업 내부 조직원 간의 의사소통을 원활하게 하여 업무 효율성과 명확성을 높인다. 브랜드는 소비자에게는 약속, 신호, 상징의 역할을 함과 동시에 기업 내부 조직원에게는 기업이 나아갈 길을 밝혀 주는 등대와 같은 역할을 한다. 이는 벽의 액자 속에 갇혀 있는 사훈이나 실천강령과는 판이하게 다르다. 브랜드의 명확하고 고유한 비전과 사명, 아이덴티티는 제품의 개발에서부터 커뮤니케이션 그리고 고객을 대하는 방식에 이르기까지 총체적인 행동지침의 역할을 하는 것이다.

부정적 이슈를 완화한다

나아가 강력한 브랜드는 제품상의 문제나 환경 관련 문제 등과 같이 바람직하지 않은 사회적 이슈와 관련되는 위기 상황이 발생했을 때 소비자로부터 야기될 수 있는 부정적인 반응을 완화하는 역할을 한다. 기업은 예측할 수 없는 다양한 부정적 이슈에 직면할 수 있다. 특히 인터넷에서 이루어지는 소비자의 활발한 구전(word-of-mouth)은 기업의 관리능력 밖에 있다. 만약 브랜드가 강력하지 않다면 부정적인 구전에 기업이 대처할 수 있는 범위는 매우 제한적일 것이다. 하지만 브랜드가 강력하다면 충성 고객의 긍정적인 구전

〈표 1-1〉 브랜드의 기능과 역할

소비자 측면	기업 측면
• 구매위험의 감소 • 탐색비용의 절감 • 약속, 계약, 유대 • 신호, 상징	• 가격 프리미엄 • 신제품 성공확률 제고 • 유통우위 • 소비자 충성도 제고 • 기업 내부 의사소통, 업무 효율성과 명확성 • 부정적 이슈 완화

은 부정적인 구전을 완화하는 역할을 할 수 있다. 이는 축적된 브랜드에 대한 신뢰와 애호가 있기에 가능한 것이다.

3. 브랜드는 누가 만드는가

이상에서 살펴본 것처럼 이제 브랜드를 생각하지 않고서는 기업의 생존과 성장을 기대하기란 어렵다. 그런데 여기서 한 가지 중요한 질문에 대해 생각해 봐야 한다. 바로 '브랜드 구축과 관리가 이토록 중요하다면 그 핵심 주체는 과연 누구인가?' 하는 것이다.

대표적인 브랜드 학자 세 사람의 브랜드 관리 모형을 살펴보자. 데이비드 아커(David Aaker, 1991)는 브랜드 관리를 위한 핵심요소로 브랜드 인지, 브랜드 연상, 브랜드의 지각된 품질 그리고 브랜드 충성도를 꼽았다. 브랜드 인지는 브랜드 네임(또는 브랜드 로고)에 대한 소비자의 기억으로 브랜드 연상의 토대다. 브랜드 연상은 어떤 브랜드에 대해 소비자의 머릿속에 저장된 다양한 지식이며 지각된 품질은 객관적이 아니라 소비자가 주관적으로 바라보는 품질이고 브랜드 충성도는 브랜드에 대한 소비자의 호의적인 태도와 행동이다. 케빈 켈러(Kevin Keller, 1993)는 브랜드 인지와 브랜드 지식의 두 가지 범주에서 브랜드 지식은 다양한 하위의 이미지와 연상으로 구성된다고 하였다. 강력한 브랜드일수록 연상이 차별적이며 독특하고 또 강력하다고 본다. 장 캐퍼러(Jean Kapferer, 2004)는 브랜드 보조인지, 브랜드 비보조인지, 고려군 진입 그리고 구입 경험을 브랜드 관리를 위한 핵심요소로 제안한다(미리 이야기하였지만 이 책의 목적은 이런 브랜드 모형을 소개하는 것이 아니다).

이들이 제안한 브랜드 관리의 핵심요소를 가만히 들여다보자. 이들 요소의 성패는 궁극적으로 누구에 의해 결정되는가? 기업인가? 아니면 브랜드 관리자인가? 혹은 커뮤니케이션 관리자인가? 놀랍게도 핵심 주체는 이들이 아닌 바로 '소비자'다. 브랜드 인지, 브랜드 연상, 충성도에 이르기까지 이 모든 것은 결국 소비자에 의해 결정된다. 효과적인 브랜드 관리와 궁극적인 브랜드 성공은 단지 기업의 전략에 의해 전적으로 결정되는 게 아니다. 기업이 실행하는 브랜드 전략이나 행위가 그 어떤 것이라 하더라도 그것은 소비자에 의한 여과과정을 거치지 않을 수 없다. 그렇다면 기업이 실행하는 브랜드 행위와 이에 대한 소비자 반응은 1:1 대응관계로 볼 수 없는 것이다.

모두가 가장 빠른 초고속 인터넷망이라고 주장하지만 왜 소비자는 여전히 특정 브랜드가 가장 빠르다고 생각하는 것일까? 한때 우리나라 라면시장 부동의 1위였던 삼양라면이 과거의 우지 파동 때 추락한 시장점유율을 다시 끌어올리는 데 왜 그토록 애를 먹은 것일까? 존슨앤드존슨은 우리나라에서 왜 RoC와 같은 성인화장품 브랜드를 출시하여 성공하지 못한 것일까? 한때 소주시장에서 돌풍을 일으킨 '처음처럼'에 대항한 '참이슬'은 왜 애를 먹은 것일까? 이 외에도 과거 또는 현재의 브랜드에 관련된 수많은 유사 질문을 던질 수 있다. 이런 질문에 대한 답의 열쇠는 바로 '왜'에 있다.

브랜드 관리자나 전략가에게 가장 필요한 것은 누군가 잘 만들어 놓은 브

[그림 1-3] 〰 브랜드 관리체계
브랜드 관리의 핵심은 브랜드 행위에 대한 소비자 심리기제의 이해에 있다.

랜드 모형을 결과중심적으로 그대로 적용하는 것이기보다는 바로 이 '왜'에
답하고 대처하는 능력이다. 그런데 '왜'라는 것은 다양한 브랜드 행위에 대
해 이러저러한 결과가 나올 수 있다는 소비자의 심리학적 메커니즘과 과정
에 관한 것이다. 그러한 심리학적 메커니즘과 과정을 이해하고 '왜'에 적절
히 답할 수 있을 때 비로소 성공적인 브랜드 관리를 위한 전략의 통제와 예측
이 가능해진다([그림 1-3] 참조).

　　브랜드 전략에 관한 프레젠테이션에 참석하거나 전략 기획서를 보면 흔
히 과거나 현재의 성공적인 브랜드 사례를 제시하면서 당신의 브랜드도 저
렇게 하면 성공할 것이라고 말해 주는 듯하다. 하지만 여기에는 큰 문제가
있다. 브랜드는 유기체와 같다. 유기체는 항상 변화한다. 환경에 따라, 먹는
음식에 따라, 그리고 심지어 주위의 다른 유기체에 따라 끊임없이 변화한다.
그런데 마치 브랜드 환경은 과거나 현재 그리고 미래에도 고정된 것처럼 이
야기한다. 듣는 사람도 같은 환상에 빠져든다. 왜 그럴까? 그 이유는 '왜'를
고려하지 않기 때문이다. 통제와 예측은 불가분의 관계다. 브랜드 관리자나
전략가가 브랜드와 소비자 간에 전개되는 '왜'에 대해 잘 이해한다면 브랜
드가 처한 환경이 어떠해도 훌륭한 통제력을 지닐 수 있을 것이며 결과의 예
측도 누구보다 뛰어날 것이다. 이것이 브랜드 전략가가 지녀야 할 진정한 경

쟁력이 아닐까?

4. 브랜드 자산, 브랜드 강점 그리고 브랜드 가치

이제 이번 장을 마무리하면서 몇 가지 용어를 정리해 보려고 한다. 여기서 정리하려는 용어는 '왜 브랜드를 관리해야 하는가? 브랜드를 관리하는 목적은 무엇인가?'라는 질문에 대한 대답과도 관련이 있다. 브랜드를 잘 관리해야 하는 목적은 두말할 필요 없이 브랜드 자산이나 강점 또는 가치를 강화하려는 것이다. 용어야 어떻든 달성하려는 목적은 모두 같다. 하지만 이 용어들은 다양하게 해석되고 사용되어서 혼동을 일으키기도 한다. 지향하는 바가 같다면 의사소통에 큰 문제야 없겠지만 리서치 회사나 컨설팅 회사 또는 광고회사 등 외부 사람과의 커뮤니케이션에서는 문제를 야기할 수도 있다. 브랜드 자산, 브랜드 강점, 브랜드 가치는 가장 빈번히 사용되는 중요한 용어이기도 하지만 그 의미가 사용자에 따라 달라 혼동을 일으키기도 한다. 이 용어들은 이 책에서 종종 등장하기 때문에 그 의미를 명확히 해 두고자 한다.

- 브랜드 자산(brand asset): 예컨대, 인지도, 이미지나 연상, 지각된 품질 등과 같이 브랜드가 미치는 영향의 원천을 일컫는다.
- 브랜드 강점(brand strength): 브랜드 자산의 결과물이다. 구체적으로 말하자면 브랜드 강점은 특정 시장과 경쟁 환경 그리고 특정 시점을 기준으로 브랜드 자산 때문에 기업이 얻는 결과를 말한다. 주로 행동지표로 표현된다. 시장점유율, 시장선도, 가격 프리미엄 등이 해당된다.
- 브랜드 가치(brand value): 이익을 창출할 수 있는 브랜드 능력이다. 만약

이익을 가져다줄 수 없다면 브랜드의 가치는 없다고 할 수 있다. 이익과 브랜드는 결코 분리하여 생각할 수 없다. 브랜드 없이는 이익이 창출되지 않기 때문이다. 브랜드의 존재 이유는 분명하다. 브랜드는 기업 이익을 창출하기 위해 존재하는 것이다.

학자에 따라 브랜드 자산이나 강점에 포함시키는 요소는 조금씩 차이가 있지만 기본적인 개념의 지향점은 같다. 브랜드 자산, 강점, 가치는 기업의 이익 창출이라는 하나의 목적 아래 서로 연결된 개념이다. 자산 없이 강점이 있을 수 없고, 자산과 강점이 없다면 브랜드 가치, 즉 기업 이익 창출도 없기 때문이다. 이들의 관계는 [그림 1-4]와 같다.

[그림 1-4] ○━ 브랜드 자산, 강점, 가치의 개념과 관계

브랜드 인식의 심리학

BRAND PSYCHOLOGY

02

BRAND PSYCHOLOGY

1. 실체인가, 관념인가

홍미 있는 한 연구를 보자. 새로 출시할 승용차 모델을 두고 한 집단의 소비자에게는 이 승용차가 독일산이라고 알려 주고 다른 한 집단의 소비자에게는 미국산이라고 알려 주었다(물론 소비자에게 보여 준 승용차 모델은 동일한 것이다). 그리고 이 모델의 승용차를 만약 구입한다면 얼마까지 지불할 의사가 있는지 물어보았다. 그 결과는 어떻게 나왔을까? 홍미롭게도 독일산 승용차로 알려 준 소비자는 미국산으로 알려 준 소비자에 비해 더 많은 돈을 기꺼이 지불하겠다고 답하였다.

또 다른 연구를 보자. 이 연구는 필자 자신이 직접 수행한 것이다. 폴로스포츠 의류라인이 우리나라에 본격 시판되기 전에 디자인에 대한 소비자반응과 구매의향을 알아보기 위해 집단 심층면접(focus group interview)을 실시하였다. 조사를 진행하면서 한 가지 홍미로운 사실을 발견했다. 집단에 따라 토의 순서를 달리하였는데, 어떤 집단은 제품을 제시하기 전에 폴로라는 브랜드임을 알려 주었고 다른 집단에는 브랜드를 알려 주지 않고 제품만 제시하였다. 그런데 홍미롭게도 이들 집단 간에는 제품디자인에 대한 반응과 구매의향이 너무나 다르게 나타났다. 동일한 제품디자인임에도 폴로의 스포츠라인이라고 알려 준 집단에서는 매우 긍정적인 반응(세련되었다, 앞서 가는 디자인이다 등)이 많았던 반면, 브랜드에 대한 힌트를 주지 않은 집단에서는 부정적인 반응(촌스럽다, 별로인 것 같다 등)이 대부분이었다. 이 두 가지 예는 지금 부터 이야기하려고 하는 브랜드에 대한 소비자인식 형성의 기제와 과정을 매우 잘 보여 준다. 왜 이런 현상이 나타나는 것일까?

소비자는 브랜드를 있는 그대로 보지 않는다

우리는 외부에 있는 자극을 실체 그대로 받아들이지 않는다. 다시 말해 우리는 시각, 청각, 촉각, 미각, 후각의 감각기관에 입력되는 물리적 에너지대로 외부 자극을 받아들이지 않는다는 것이다. 아침에 출근할 때 입고 나간 하얀 드레스셔츠는 아침에도 흰색이요, 날이 어두워진 퇴근 때에도 여전히 흰색이다. 실제는 그렇지 않은데도 말이다. 아침에 드레스셔츠에 반사되어 시각 기관에 떨어지는 빛의 투사량과 어두운 저녁의 드레스셔츠의 빛의 투사량은 엄연히 다르다. 생리학적으로 말하자면 저녁에 보는 드레스셔츠는 더 이상 흰색이 아닌 것이다. 하지만 우리는 여전히 그것을 흰색의 드레스셔츠로 '본다'. 또한 빨간색 승용차의 운전자는 새벽이건 아침이건 또는 저녁이건 자기 차를 항상 빨간색으로 '본다'. 자동차에 반사되는 빛의 투사량으로 보면 저녁에는 더 이상 빨간색이 아닌데도 말이다.

물론 외부 자극을 감각기관에 입력되는 물리적 실체 그대로 볼 때도 있다. 이런 현상을 빈번히 경험하는 곳 중의 하나는 바로 백화점이다. 아마 백화점에서 옷을 구입해 보았다면 한번쯤은 이런 경험을 해 보았을 것이다. 백화점은 햇빛을 차단하기 위해 창문을 만들지 않고 실내를 할로겐등으로만 밝힌다. 디자인이 마음에 드는 옷을 발견해도 할로겐 빛 때문에 정확한 색깔을 알기 힘들다. 그래서 흔히 판매원에게 "이게 무슨 색깔이죠?"라고 물어보곤 한다. 판매원이 색깔을 알려 주어도 확신을 하지 못해 심지어 햇빛이 있는 곳으

로 가지고 나가서 확인하기도 한다. 자신의 판단에 따라 옷을 구입했지만 막
상 집에 와서는 생각했던 것과 색깔이 다름을 알고는 반품해 본 경험도 있을
것이다. 왜 백화점에서 경험하는 이런 현상은 앞서 이야기한 흰색 드레스셔
츠나 빨간색 승용차에 대한 현상과 다를까?

　드레스셔츠와 승용차 그리고 백화점에서 경험하는 옷의 색깔에 대한 사례
간에는 차이점이 있다. 그 차이란 어떤 것일까? 드레스셔츠와 승용차의 경우
에는 시각 감각기관에 떨어지는 물리적 빛의 투사량대로 색깔을 보지 않는
것은 '이미' 우리가 드레스셔츠와 승용차의 색깔에 대해 알고 있기 때문이
다. 이럴 경우 우리가 외부 대상을 보는 것은 실제 감각기관에 입력되는 물리
적 에너지에는 별다른 영향을 받지 않는다. 이는 우리가 세상을 있는 그대로
보는 것이 아니라 보이는 대로 본다는 사실을 말해 준다. 하지만 백화점에서
옷의 색깔을 알아내는 경우는 사정이 다르다. 구입하려는 옷 색깔에 대한 사
전 경험이 없기 때문에 이때는 옷의 색깔을 판단하기 위해서는 순수하게 감
각기관에 떨어지는 물리적 에너지에 의지할 수밖에 없다. 이 현상을 조금 구
체적으로 알아보자.

　외부 자극이 눈, 코 등의 감각기관에 입력되면 이 정보는 해당 감각기관의
신경을 따라 대뇌로 전달된다. 만약 외부 자극에 대해 사전 경험이나 지식이
없다면 우리의 뇌는 전적으로 감각기관의 정보에 의존해 그 자극에 대해 해
석하게 된다. 하지만 외부 자극에 대한 경험이 있을 경우 우리의 뇌는 감각기
관의 정보에 전적으로 의존하기보다는 사전 경험에 토대해 그 자극을 비교
적 일관되게 인식하려는 경향이 있다. 이는 무의식적이며 자동적으로 일어
나는 과정인데, 이런 현상을 '지각항등성(perceptual constancy)'이라고 한다
(그림 2-1] 참조). 그림을 보라. 문이 닫혀 있건 아니면 열려 있건 우리는 문을
언제나 직사각형으로 본다.

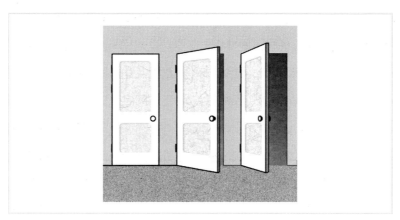

[그림 2-1] 🔑 지각항등성
감각기관(눈)에 들어오는 형태와 관계없이 언제나 동일한 형태로 인식한다.

지각항등성이라는 심리 현상은 브랜드 인식과 관련해 중요한 한 가지 사실을 말해 준다. 우리는 브랜드 역시 있는 그대로 보는 것이 아니라 보이는 대로 본다는 것이다. 브랜드 행위에 대한 인식도 마찬가지다. 새로 출시된 브랜드와 이미 사전 경험이 있는 브랜드가 집행하는 다양한 브랜드 행위에 대해 소비자가 바라보는 바는 같지 않기 때문에 그 효과도 같을 수 없다. 새로 출시된 브랜드에 대해서는 우리의 경험이나 지식이 없기 때문에 브랜드 행위를 비교적 있는 실체대로 받아들이기 쉽다. 하지만 이미 사용 경험이 있는 기존 브랜드의 경우는 있는 실체대로 보는 것이 아니라 보이는 대로 보는 것이다.

제품, 가격, 마케팅 커뮤니케이션 등 다양한 브랜드 행위도 실체에 관계없이 브랜드에 대한 사전 경험이나 지식에 토대해 그런 행위를 비교적 일관되게 인식하는 경향이 있다. 예컨대, 어떤 라면 브랜드 맛에 대해 부정적 경험을 하였다면 새로운 라면 제품이 출시된다 하더라도 맛에 대해 부정적 선입관을 가질 가능성이 크다. 한 기업의 특정 제품의 애프터서비스에 대해 부정적 경험을 하면 그 기업의 다른 제품의 애프터서비스에 대해서도 부정적 생각을 가지기 쉽다. 물론 그 반대의 현상도 성립될 수 있다. 어떤 자극을 변화에 관계없이 비교적 일관되게 관성적으로 보려는 지각항등성은 신규 브랜드의 경우에는 최초 형성되는 브랜드 인식이 얼마나 중요한지 잘 보여 줄 뿐만아니라 기존 브랜드의 경우는 현재 소비자가 브랜드에 대해 어떤 인식을 가지는지를 구체적으로 파악하는 것이 브랜드 관리에서 무엇보다 중요한 작업임을 시사한다.

왜 물리적으로는 동일한 브랜드가 다르게 인식되는가

이제 지각항등성에서 한 걸음 더 나아가 보자. 우리는 외부 대상을 보이는대로 믿는 것일까? 아니면 믿는 대로 보는 것일까? 심리학 연구결과는 후자를 지지한다. 우리는 보이는 대로 믿기보다는 믿는 대로 외부대상을 보는 경향이 있다. [그림 2-2]를 보라. 당신은 무엇을 보는가? 당신이 무엇을 보는지는 두 개의 모호하지 않은 그림 중 어떤 그림을 먼저 보는가에 따라 달라진다. 만약 촛대를 사이에 두고 마주 보는 두 여인을 보았다면 이 그림에서 두여인을 볼 것이다. 이때 두 여인은 전경(figure)으로 부각되지만 촛대는 배경(ground)으로 물러난다. 하지만 한여인이 촛대를 앞에 두고 정면을 응시하는 것으로 보았다면 두 여인이아니라 한 여인의 얼굴을 보게 될 것이다. 이 경우에는 전경과 배경이 뒤바뀌게 된다. 이런 현상은 사물을 보는 우리의 능력이 얼마나 놀라운 것인지를 잘 보여 준다.

[그림 2-2] 가역성 도형

[그림 2-2]와 같은 가역성 도형의 예는 물리적 실체에서 별반 차이가 없는 제품이나 서비스라도 브랜드에 따라 얼마든지 다르게 인식될 수 있다는 사실을 잘 보여 준다. 두 개의 가전 브랜드가 있다고 가정해 보자. A는 제품의 디자인이 뛰어난 브랜드로 인식되고 있고, B는 기능적 실용성이 우수한 브랜드로 인식되고 있다고 하자. 그런데 두 브랜드가 외관 디자인이나 기능이 동일한 전기밥솥을 출시한다면 어떤 일이 발생할까? 디자인이나 기능의 실체가 같기 때문에 두 브랜드의 신제품에 대한 소비자 반응도 유사할까? 아마 아닐 것이다. 브랜드 A 제품의 경우는 디자인이 전경으로 부각될 것이며 브랜드 B 제품의 경우는 기능이 전경으로 부각될 것이다. 그다지 부정적인 수준이 아니라면 브랜드 A 신제품은 B보다 디자인이, 그리고 브랜드 B 신제품의 경우는 A보다 기능이 더 나은 것으로 인식될 가능성이 크다.

왜 하나의 브랜드도 다르게 인식되는가

하나의 브랜드에서도 같은 현상이 일어날 수 있다. 이제 [그림 2-2]의 가역성 도형을 하나의 브랜드라고 가정해 보자. 우리가 이 가역성 도형을 두 가지로 볼 수 있는 것처럼 소비자는 하나의 브랜드도 여러 가지로 볼 수 있다. 그림을 보면서 우리가 주의를 어디에 두는지, 즉 어떤 것을 전경으로 보고 또 어떤 것을 배경으로 보는지에 따라 마주 보는 두 여인 또는 한 명의 여인을 보는 것처럼 하나의 브랜드도 그렇게 보일 수 있다는 것이다. 새로운 녹차음료 브랜드가 건강에 좋은 기능성 음료라고 주장할 경우 소비자의 주의는 원료나 성분, 함유량에 쏠린다. 하지만 동일한 성분이나 원료의 녹차음료라 하더라도 소비자의 라이프스타일에 어필한다면 소비자는 기능적 측면에 주의를 기울이기보다는 사용 상황에 더 주의를 기울이게 된다. 이처럼 우리가 어떤 대상을 인식할 때 사용하는 전경을 심리학적 용어로는 지각 태(態,

perceptual set)라고 한다.

우리가 브랜드를 볼 때도 지각 태가 작용한다. 지각 태에 따라 소비자가 브랜드를 바라보는 인식은 달라진다. 새로 출시된 승용차의 차체가 크다고 할 경우 차체가 크기 때문에 안전하다고 생각할 수도 있지만 반대로 연료 소모가 많아 연비가 낮을 것이라고 생각할 수 있다. 카카오 함유량이 72%인 초콜릿에 대해 우리는 함유량이 많기 때문에 건강에 좋을 것이라고 생각할 수도 있지만 그것 때문에 맛이 없을 것이라고 생각할 수도 있다. 스마트폰의 다양한 기능에 대해 다양한 용도로 사용할 수 있어 유용성이 높다고 생각할 수도 있지만 기능이 많아 사용 용이성이 낮을 것이라고 생각할 수도 있다. 예에서와 같이 브랜드의 어떤 속성에 대해 우리가 그 속성의 어떤 면을 전경으로 보느냐, 즉 어떤 면에 더 많은 주의를 기울이냐에 따라 브랜드에 대한 인식은 판이하게 달라질 수 있다.

브랜드 인식에 영향을 미치는 지각 태로서 가장 영향력이 큰 것은 브랜드에 대한 사전 경험이나 지식 그리고 이에 토대한 가정이나 기대일 것이다. 기대는 대상을 특정한 방식으로 보려는 마음의 준비 태세다. 우리가 가진 사전기대가 무엇인지에 따라 외부의 대상을 보는 관점은 달라진다. [그림 2-3]을 보라. 무엇으로 보이는가?

특히 기존 브랜드일 경우 기대의 영향력은 더욱 크다. 만약 소비자가 어떤 휴대폰 브랜드의 기술력과 신뢰

[그림 2-3] 지각 태로서 기대의 영향
어떤 기대를 가지느냐에 따라 두 개의 상이한 그림을 보게 된다.

에 대한 기대를 가질 경우에는 그 브랜드에서 제품 결함이 발견되어도 어쩌다 일어날 수 있는 실수로 생각하지만 그 브랜드의 기술력과 신뢰에 대해 부정적 경험을 한 소비자는 동일한 제품 결함에 대해서도 이를 실수가 아니라 근본적인 제품상의 문제로 치부해 버리는 경향이 있다. 신뢰와 정직에 대한 기대가 형성된 자동차 브랜드가 리콜을 시행하면 신뢰할 수 있고 정직한 브랜드이기 때문이라고 생각하지만 제품에 대한 불신이 기대로 작용하는 브랜드가 리콜을 실시하면 제품의 부정적 측면이 더욱 부각되는 경향이 있다. 이런 예는 모두 브랜드에 대한 과거 경험이나 구전 등으로 인해 축적된 지식이나 기대가 소비자의 지각 태를 바꾸어 놓았기 때문이다. 브랜드 전략을 수립하는 과정에서 전략가는 특정 브랜드의 사용자와 비 사용자, 고객과 비 고객으로 구분하고 이들에 대한 차이에 관심을 가진다. 이때 통찰을 얻으려면 바로 지각 태의 관점에서 자료를 바라볼 필요가 있다. 사용자나 비 사용자, 또는 고객이나 비 고객에 따라 동일한 브랜드에 대해 상이한 지각 태를 가질 가능성이 매우 높기 때문이다.

지각 태와 관련해 더욱 흥미로운 점은 외부 대상이 모호할수록 지각 태가 미치는 영향력은 더욱 커진다는 것이다. 외부 대상이 모호한 것은 브랜드와 어떤 관계가 있을까? 브랜드에 대해 구체적으로 판단할 기준이나 근거가 모호할 때, 즉 물리적 측면에서 다른 브랜드와 구체적 차이를 알아내기 어려울수록 지각 태는 브랜드 인식에 강력한 영향을 미친다. 현대에서 브랜드 간 실질적인 제품 차이는 점차 미미해진다는 점을 상기해 보라! 이런 현상은 맛, 디자인, 외관, 끝마무리 같은 다양한 감각 경험에까지 영향을 미친다. 지각 태가 브랜드에 대한 직접적인 감각 경험까지 바꾸어 놓는다는 것은 실로 놀라운 일이 아닌가!

필자는 얼마 전 재미있기도 하고 한편으로는 무안하기도 했던 일을 겪었

다. 학생들을 데리고 일본 연수를 가면
서 배를 타게 되었는데, 같은 과 교수들
과 맥주를 마실 기회가 있었다. 과거 일
본 출장 시 맛보았던 아사히 생맥주의
기막힌 맛을 잊을 수가 없었던 차에 마
침 선상 레스토랑 메뉴에서 아사히 생
맥주를 발견하였다. 나는 교수들에게
적극 추천하면서 주문하였고 기대를 잔

브랜드 A   브랜드 B

[그림 2-4] 🖙 지각 태의 효과
물리적으로 동일한 맥주라도 브랜드
에 따라 감각경험(맛)도 달라진다.

뜩 하고 한 모금 들이켰다. 부드럽고 고소한 맛이 일품이라며 입에 침이 마르
도록 자랑을 하였는데 알고 보니 그건 아사히 생맥주가 아니었다. 그 사실을
알고 머쓱하기도 했지만 그다음 모금부터 맥주 맛이 매우 쓰게 느껴졌다. 이
것이 바로 지각 태가 바뀌었기 때문에 나타나는 현상이다.

브랜드가 활동하는 맥락을 중시하라

당신은 자동차 내비게이션을 장만하려고 한다. 유명 백화점의 내비게이
션 판매 코너에 들렀는데 거기서 'ABC'라는 브랜드의 내비게이션이 판매되
는 것을 보았다고 가정해 보라. 그런데 그 브랜드는 당신이 단 한 번도 들어
본 적이 없는 것이다. 이번에는 그 브랜드를 유명 백화점이 아니라 길거리에
있는 일반 자동차용품점에서 보았다고 가정해 보라. 'ABC' 내비게이션 브
랜드에 대해 가지는 느낌, 태도, 구매 관심은 두 가지 상황에서 어느 경우에
더 긍정적일까? 한 가지 예를 더 들어 보자. 당신은 올리브 오일에 관해서는
문외한이다. 브랜드에 대한 인지도나 정보, 지식이 전혀 없다. 그런데 아내
의 부탁으로 마트에 들러 올리브 오일을 구입해 가야만 한다고 치자. 당신은

[그림 2-5] ◉━ 맥락효과
위치에 따라 괴물의 표정은 다르게 인식
된다.

다양한 올리브 오일 브랜드가 진열
되어 있는 매대로 갈 것이다. 당신의
눈높이에 진열된 브랜드도 있을 것
이고 무릎 위치에 진열된 브랜드도
있을 것이다. 매대에 진열된 위치에
따라 당신이 올리브 오일 브랜드에
대해 가지는 느낌, 태도 그리고 구매
관심은 같을까? 아마 다를 것이다. 왜
그럴까?

이제 [그림 2-5]를 보라. 앞서 가는
괴물과 뒤에서 쫓아가는 괴물 중 누
가 더 공격적으로 보이는가? 쫓기는 괴물은 겁에 질린 것으로 보이는가? 아
마 그럴 것이다. 하지만 두 괴물의 표정을 자세히 들여다보라. 이 둘의 표정
은 전혀 다르지 않다. 다만 위치가 다를 뿐이다. 그러면 왜 두 괴물의 표정이
다르게 보이는 것일까? 그 이유는 두 괴물의 위치가 다르기 때문이다.

다른 그림을 하나 더 보자. [그림
2-6]을 보라. 그림의 가운데에 있는
원을 보라. 왼쪽의 가운데 원과 오른
쪽의 가운데 원 중에서 어떤 것이 더
크게 보이는가? 아마 왼쪽의 가운데
에 위치한 원이 더 크게 보일 것이다.
하지만 실제 가운데 원의 크기는 왼
쪽과 오른쪽 모두 동일하다. 어떤 크
기의 원이 둘러싸고 있는가에 따라

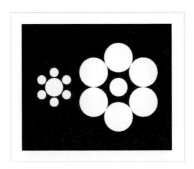

[그림 2-6] ◉━ 맥락효과
주위의 원 크기에 따라 동일한 가운데 원
의 크기가 다르게 보인다.

다르게 보일 뿐이다.

이와 같이 자극이 놓이는 위치, 상황 등에 따라 동일한 자극도 다르게 보이는 것을 '맥락효과(context effect)'라고 한다. 길거리에 있는 자동차용품점이 아니라 유명 백화점에서 판매되는 브랜드, 무릎 위치가 아니라 진열대의 눈높이에 위치한 브랜드에 대해 소비자가 더욱 긍정적으로 반응하는 것은 바로 그 브랜드가 놓인 맥락(백화점이라는 판매 장소, 눈높이라는 매대 위치)효과 때문이다. 소비자에게 잘 알려지지 않은 수입 화장품이나 의류, 액세서리 등의 브랜드는 단순히 백화점에 입점하는 것이 아니라 '명품 백화점'에 입점하려고 애를 쓴다. 아니, 명품 브랜드는 그저 그런 백화점에는 아예 입점을 하지 않는다. 왜 그럴까? 이 역시 맥락효과의 덕을 최대한 보려고 하기 때문이다. 하다 못해 동일한 백화점 내에서도 가급적 유명 브랜드 매장에 최대한 인접한 곳에 매장을 오픈하려고 한다. 트렌드에 민감한 젊은이들은 심지어 백화점 내에서 매장의 위치 이동을 보고 그 브랜드 흥망을 점치기도 한다. 이 역시 맥락효과 때문이다.

브랜드가 놓인 맥락은 브랜드에 대한 소비자 인식에 지대한 영향을 미친다는 점을 잊지 말라! 브랜드 인식에 미치는 맥락효과의 전략적 함의는 매우 광범하다. 다음은 맥락효과와 관련된 질문이다.

- 어느 백화점에 입점하는 것이 효과적인가?
- 어떤 브랜드 매장에 인접하는 것이 효과적인가?
- 프랜차이저 1호점은 어느 지역에 오픈하는 것이 효과적인가?
- 초기 마진을 희생하더라도 대형할인점 매대의 좋은 위치를 차지하는 것이 효과적인가?
- 방판 화장품 브랜드가 별도의 플래그십(flagship) 매장을 운영하는 것은

효과적인가?

• 광고를 잡지 중간 페이지에 10회 집행하는 것이 효과적인가? 1면에 3회
집행하는 것이 효과적인가?

소비자와의 첫 만남이 중요하다

우리는 사회생활을 하면서 짧은 시간의 만남 후에도 나름대로 상대방에
대해 비교적 분명한 인상을 가진다. 짧은 만남 동안 우리는 상대에 대해 제한
적인 정보밖에 얻을 수 없지만 그럼에도 상대가 어떤 사람인지 판단하는 데
큰 어려움을 겪지 않는다. 브랜드도 예외가 아니다. 새로운 브랜드가 출시되
면 우리는 주로 광고나 매장에서 보는 패키지나 프로모션 활동 정도의 제한
적인 정보에 노출됨에도 어떤 형태로든 우리는 그 브랜드에 대해 느낌이나
가정 또는 기대를 형성하게 된다(관심을 가지지 않는 한 새로운 브랜드라고 하여
웹에서 정보를 탐색하는 데 시간을 들이지는 않는다). 이렇게 형성된 것을 첫인상
(first impression)이라 한다.

심리학 연구에 따르면 첫인상의 영향은 매우 심대하고 지속적이다. 첫인
상이 일단 형성되면 수정은 쉽지 않다. 여기에는 흥미 있는 심리적 기제가 개
입한다. 그것은 바로 '초두효과(primacy effect)'다. 초두효과란 우리가 어떤 정
보를 기억할 때 나중에 제시된 것보다는 처음에 제시된 것을 더 잘 기억하는
현상이다. 즉, 타인을 만났을 때 그 사람에 대해 처음으로 접하는 정보(외모
나 옷 차림새 등)가 인상 형성에 지대한 영향을 미친다는 것이다. 인상 형성에
관한 한 연구에서는 사람의 특성을 나타내는 동일한 형용사 목록을 준비하
고 집단에 따라 제시하는 형용사의 순서에만 변화를 주었다. 한 집단에는 긍
정적 특성을 나타내는 형용사를 먼저 제시하였고 다른 집단에는 부정적 특

성의 형용사를 먼저 제시하였다. 물론 전체 형용사는 같은 것이었다. 그럼에도 긍정적 형용사가 먼저 제시된 집단이 부정적 형용사가 먼저 제시된 집단에 비해 대상에 대해 더 호의적 인상을 형성하였다(Asch, 1946). 참으로 흥미로운 결과가 아닌가. 그러면 왜 인상 형성에서 초두효과의 영향이 지속되는 것일까?

어떤 브랜드에 대해 접하는 최초 정보나 단서에 의해 일단 첫인상이 형성되고 나면 후속적으로 다른 정보가 주어져도 그 정보에는 많은 주의를 기울이지 않는다. 이 때문에 형성된 첫인상은 지속되는 경향이 있는 것이다. 주의의 감소뿐만 아니라 후속적으로 주어지는 정보는 이미 가지고 있는 초기 정보에 의해 재해석되고 동화되어 버리기 때문에 첫인상은 더욱 공고히 유지된다. 첫인상에 사용된 초기정보가 맥락과 같은 작용을 하는 것이다. 우리는 맥락에 따라 동일한 정보라도 달리 해석될 수 있다는 것을 앞 절에서 살펴보았다. 과거, 저온살균 우유로 출발한 파스퇴르는 매우 독특한 첫인상을 형성하였다. 그 당시 저온살균이라는 공법도 독특했지만 유통이 제한적이고 고집스러우며 약간은 독단적이고 독특한 브랜드로 인식되면서 돈벌이에만 급급하지 않은 고급 브랜드라는 인상이 형성되었다. 이후에 파스퇴르는 부정적인 루머 때문에 몇 차례 위기에 부딪히기도 했다. 하지만 소비자가 부정적인 정보를 첫인상에 의해 재해석한 덕분에 파스퇴르는 위기를 넘길 수 있었다. 파스퇴르에 대한 고객의 현재 인상은 과거의 첫인상과 별반 다르지 않을 것이다.

첫인상의 심리학적 현상은 브랜드 인식의 관리 측면에서 볼 때 최초의 브랜드 행위가 얼마나 심대하고 지속적인 영향을 미치는지를 잘 말해 준다. 과거에는 맨땅에 헤딩하기식의 브랜드 출시가 많았다(현재도 그런 기업이 적지 않다). 일단 브랜드부터 출시해 놓고는 그 이후에 시행착오를 거치면서 브랜드를 관리하면 된다는 시각이 팽배했다. 이는 시장대응 측면에서 순발력은 있을지 모르지만 매우 위험한 발상이다. 최초 형성된 타인의 첫인상이 이후로도 큰 영향을 미치는 것처럼 브랜드에 대한 소비자의 첫인상 역시 지속적으로 영향을 미치기 때문이다. 첫인상은 기업이 원하는 시점에, 원하는 방향대로 손쉽게 바꿀 수 있는 것이 아니라는 것을 명심해야 한다.

첫인상 효과에 대해 한 가지 더 짚어 보아야 할 점이 있다. 첫인상 효과는 특히 제품에 대한 소비자의 관여도가 낮을 때 더욱 변하지 않고 유지되는 경향이 있다. 얼마 전 환타는 젊은 층을 대상으로 광고 캠페인 전략의 수정을 시도한 적이 있다. 그런데 환타에 대한 첫인상은 어떠한가? 아마도 우리 대부분에게 환타는 어린아이가 마시는 음료라는 첫인상이 형성되어 있을 것이다. 그 결과 환타에 대한 인상이 바뀌었는가?

물론 첫인상이 언제나 변화 불가능한 것만은 아니다. 어떤 경우에 첫인상이 변화되는지를 연구한 결과에 의하면, 오랫동안 접촉이 없다가 대상을 다시 접하였을 때는 초두효과가 아니라 신근성 효과(recency effect), 즉 가장 최근에 접하는 정보에 의해 인상의 재형성이 일어날 수 있다고 한다. 이 경우에는 첫인상 효과가 적용되지 않는다는 것이다. 마치 초등학교 동창을 성인이

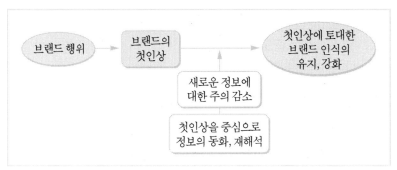

[그림 2-7] ◑━ 장기적인 브랜드 인식 관리에서 중요한 역할을 하는 브랜드 첫인상 효과

되어 동창 모임에서 다시 만날 때처럼 말이다. 하지만 브랜드를 최신효과에 적용시키기란 어렵다. 부정적인 브랜드 첫인상에 변화를 주기 위해 장기간 시장에서 사라진 후에 다시 나타날 수는 없지 않겠는가? 그러니 브랜드를 출시하려거든 사전에 치밀하게 계획을 수립해야 한다. 일단 대충 출시하고 보자는 식의 사고는 브랜드에 치명적일 수 있다.

2. 브랜드 지식의 덩어리가 문제: 브랜드 스키마

우리는 정보를 최대한 신속하고 효율적으로 처리하려는 경향이 있다. 그래서 인지심리학자는 인간을 '인지 구두쇠(cognitive miser)'라고 부르기도 한다. 우리는 가능한 한 시간이 덜 소요되는 방식으로 정보를 처리하며, 모든 정보가 없더라도 사용이 가능한 몇몇 정보만으로 누락된 정보를 메우기도 한다. 심지어 새로운 대상이어서 그 대상에 대한 세세한 정보가 없더라도 기존 정보를 통해 새로운 대상에 대해 추론이나 예측을 하기도 한다. 이런 기능을 가능하게 해 주는 것이 바로 스키마(schema: 도식)다.

스키마란 어떤 자극 영역에 관련된 속성 그리고 속성 간의 상호관계로 구성된 기억에 저장된 축약된 지식구조다. 스키마는 특정 대상에 대해 잘 조직화된 지식체계 또는 지식 덩어리라고 볼 수 있다. 스키마는 어떤 대상에 대한 구체적이고 세세한 원 자료 그 자체가 아니라 이들 자료가 압축, 요약된 형태의 지식체계다(그림 2-8 참조). 우리는 다양한 대상에 대해 스키마를 가진다. 스키마는 우리가 살아오면서 가지는 누적된 경험을 토대로 하여 형성된다. 우리는 직업, 성별, 사는 동네, 외모, 국가 그리고 그 밖의 다양한 영역에 대해 스키마를 가진다. 정치인에 대한 당신의 스키마는 어떠한가? 그러면 기업

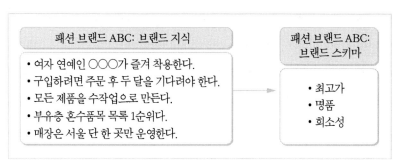

[그림 2-8] ◦ᅳ 원 자료 형태의 브랜드 지식과 브랜드 스키마

의 CEO에 대한 스키마는 어떠한가? 남자에 대한 스키마와 여자에 대한 스키마는 같은가? 싱가포르에 대한 스키마는 어떠하며 홍콩에 대한 스키마와는 어떤 차이가 있는가?

소나타, 갤럭시, 빈폴, SK-Ⅱ와 같은 제품 브랜드나 현대자동차, CJ, 오뚜기, 롯데 등과 같은 기업 브랜드에 대해서도 우리는 비교적 잘 조직화된 축약적인 지식의 덩어리를 가진다(어떤 형태로든 이들 브랜드에 대해 직간접의 경험이 있다면). 그렇다면 브랜드에 대한 스키마는 주로 어떤 유형의 지식으로 구성되는 것일까? 브랜드 스키마를 구성하는 지식의 유형이 정형화된 것은 아니지만 대체로 다음과 같이 분류해 볼 수 있다.

- 브랜드의 제품속성: 기능, 성능, 원료, 소재 등
- 브랜드의 비 제품속성: 가격, 사용자, 개성, 체험 등
- 브랜드의 편익: 기능적, 상징적 또는 사회적, 심리적 편익 등
- 브랜드에 대한 느낌, 정서, 태도 등
- 브랜드 경험과 행위

브랜드 스키마를 적용해 당신이 관심을 가지고 있는 브랜드를 한번 비교해 보라. 어떠한 제품영역이라도 좋다. 자사 브랜드와 경쟁 브랜드의 제품 속성, 비제품 속성, 편익 그리고 느낌, 감정, 태도 등이 어떤 내용으로 압축, 요약되는가? 우리는 큰 어려움 없이 브랜드 간의 스키마가 어떠하며 또 어떤 차이가 있는지 알 수 있다.

브랜드 스키마는 반드시 직접적인 사용 경험을 통해서만 형성되는 것은 아니다. 사용 경험이 없다고 하더라도 광고, 기사, 구전, 제품 디자인 등 다양한 요소를 통해 형성될 수 있다. 이는 우리가 쿠바에 가 보지 않아도 영화나 기사, 책자 등을 통해 쿠바라는 나라에 대한 스키마를 가지는 것과 같다.

우리는 브랜드의 다양한 행위, 즉 브랜드의 마케팅이나 커뮤니케이션 행위 그 자체에 대해서도 스키마를 가진다. 우리는 앞서 맥락효과를 알아보았다. 어떤 브랜드가 유명 백화점에 입점한다면 우리가 그 브랜드에 대해 긍정적인 반응을 보일 가능성이 높은 것은 맥락효과 때문임을 논의했다. 백화점과 같은 맥락이란 것도 결국은 하나의 대상이기 때문에 우리는 그 대상에 대해 스키마를 지닌다. 결국 맥락효과도 대상에 대한 스키마가 있기 때문에 발생하는 것이다. 신규 브랜드가 백화점에 입점했을 때 그렇지 않은 경우에 비해 더 긍정적으로 평가한다면 이는 우리가 가진 백화점에 대한 스키마가 신규 브랜드에 대한 인식 형성에 영향을 미치기 때문이다. 예전 시골 장터에서 가장 많이 들었던 소리를 기억하는가? "자~백화점에 들어가는 제품이 단돈 오천 원." 또는 "TV에서 광고하는 제품이 왔어요~." 시골 장터 상인조차도 모두 우리의 스키마를 판매에 효과적으로 활용하고 있다.

우리는 가격, 소비자 프로모션의 유형, 프로모션 시 제공하는 사은품, 광고의 빈도, 광고 매체 그리고 심지어 광고 시간대에 대해서도 스키마를 가진다. 소비자는 '제품에 대해 잘 모를 때는 무조건 제일 비싼 브랜드를 구입하라'는 간편법(heuristic)을 적용한다. 왜 그럴까? 이는 '고가' 제품에 대한 스키마가 작용하기 때문이다. 제품 자체의 단서도 예외는 아니다. 예컨대, 자동차의 경우에는 문 닫히는 소리에 대해서도 스키마가 작용한다. 둔탁하고 중후한 문 닫힘 소리는 '견고' '고급' '중형' 등의 지식으로 구성된 스키마를 가진다. 그러면 이렇게 광범하게 적용되는 스키마는 브랜드 인식에 어떤 식으로 효과를 발휘하는 것일까?

브랜드 스키마는 어떤 효과를 발휘하는가

브랜드 스키마는 제품, 신규 광고나 퍼블리시티와 같은 브랜드 행위를 신속하고 간편하게 처리하는 기능을 한다. 하지만 이로 인해 새로 유입되는 브랜드 정보가 과잉일반화(over-generalization)되기도 한다. 이는 긍정적 지식으로 구성된 스키마를 가진 브랜드에는 유리하게 작용하지만 부정적 지식으로 구성된 스키마를 가진 브랜드에는 불리하게 작용한다. 소비자는 구체적이고 세세한 정보에 주의를 기울이기보다는 기존 스키마를 적용해 일반화시켜 버리기 때문이다. 예컨대, 소비자가 어떤 청바지 브랜드에 대해 '착용감 불편' '세탁 후 탈색이 예쁘게 되지 않음'이라는 스키마를 가지고 있을 경우, 그 브랜드에서 신제품 청바지가 나오더라도 '이 제품도 착용감이 좋지 않고 세탁 시 탈색에 문제가 있을 것'이라고 일반화할 수 있다. 후광효과(halo effect)라 부르는 것도 바로 스키마의 과잉일반화 작용의 산물인 것이다.

스키마가 브랜드 인식에 영향을 미치는 또 다른 효과는 정보의 왜곡이다. 우리는 새로운 정보를 기존 스키마에 맞추어 지각하고 해석하는 경향이 있다. 즉, 스키마와 일치하는 정보에 더 주의를 기울이고 스키마와 일치하는 방식으로 정보를 부호화하며, 스키마와 일치하는 추론을 하는 경향을 보인다.

가구 목록을 보여 준 뒤 일정 시간이 경과하고 나서 목록에 있었던 가구가 무엇인지 물어본다고 하자. 이때 그 목록의 가구들은 기업의 CEO 방에 있는 것들이라는 단서를 주면 우리는 CEO 방의 스키마를 적용하여 실제 목록에는 없었지만 스키마에 들어맞는 책장이나 회전의자 같은 가구가 있었던 것으로 답하는 경향이 있다. 정보의 왜곡은 없는 정보를 있는 것으로 간주하고 부족한 정보를 채워 넣음으로써 일어날 수 있다.

스키마에 의한 정보의 왜곡 현상은 긍정적 스키마를 가진 브랜드에는 긍정적 선순환 효과를, 부정적 스키마를 가진 브랜드에는 악순환 효과를 일으키기 쉽다. 물론 브랜드 스키마는 한번 형성되면 수정이 불가능한 것은 아니다. 하지만 수정이 용이한 것만도 아니다. 일단 형성된 브랜드 스키마를 수정하려면 오랜 시간과 비용이 소요되기 때문이다. 브랜드 관리자는 자사 브랜드의 현재 문제가 무엇인지 파악하고 이에 주의를 기울이는 것도 중요하지만, 문제의 근원과 그것이 미치는 심리적 파급효과를 제대로 이해하고 대처하는 시각을 가지는 것이 무엇보다 중요하다.

3. 소비자는 브랜드를 분해하지 않는다

앞서 살펴본 것처럼 브랜드에 대한 총체적 인식은 광고, PR, 이벤트, 패키지, 세일즈 프로모션 그리고 가격에 이르기까지 매우 다양한 브랜드 행위를 토대로 하여 형성된다. 특히 최근에는 IBC(통합 브랜드 커뮤니케이션) 활동이 급증하면서 과거에 비해 브랜드 행위는 더욱 분화되고 다양화되는 추세다. 그런데 흥미로운 점은 소비자는 브랜드의 다양한 행위를 개별적으로 분리하여 받아들이지 않는다는 것이다. 소비자는 다양한 각각의 브랜드 행위를 의

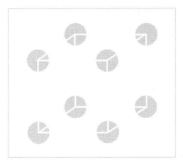

[그림 2-9] ◦━ 넥커 정육면체

미 있고 조화로운 '하나의 형태'로 파악하는 경향이 있다.

20세기 초에 일단의 독일 심리학자는 어떻게 인간의 마음이 감각 정보를 의미 있는 것으로 조직화하는가에 관심을 가졌다. 이들은 외부에서 감각 정보가 주어지면 우리는 이를 조직화하여 의미 있는 형태로 구성한다고 보았으며 이를 게슈탈트(gestalt)라 하였다. 게슈탈트는 '형태'나 '전체'를 의미한다. [그림 2-9]를 보라. 그림은 각각 세 개의 직선을 포함한 여덟 개의 원에 지나지 않는다. 하지만 우리는 이를 전체적으로 의미 있는 하나의 '정육면체'로 보게 된다. 이와 같이 게슈탈트 심리학자들은 '전체는 부분의 단순 합 그 이상'이라고 말한다. 이런 점에서 본다면 1+1은 3일 수도 4일 수도 또는 그 이상일 수도 있다.

이러한 마음의 특성을 잘 이해한 사례로 앱솔루트 인쇄광고를 들 수 있다 ([그림 2-10] 참조). 광고에는 제품의 실제 모양은 전혀 등장하지 않는다. 그럼에도 이 광고를 보는 소비자는 의미 없고 산만한 해킹 프로그램을 보기보다는 앱솔루트의 병 모양을 어렵지 않게 볼 수 있다.

게슈탈트 원리는 브랜드 인식에도 그대로 적용된다. 브랜드는 광고, 프로모션, 유통 등 다양한 활동을 전개하지만 소비자는 이를 하나씩 별개로

[그림 2-10] ◦━ 게슈탈트 원리를 이용한 앱솔루트 인쇄광고

[그림 2-11] ◦― 게슈탈트 원리에 따른 소비자의 브랜드 인식
소비자는 브랜드 행위를 개별적으로 분리하여 보지 않는다. 하나의 전체로 조직화하여 본다.

분리하여 해석하지 않는다. 각각의 브랜드 행위를 하나의 전체로 조직화해서 본다는 것이다. 브랜드 인식에 대해 게슈탈트 원리가 주는 시사점은 조화롭고 일관된 조합의 중요성이다. 다양한 브랜드 행위는 서로 조화로워야 하며, 실행의 일관성이 있어야 한다.

　어떤 패션 브랜드가 광고에서는 세련되고 고급스러움을 전달하면서 매장 판매원의 복장이 촌스럽다든지 또는 배달시켜 먹은 빈 짜장면 그릇이 매장

[그림 2-12] ◦― 에뛰드 하우스
제품, 인테리어, 소품, 판매원 복장 등 브랜드 행위가 조화를 이룰 때 브랜드 인식의 시너지를 얻을 수 있다.

한쪽 구석에 냄새를 풍기며 널려 있다고 상상해 보라. 24시간 신속한 애프터 서비스를 광고하지만 막상 애프터서비스를 받을라치면 24시간 통화 중이거 나 불통인 상황이 전개된다고 생각해 보라. TV에서는 톱 모델이 명품 브랜드 의 톤 앤드 무드로 광고하는데 조간신문에는 '80% 창고 세일'이라 적힌 촌스 럽기 그지없는 전단지가 수시로 끼워져 배달되는 패션 브랜드가 있다고 생 각해 보라(물론 기업이 그런 행사를 주관하고 전단지를 제작하지는 않겠지만 소비 자가 그런 것까지 헤아려 줄까?).

이 외에도 브랜드 행위 간의 부조화 사례는 우리 주위에서 쉽게 찾아볼 수 있다. 이러한 예는 '조화로운 전체'와는 매우 거리가 있는 것이다. 이런 경우 브랜드의 개별 행위는 상충되어 매우 부정적인 '형태'가 될 것이다. 광고에 서는 철저한 애프터서비스를 주장하는 가전 브랜드가 실제 애프터서비스 체 계는 엉망이라면 오히려 광고를 하면 할수록 브랜드에 대한 부정적 인식은 강해질 뿐이다. 차라리 광고를 하지 않는 편이 낫다. 긍정적 브랜드 게슈탈트 는 '시너지'를 가져다준다. 마치 나트륨과 염소가 합쳐져서 소금과 같이 전

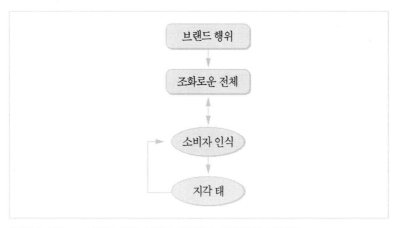

[그림 2-13]　●━ 브랜드 행위, 브랜드 게슈탈트, 지각 태의 순환작용

혀 다른 전체가 생기는 것과도 같다. 다시 한 번 기억하라. 소비자는 브랜드 행위를 개별적인 것으로 분해하지 않는다. [그림 2-13]에서 보듯이 조화로운 브랜드 활동은 긍정적 경험을 제공하고 기대를 형성하며, 이는 다시 소비자 인식에 영향을 미치는 지각 태로 작용한다. 즉, 순환과정이 이루어지는 것이다.

4. 조화를 넘어: 브랜드 포지셔닝

현대 브랜드 관리자는 자사 브랜드의 다양한 행위 간의 조화에서 한 걸음 더 나아가야 한다. 브랜드가 살아남으려면 마케팅 행위의 조화만으로는 한계에 부딪힌다. 그러면 무엇이 더 필요할까? 그것은 경쟁 브랜드와는 '다른' 그 무엇이다. 경쟁 브랜드와 차별적인 그 무엇, 즉 경쟁 브랜드가 할 수 없거나 하지 않는 약속이나, 경쟁 브랜드가 제공하지 않는 편익을 가지지 못하면 아무리 자사 브랜드 행위가 조화를 이루어도 브랜드는 더 이상 시장에서 존재할 이유가 없다.

경쟁 브랜드와는 다른 그 무엇, 절대적이 아니라 경쟁 브랜드와 상대적으로 차별적인 그 무엇을 표적 소비자의 마음속에 심어 주는 과정을 '브랜드 포지셔닝'이라고 한다. 자사 브랜드가 중요하다고 판단하는 속성을 중심으로 2차원의 맵(map)을 만들어 경쟁 브랜드와 함께 여기저기 위치시키는 것이 브랜드 포지셔닝은 아니다. 브랜드 포지셔닝은 '과정'이다. 브랜드 포지셔닝은 핵심적이고 전략적인 사항의 검토과정에서 완결되는 전략의 진수다. 브랜드 포지셔닝은 다음과 같은 다섯 가지의 핵심 질문에 답하는 과정을 통해 수립된다.

- 누구를 위한 브랜드인가? 즉, 우리 브랜드의 표적 소비자는 누구인가?
- 무엇을 대신하는 브랜드인가? 우리 브랜드의 핵심 경쟁자는 누구인가? 이는 경쟁의 장(field of competition)에 대한 명확한 규정을 요구한다. 경쟁의 장은 어디에서 누구와 싸울 것인가에 대한 것이다. '검은콩 우유'는 우유 카테고리에서 경쟁할 수도 있고 건강 음료 카테고리에서 경쟁할 수도 있다. 탄산수는 생수와 경쟁할 수도 있고 청량음료와 경쟁할 수도 있다. 경쟁의 장을 어디로 정하느냐에 따라 경쟁자에 대한 규정과 후속 전략이 달라지는 것은 두말할 필요도 없다.
- 언제 사용하는 브랜드인가? 우리 브랜드는 어떤 상황이나 경우에 사용되는가? 우리 와인(wine)은 특별한 순간을 축하하기 위한 브랜드인가? 타인과 유대를 이어 주는 자리에 함께하는 브랜드인가? 아니면 나만의 세계에 몰입하고 싶을 때 함께하는 브랜드인가? 제품유형이 같더라도 브랜드에 따라 사용 상황은 얼마든지 다를 수 있다.
- 무엇을 위한 브랜드인가? 우리 브랜드는 소비자에게 무엇을, 어떤 차별적 편익을 약속하는가? 버진(Virgin)은 '독창적 아이디어'를 그리고 더바디샵은 '환경 친화'를 약속한다.
- 우리 브랜드의 개성(personality)은 무엇인가? 우리 브랜드가 사람이라면 어떤 성격을 소유한 사람인가?

이상에서 살펴본 것과 같이, 브랜드 포지셔닝은 상대적, 차별적 개념이며 그 과정에는 반드시 짚어 보아야 할 핵심 전략요소가 포함된다. 하지만 한 가지 명심해야 할 것이 있다. 브랜드 포지션은 브랜드 목표와 전략에 따라 차질 없이 잘 집행하기만 하면 브랜드 관리자가 원하는 대로 형성될 것이라고 착각해서는 안 된다. 한 브랜드가 고유의 차별적 포지션으로 자리 잡는 것은 일방적 과정이 아님을 알아야 한다. 성공적 브랜드 포지셔닝은 브랜드 관리자가 포지셔닝 전략에 따라 집행하는 다양한 브랜드 행위와 이에 대한 표적 소비자의 심리학적 과정 간 상호작용에 의해 비로소 달성되는 것이다. 그러면 이제부터 성공적 브랜드 포지셔닝에 관여하는 다음의 두 가지 핵심 심리기제와 과정에 대해 알아보자.

- 제품 범주의 원형 되기
- 차별적 개념으로 분화하기

제품 범주의 원형이 되라

참새, 제비, 오리, 독수리, 펭귄, 타조는 모두 같은 범주에 속하며 이들을 모두 새라고 부른다. 하지만 같은 범주에 속한다고 하여 '심리적으로' 모두 같은 것은 아니다. 참새나 제비는 좀 더 '새 같은 새'이지만 펭귄이나 타조는 '덜 새 같은 새'로 생각된다. 이는 어떤 대상은 그 대상이 속한 범주의 중심에 있지만 어떤 대상은 중심에서 멀어져 있는 것이다. 이같이 어떤 한 범주에서 중심부에 자리 잡고 있어서 그 범주를 가장 잘 대표하는 대상을 원형(prototype)이라고 한다. 원형은 해당 범주의 가장 전형적인 대상이다(Rosch & Mervis, 1975).

심리학 연구에 따르면, 원형은 우리의 일상사에서 아주 중요한 역할을 한다. 한 연구에서는 사람들에게 어떤 대상을 보여 주고 이 대상이 특정 범주에 속하는지 아닌지를 가능한 한 빨리 판단하는 과제를 주었다(예, 오리는 새인가?). 그 결과 덜 전형적인 것보다 전형적인 것, 즉 원형에 가까운 대상을 판단하는 것이 훨씬 빨랐다. 뿐만 아니라 여러 가지 대상을 보여 준 이후에 그

대상들을 기억해 내도록 하면 원형에 가까운 대상을 훨씬 잘 기억해 낸다. 나아가 원형은 동일 범주에 해당하는 다른 항목을 학습할 때 기준 역할을 한다. 처음에 아기는 모든 남자를 아빠라고 부른다. 길을 가다 마주치는 모든 남자는 아기에게 아빠다. 하지만 시간이 지나면서 남자라고 하여 모두가 아빠가 아님을 분별하기 시작한다. 어떤 범주의 원형에 가까운 전형적인 대상은 우리의 기억과 정보처리에 훨씬 유리하게 작용함을 보여 준다.

성공적 브랜드 포지셔닝의 첫 단계는 바로 자사 브랜드를 해당 제품범주의 원형으로 인식시키는 것이다. 우리가 잘 알고 있는 원형 브랜드를 살펴보자.

- 상처에 붙이는 반창고 = 대일밴드
- 투명 테이프 = 스카치테이프
- 스테이플러 = 호치키스
- 마시는 한방 감기약 = 광동탕
- 액제 위장약 = 겔포스

해당 범주의 원형이 되는 것은 마치 배가 안정되게 정박하기 위해 닻을 내리는 것과도 같다. 닻이 제대로 내려져서 잘 고정될수록 배는 좀 더 안전한 다음 항해를 기약할 수 있다. 원형이 된다는 것은 식물이 튼튼하게 뿌리를 내리는 것에 비유할 수도 있다. 뿌리가 튼튼하게 자리 잡아야 튼실한 열매를 맺을 수 있지 않은가?

원형 브랜드가 되는 데는 물론 시장진입 순서가 지대한 영향을 미친다. 통상 특정 제품범주에 최초로 진입한 브랜드는 원형의 이점을 누릴 가능성이 크다. 우리나라 최초의 조미료는 미원이었다. 미원은 강력한 원형 브랜드였다. 과거 필자의 지인은 미풍이라는 후발 브랜드의 광고 캠페인 개발 프로젝트를 맡은 적이 있다. 광고주 요청은 당연히 미풍의 시장 점유율을 높여 달라는 것이었다고 한다. 광고 전략을 수립하기 위해 다각도의 소비자 분석을 실시했는데 미원의 인식은 그야말로 바늘 하나 들어갈 틈이 없어 보였다고 한다. 가장 심각한 장애는 미원을 브랜드가 아니라 제품범주 그 자체로 인식한다는 것이었다. 도무지 실마리가 보이지 않던 어느 날 회의에서 누군가가 기막힌 슬로건을 생각해 내었는데 "미원은 역시 미풍입니다."였다고 한다. 물론 장난으로 제안한 것이겠지만 원형으로 제대로 자리 잡은 브랜드의 파워가 얼마나 강력한지를 잘 보여 주는 일화다.

하지만 후발 브랜드라고 해서 원형이 되지 말라는 법은 없다. 어떻게 하면 될까? 최선의 방법 중 한 가지는 바로 범주를 분화하는 것이다. 즉, 분화한 범주에서 원형이 되면 된다. '만일 1위가 될 수 없다면 자신만의 영역을 만들라'는 조언도 결국 범주를 분화하여 거기에서 리더가 되라는 것이다.

인간은 성장하면서 학습을 통해 범주를 더 정교하게 분화해 나간다. 우리나라 사람들에 비해 에스키모인은 눈(snow)을 더욱 미세하게 분화한다. 우리가 눈을 분류하는 데 사용하는 명칭은 서너 가지에 지나지 않지만 에스키모인이 사용하는 눈에 대한 명칭은 십여 가지가 넘는다. 브랜드의 경우에 범주의 분화 정도는 시장의 진화와도 관계가 깊다. 과거 5년 또는 10년 전과 비교해 보라. 어떤 제품범주든지 간에 브랜드 수가 얼마나 많이 증가했는가? 브랜드가 넘쳐 날수록 자신만의 범주를 개척하고 그 범주에서 원형이 되는 것은 브랜드 포지션을 정립하는 데 매우 중요하다. 유산균 발효유를 예로 들어 보자. 현재 우리나라 발효유 시장에는 많은 브랜드가 경쟁한다. '윌'은 유산균 발효유 범주에서는 원형이 아닐 수 있다. 하지만 기능성 발효유로 분화했을 때는 그중 원형일 수 있다. 한 단계 더 분화한다면 '위 건강'을 위한 발효유에서는 독보적 원형이다. 원형 브랜드는 강력한 브랜드 포지션 정립을 넘어 통상 판매에서도 항상 리더 자리를 지킨다. 원형이 되지 못한 채 그저 수많은 브랜드 중의 하나로만 남는다는 것은 있어도 그만이요 없어도 그만인 브랜드에 지나지 않는다.

원형 그 이상이 되어야 한다: 차별적 개념으로 분화하라

브랜드가 범주의 원형이 된다는 것은 더없이 중요하지만 그것은 필요조건이지 필요충분조건이 될 수는 없다. 어떤 범주에서 원형 브랜드가 된다는 것 자체가 성공적인 포지셔닝의 완성은 아니라는 것이다. 소비자 마음속에 진정으로 차별적이고 경쟁력 있는 브랜드로 자리 잡으려면 다른 브랜드와는 차별되는 그 브랜드만의 고유한 무언가를 소비자 마음속에 심어야 한다. 아래의 브랜드를 보라. 어떤 단어가 생각나는가? 아래의 브랜드는 같은 범주의 다른 브랜드가 가지지 않은 차별적인 단어나 속성을 가지는가?(만약 당신이 관리 또는 담당하는 브랜드가 있다면 같은 질문을 하고 답해 보라.)

- 카카오
- 아이팟
- 이케아
- 풀무원
- 나이키
- 닌텐도

우리는 세상을 다양한 범주로 분할하고 명명하는데 이를 개념(concept)이라고 한다. 개념은 인간의 사고(thinking)에서 가장 중요한 부분이기도 하다.
만약 우리가 세상의 모든 개별 사물(예, 모양이나 길이 그리고 크기가 다른 의자)
하나하나마다 이름을 붙여야 한다면 사고는 물론 의사소통도 불가능하다.
개념은 치약, 자동차 등과 같이 구체적인 것일 수도 있고 아름다운, 고급스러
운 등과 같이 추상적인 것일 수도 있다. 이러한 개념을 획득한다는 것은 그
개념에 속하는 사례(예, 자동차의 경우 승용차, 트럭, 스포츠카, SUV 등)가 공통적
으로 어떤 성질을 가지는지를 안다는 것을 의미한다. 다시 말해, 한 개념에 속
하는 모든 사례는 특정의 속성을 공유한다는 것을 우리가 안다는 것을 의미
한다. 자동차라는 개념은 네 바퀴, 엔진, 이동한다 등과 같은 공통 속성을 지
니는 것으로 안다.

　개념에 대한 이야기가 브랜드 포지셔닝과 무슨 연관이 있을까? 브랜드 포
지셔닝은 궁극적으로 한 브랜드가 제품범주라는 개념의 공통적 사례가 되기
보다 '차별적' 사례가 되는 것을 핵심으로 한다. 그렇게 되기 위해서는 제품
범주라는 개념에 속한 다른 사례, 즉 여타 브랜드와는 차별적인 속성을 가져
야 하는 것이다(당연한 이야기지만 차별적 속성은 소비자 욕구나 가치와 동떨어져

[그림 2-14] ◐──ᴗ 브랜드 포지셔닝
포지셔닝의 핵심은 경쟁 틀에서 '차별되는 것'이다.

서는 안 된다). 볼보나 벤츠 모두 자동차라는 개념에 속하는 사례이지만 볼보는 '안전', 메르세데스 벤츠는 '위신'이라는 차별적 속성을 가진다. 볼보나 벤츠는 자동차라는 개념으로 네 바퀴, 엔진, 달린다와 같은 속성을 공유하는 한편 안전과 위신이라는 각자의 차별적 속성을 확보함으로써 각 브랜드는 개별적인 개념으로 분화된 것이다. 만약 어떤 다른 브랜드가 안전을 강조한다면 그 브랜드는 볼보라는 개념에 속하는 하위 사례로 들어가 버리는 현상이 전개된다. 나아가 볼보는 안전한 자동차의 원형이기 때문에 동일한 속성을 강조하는 사례 브랜드는 원형인 볼보를 기준으로 평가되는 곤란한 처지에 놓인다. 이럴 경우 누가 이득을 볼까? 당연히 원형 브랜드다. 원형 브랜드는 경쟁 브랜드에 대해 강력한 진입장벽을 칠 수 있는 것이다. 이처럼 성공적 브랜드 포지셔닝은 브랜드 자체가 하나의 독립적인 개념이 되면서 완성되는 것이다.

브랜드 포지셔닝의 강화: 현출성과 일관성을 유지하라

우리는 자신에게 중요한 것을 그렇지 않은 것보다 더 자주 생각하는 경향이 있다. 진급기간이 되면 다른 어떤 것보다 진급에 대해 더 많이 생각하고 휴가기간이 다가오면 여행에 대해 더 많이 생각한다. 이처럼 우리의 생각을 많이 차지하는 현상을 심리학적 용어로 현출성(salience)이라고 한다. 지하철에서 읽을 신문을 사기 위해 신문 판매대에 서 있는 동안에는 신문 명(비어클)의 현출성이 높아진다. 점심식사 때가 되면 음식 종류가, 해외에서 휴가를 보내려고 계획할 때에는 여행사의 현출성이 높아진다. 현출성이란 특정 시점에서 특정 대상이 마음속에 떠오를 확률이라고도 할 수 있다.

브랜드 포지셔닝의 기능은 우리가 어떤 브랜드를 생각할 때 그 브랜드의 여러 가지 속성 중에서 특정 속성의 현출성을 높이는 것이다. 볼보를 생각하면 무엇이 떠오르는가? 고급스러움인가? 기술의 혁신성인가? 또는 디자인인가? 볼보를 생각할 때 우리 마음속에 떠오를 확률이 가장 높은 속성은 바로 안전성이다. 그러면 메르세데스 벤츠는 어떤가? 안전성인가? 벤츠의 현출한 속성은 위신이다.

이같이 특정 속성의 현출성을 높이는 데 가장 많은 영향을 미치는 요인은 독특성(distinctiveness)과 반복(repetition)이다. 독특성이란 어떤 항목이 다른 항목과 얼마나 쉽게 구별되는가 하는 것이다. 심리학자인 슈미트(Schmidt, 1991)는 독특성의 한 유형으로 '일차적 독특성'이라는 개념을 제안하였다. 일차적 독특성이란 어떤 항목의 독특성은 절대적이 아니라 인접맥락에 의해 상대적으로 결정된다는 것이다. 예컨대, 어떤 문장에서 단어들이 모두 붉은색으로 인쇄되었는데 하나의 단어만 검은색으로 인쇄되어 있다고 하자. 이때 어떤 단어가 독특하게 보일까? 검은색일까 아니면 붉은색 단어일까? 아마 검은색 단어일 것이다. 검은색으로 인쇄된 단어는 하등 독특할 이유가 없다. 우리는 검은색으로 인쇄된 글자에 매우 익숙하기 때문이다. 하지만 검은색 단어가 붉은색 단어 속에 있으면 검은색 단어는 더 이상 평범하지 않다. 검은색 단어는 단지 문장의 다른 단어와 색깔이 다르다는 것 때문에 독특성을 갖게 되는 것이다. 이 원리는 브랜드 포지셔닝에도 적용된다. 자동차의 경우에 '안전성'은 그다지 독특한 속성이라 할 수 없다. 하지만 다른 브랜드가 모두 주행 성능을 주장한다면 안전성은 독특한 속성으로 소비자 기억 속에 자리 잡는다. 여기서 우리는 브랜드 포지셔닝의 중요한 본질을 다시 확인할 수 있다. 브랜드 포지셔닝은 절대적이기보다는 경쟁 브랜드와의 맥락에서 이루어지는 '상대적'인 것이다! 아래의 단어 목록의 둘째 행에 있는 '수납장'이 두드러지게 보이는가?

사과 바나나 오렌지 망고 레몬 키위 수박 서랍장 식탁 의자

서랍장 식탁 의자 수납장 소파 원탁 침대 오렌지 망고 레몬

사과 바나나 오렌지 망고 레몬 키위 수박 수납장 소파 원탁

서랍장 식탁 의자 수납장 소파 원탁 침대 사과 바나나 망고

독특성과 함께 반복 역시 속성에 대한 현출성을 높이는 가장 훌륭한 수단 중의 하나일 것이다. 반복은 일관성으로 완결된다. 성공적인 브랜드와 그렇지 못한 브랜드의 차이는 바로 이 일관성과도 관계가 깊다. 누구나 아는 것처럼, 말보로나 아이보리는 지난 수십 년간 아니 거의 백년에 가깝게 일관된 브랜드 메시지를 반복한 브랜드로 유명하다. 패스트푸드에서 일관성의 힘은 맥도날드와 버거킹에서 잘 나타난다. 맥도날드는 비교적 일관된 포지셔닝 전략을 유지하였지만 과거에 버거킹은 그렇지 못했다. 마케팅 담당자가 바뀔 때마다 광고 대행사를 교체했고, 그때마다 브랜드 포지셔닝 전략은 변했다.

차별적 속성에 대해 일관성을 기하려면 제품, 가격, 유통 그리고 광고, 세일즈 프로모션, PR 등의 프로모션(흔히 4P라고 하는)과 같이 다양한 브랜드 행위 간의 조화가 무엇보다 중요하다. 앞서 이야기했지만 브랜드 포지셔닝의 기능은 자사 브랜드를 경쟁자와 차별적으로 소비자 마음속에 심어 주는 것이다. 바로 이러한 결과를 얻기 위해 다양한 브랜드 행위 간에 조화를 이루는 실행 가이드를 제공하는 것이 브랜드 포지셔닝의 핵심적 역할이기도 하다. 이런 역할의 중요성은 강조할 만하다.

1990년대 말에 불가리(Bvlgari)가 우리나라 시장에 진입할 당시 필자는 브랜드 론치(launch) 작업을 불가리 팀과 함께 수행한 적이 있다. 불가리의 브랜드 포지션 방향은 명확했다. 집약하자면 '최고의 명품'이다. 이런 전략적 포

지선에 따라 모든 4P(제품, 유통, 가격, 프로모션) 전략은 철저히 일관되게 계획되었다. 유통은 엄격하게 제한되었다. 그 당시 여러 유명 백화점에서 입점 제의가 있었지만 브랜드 이미지와 일치하지 않을 경우는 결코 받아들이지 않았다. 제품은 두말할 필요도 없다. 불가리 보석은 원석에 디자인을 맞추는 것이 아니라 디자인을 먼저 하고 그 디자인에 맞는 원석을 찾는 것으로 유명하다. 그러니 불가리 보석은 '작품'이라고 할 만하다. 디자인 팀은 이탈리아 본사에만 있다. 브랜드와 디자인 콘셉트가 어긋나는 것을 방지할 뿐 아니라 디자인의 질 통제도 그만큼 엄격할 수밖에 없다. 시계의 경우도 웬만한 것은 모두 수작업으로 한다. 그 당시 남자 손목시계를 구입하려면 적어도 주문을 하고 3개월에서 6개월을 기다려야만 했다. 매장 내부 인테리어와 공간 설계도 표적 집단의 특성에 엄격했다. 고가의 보석이나 액세서리 구입 고객은 다른 사람과 부딪히거나 판매원과의 대화 내용을 다른 사람이 듣는 것을 꺼린다. 이런 문제는 최고 명품이라는 브랜드 포지션과는 일관되지 않는다. 따라서 공간이 분리되도록 내부 설계를 하였다. 불가리 예는 브랜드의 특정 속성에 대한 현출성이 광고의 일관성과 반복만으로 형성, 유지, 강화되는 것이 아니며 다양한 브랜드 행위 간의 엄격한 조화를 통해 관리될 수 있음을 잘 보여 준다.

스타벅스는 막 유명세를 타기 시작했을 무렵에 유나이티드 항공사로부터 기내 커피로 제공해 줄 것을 제안받았다. 수익만 생각한다면 그런 제의에 대해 조금도 고심할 이유가 없었다. 하지만 스타벅스의 CEO는 고민에 고민을 거듭했다. 왜 그랬을까? 바로 브랜드 일관성 때문이었다. 기내 서비스로 제공하는 것이 브랜드 전략에 일관된 것인지, 장기적으로 브랜드 일관성을 해치는 것은 아닌지를 두고 고심했기 때문이다. 브랜드 행위 간의 조화와 일관성이 최적으로 유지될 때 브랜드는 비로소 가장 훌륭한 '게슈탈트'를 이룬다.

[그림 2-15] ○━━ 브랜드 행위의 조화
마케팅 믹스의 최적 조화 유지를 통해 성공적인 포지셔닝을 이룬 불가리와 하겐다즈

4의 브랜드 행위를 투입했지만 4라는 브랜드 행위 간에 조화로운 일관성이
유지, 강화된다면 소비자 인식에는 10, 아니 그 이상의 브랜드로 자리 잡을
것이다. 이것이 바로 '시너지'인 것이다.

포지셔닝을 넘어: 일관성과 반복의 함정

지금까지 포지셔닝의 심리학적 기제와 작용과정을 알아보았다. 그리고 브
랜드 포지셔닝의 관리에서 가장 중요한 요소는 일관성과 반복임을 강조하였
다. 그런데 이즈음에서 일관성과 반복에 대한 의미를 다른 시각에서 짚고 넘
어갈 필요가 있다. 그렇게 해야 하는 가장 큰 이유는 시장 환경의 변화 때문
이다. 환경이 변하면서 최근 들어 '브랜드 아이덴티티(brand identity)'라는 개
념이 브랜드 관리의 이슈로 부각되고 있다. 그러나 실무자 사이에서는 브랜
드 포지셔닝과 브랜드 아이덴티티를 혼동하는 일이 잦아서 원활한 의사소통
에서 문제가 일어나기도 한다. 이런 혼동의 핵심에 있는 것이 바로 일관성과
반복에 대한 규정이다.

브랜드 아이덴티티란 무엇인가

최근 들어 브랜드 간에 하드웨어(제품 질, 기능이나 성능, 가격 경쟁력 등)상의 차이가 급격히 감소하고 브랜드 확장(brand extension)이 대세를 이루면서 브랜드 아이덴티티 관리의 중요성이 부상하고 있다. 이런 배경은 무엇일까?

첫째, 현대는 '마케팅 유사성'의 시대라고도 한다. 시장은 미 투(me-too) 제품으로 넘쳐 나고, 심지어 마케팅 전략까지도 미 투(me-too)다. 잠깐 한눈을 팔면 어떤 브랜드가 어떤 활동을 하는지 구별하기 어려울 지경이다. 아마 대표적 사례는 금융이 아닐까 싶다. 물론 법이나 제도상의 규제가 한몫을 하지만 은행만큼 마케팅 유사성 법칙의 지배를 철저히 받는 업종도 없을 것이다. 금융 상품은 물론 심지어 광고 메시지도 유사해지고 있다. 마치 크리에이티브 풀(pool)에서 카피나 비주얼을 공동으로 가져다 쓰는 것 같은 착각을 일으킬 정도다.

둘째, 기술이 엄청난 속도로 진보하였다. 과거에 경쟁사 기술을 복제하는 데 1년이 걸렸다면 이제는 그 기간을 1/10로 단축할 수 있다. 자동차를 보자. 5년 전과 비교해 볼 때 여러 차가 기술적 측면에서 비슷해지고 있다. 핵심 기술은 브랜드 간에, 심지어 경쟁 브랜드 간에도 공유된다.

셋째, 기업은 점차 브랜드 확장전략을 구사하고 있다. 신규 브랜드를 시장에 정착시키는 비용이 과거에 비해 급등하기도 했지만 시장에서 성공하리라는 보장도 희박하기 때문이다. 따라서 신규 브랜드를 출시하거나 개별 브랜드 전략을 구사하기보다는 기존의 자산가치가 높은 브랜드를 중심으로 메가 브랜드(mega-brand) 전략을 구사하는 추세다.

넷째, 유사성의 법칙은 제품에만 나타나는 것이 아니다. 광고를 중심으로 한 브랜드 간 커뮤니케이션 차별화를 기하기가 점차 어려워지고 있다. 커뮤니케이션도 유사성의 법칙을 깨기가 어려워지고 있다.

이런 요인 때문에 브랜드 아이덴티티의 중요성은 급격히 부각되고 있다. 예를 들어, 유니레버의 'brand key', 존슨앤드존슨의 'footprint', 루이비통, 모엣, 헤네시(LVMH)의 'identity wheel' 등도 모두 브랜드 아이덴티티 관리와 관련한 전략 모형이다.

발달심리학에서는 아이덴티티를 '정체성'이라고 한다. 정체성이란 '나는 누구인가?'에 대한 자기 정의다. 청소년은 다양한 역할 이행을 통해 정체성을 확립하려고 한다. 그 과정에서 정체성 위기(identity crisis)라는 현상을 경험하기도 한다. 기업정체성(corporate identity)도 있다. 이는 한 기업의 응집되고 고유한 문화를 일컫는데, 인간의 정체성과 유사한 개념으로 볼 수 있다. 과거에 삼성에는 프로축구 팀이 없었고 현대에는 프로야구 팀이 없었는데 이를 두고 한때 특유한 기업문화 때문이라는 우스갯소리가 있었다. 그러나 이 역시 기업정체성과 전혀 무관하다고는 할 수 없다. 브랜드 아이덴티티도 이와 유사하다. 그러면 브랜드 아이덴티티란 무엇인가? 다음의 질문을 통해 브랜드 아이덴티티의 실체를 들여다보자.

- 우리 브랜드 고유의 비전과 목표는 무엇인가?
- 무엇이 우리 브랜드를 경쟁 브랜드와 구별 짓는가?
- 우리 브랜드의 핵심 가치는 무엇인가?
- 우리 브랜드가 가장 자신 있게 내세울 수 있는 것은 무엇인가?
- 우리 브랜드를 차별적으로 인식시킬 수 있는 상징은 무엇인가?

브랜드 아이덴티티를 정리하기 위한 다섯 가지 질문을 들여다보라. 마치 우리가 청소년기에 자신의 정체성 위기를 해결하기 위해 스스로에게 던진 질문과 유사하지 않은가? 브랜드도 유기체와 같다는 점을 다시 한 번 상기하자.

그런데 참으로 많은 기업이 브랜드 아이덴티티와 그래픽 아이덴티티 (graphic identity)를 구분하지 못하는 것 같다. 우리나라의 경우, IMF 이후에 많은 기업이 CI를 변경하였다. 하지만 껍질만 바뀌었지 알맹이는 어디로 갔는지 알 수 없는 경우가 허다하다. 브랜드 아이덴티티와 그래픽 아이덴티티는 자동차에 비유할 수 있다. 그래픽 아이덴티티가 자동차의 외관이라면 브랜드 아이덴티티는 자동차의 엔진이다. 외관이 아무리 훌륭하게 바뀌었다 해도 엔진이 그대로라면 바뀌었다고 할 수 있는가? 브랜드 아이덴티티는 브랜드를 움직이는 엔진이자 에너지 원천이다. 만약 브랜드의 그래픽 아이덴티티를 바꾸고자 한다면 그 전에 브랜드 아이덴티티가 먼저 확립되어야 한다. 제품의 디자인도 예외가 될 수는 없다. 애플은 브랜드의 철학, 전략, 소비자 욕구에 대한 통찰이 조화를 이루면서 제품 디자인에 하나로 녹아든다. 현대카드도 훌륭한 사례다. 브랜드 아이덴티티, 소비자 욕구 그리고 브랜드 철학이 '혁신적 라이프스타일'로 집약되면서 카드의 디자인과 일치를 이룬다.

브랜드 아이덴티티의 구성은 어떻게 이루어지는가

브랜드는 결국 커뮤니케이션이다. 기업과 소비자 간의 커뮤니케이션을 중개하는 매개이기도 하다. 따라서 브랜드 아이덴티티 구축은 기업의 일방적인 목소리이기보다는 브랜드 메시지 송신자와 수신자(소비자) 모두를 고려해야 하는 것이다. 브랜드 아이덴티티 프리즘(Brand Identity Prism)(Kapferer, 2004)은 양자 소통에 토대한 모형으로 브랜드 아이덴티티 정리를 고심하는 브랜드 관리자에게 훌륭한 생각의 틀로 추천하고 싶다. 브랜드 아이덴티티 프리즘은 브랜드 송신자와 수신자 그리고 이를 중개하는 연결고리를 중심으로 여섯 개의 브랜드 아이덴티티 구축 요소로 구성된다.

제품/서비스 실체　브랜드는 물리적 실체를 가지며 이는 유형의 부가가치
이자 브랜드 중추다. 브랜드가 꽃이라면 제품이나 서비스 실체는 가지와도
같다. 실체 없이는 브랜드가 유지되기는커녕 꽃을 피울 수도 없다. 고전적 포
지셔닝 원리에서 브랜드의 유형의 차별적 속성과 편익을 그토록 중시하는
것도 같은 맥락에서다.

　브랜드의 물리적 실체는 누적되면서 브랜드 원형과 주력제품이 소비자 머
릿속에 각인된다. 브랜드 원형과 주력제품은 곧 브랜드 기원(origin)과 유전자
를 표방하는 매우 중요한 요소이기도 하다. 코카콜라의 원형은 무엇인가? 잘
록한 허리의 코카콜라 병이다. 왜 코카콜라 캔 제품에 병이 인쇄되어 있을까?
강력한 원형을 통해 브랜드 기원과 유전자를 지속적으로 소비자에게 커뮤니
케이션하기 위함이 아닐까?

　원형과 함께 주력제품 역시 매우 중요한 상징으로서 브랜드에 대한 수많
은 내포의미를 전달한다. 브랜드의 기능, 약속, 나아가 그 이상의 의미를 전
달한다. CJ, 청정원의 주력제품은 무엇인가? 도브의 주력제품은 무엇인가?
휴렛팩커드는? 나이키는? 그것들은 어떤 상징의미를 전달하는가? 브랜드 아
이덴티티를 구축 또는 관리하고자 한다면 다음의 질문을 해 보라. '우리 브
랜드의 원형(또는 주력제품)은 무엇인가? 그것은 어떤 상징적 의미를 내포하
는가?'

브랜드 개성　브랜드는 사람과 같다. 인간은 어떤 사물도 의인화하는 경향
이 있음을 이미 인류학자는 오래전에 간파하였다. 제품이든 광고든 또는 가
격이나 유통이든 다양한 마케팅 요소를 통해 한 브랜드는 마치 사람인 양 어
떤 개성의 사람인지를 구축하게 된다. 이에 기초해 소비자는 브랜드와 끊임
없는 무언의 의사소통을 한다. 소비자는 광고나 프로모션 활동 자체를 두고

브랜드가 자기에게 '말 걸기'를 한다고 여긴다는 연구결과도 있다. 브랜드 개성은 브랜드 아이덴티티에서는 절대 빠트려서는 안 될 필수요소다.

하지만 브랜드 개성을 사용자(소비자) 이미지와 혼동해서는 안 된다. 브랜드 개성이란 우리 브랜드의 소비자는 누구인가가 아니라 우리 브랜드가 만약 사람이라면 어떤 개성의 소유자인지를 말한다.

브랜드 문화   브랜드 문화는 브랜드 지침과도 같다. 한 나라의 문화란 그 나라에 사는 사람들이 어떻게 행동해야 하는지에 대한 지침을 제공하는 것과 마찬가지다. 브랜드가 명확한 문화를 가지면 가질수록 브랜드 아이덴티티 역시 탄탄해진다. 애플(Apple)은 신 개척지를 상징하는 캘리포니아 문화와 관계가 있다. 이는 애플이 끊임없이 개혁하고 영감을 중시한다는 브랜드 문화를 구축하게 했다. 브랜드 문화는 제품개발이든, 광고든 모든 브랜드 행위에 '일관성'과 '에너지'를 부여한다.

나아가 브랜드 문화는 기업과 브랜드를 연결시킨다. 특히 기업 브랜드나 마스터 브랜드(Nike, Gillette, HP 등)인 경우에는 브랜드 문화의 역할은 더욱 중요하다. 네슬레는 고유의 브랜드 문화로 인해 재미와 즐거움의 이미지를 지닌 식품을 출시하여 별로 재미를 보지 못했던 반면, 버진(Virgin)은 창의성 중시 문화로 인해 독특한 아이디어를 적용한 넓은 영역으로 사업 확장이 가능했다.

관계   브랜드는 관계다. 브랜드는 소비자 교환과정의 핵심에 있기 때문이다. 특히 서비스나 유통 브랜드의 경우 브랜드 관계의 역할은 무엇보다 중요하다. 브랜드 개성과 마찬가지로 특정 브랜드에 대해 소비자는 다양한 형태의 관계를 가진다.

나이키는 뭔가 적극적으로 추진하도록 부추기는 관계를, IBM은 질서를 중시하는 관계를 그리고 애플은 친절하고 사려 깊은 친구 같은 관계를 내포한다(사랑하는 관계라든가 또는 친구와 같은 관계 등과 같이 피상적으로 관계를 정의하는 것은 별반 도움이 되지 않는다). 은행과 같은 금융 서비스에서 브랜드 관계의 역할은 매우 중요하다. 은행의 경우 브랜드 관계는 제품이나 서비스의 종류 그리고 고객을 어떻게 다룰 것이라는 상징성을 부여한다. 국민은행과 신한은행의 브랜드 관계 상징성은 같은가? 다르다면 어떻게 다른가? 이런 질문은 상품의 개발뿐만 아니라 광고 크리에이티브의 개발에도 중요한 지침으로 작용한다.

소비자상   브랜드는 소비자가 누구인지 암시하는 투영물이다. 이는 특정 브랜드를 주로 어떤 소비자가 구입 또는 사용할 것 같은지 물어보면 곧바로 알 수 있다. 하지만 소비자상이 곧 표적 소비자의 이미지는 아니다. 물론 어떤 브랜드는 소비자상과 타깃이 일치하지만 항상 그런 것만은 아니기 때문이다.

특히 광고에서 이 두 가지에 대한 혼동이 자주 야기된다. 통상 기업의 브랜드 관리자는 현재 자기 브랜드의 타깃을 광고에서 표현해 주기 바란다. 소비자는 특정 브랜드를 구입함으로써 자기가 이런 또는 저런 사람으로 보이기를 원한다. 브랜드는 이렇게 또는 저렇게 보이고자 원하는 소비자상을 관리해야 한다. 말보로의 '말보로 맨' 캠페인을 생각해 보라.

자기상   자기상은 특정 브랜드 구입/사용자가 자기 스스로를 거울에 비춰 본 결과다. 소비자상과 자기상은 일치할 수도 있고 그렇지 않을 수도 있다. 당연한 말이지만 일치하면 할수록 브랜드 아이덴티티는 일관성을 가진다.

[그림 2-16] ⊶ 브랜드 아이덴티티 구성
브랜드 아이덴티티는 브랜드와 소비자 모두를 고려해야 한다.

예컨대, 포르쉐(Porsche)의 소비자상과 자기상은 엄격히 일치하지 않는다. 포르쉐의 슬로건은 "Try racing against yourself"다. 이는 포르쉐의 소비자상이다. 하지만 포르쉐 구입자는 이런 소비자상과 다른 자기상을 가진다. 라코스테는 '스포츠'를 직접적으로 커뮤니케이션하지 않는다. 하지만 라코스테 소비자는 자신을 매우 개방적이고 품위 있는 스포츠클럽의 멤버라고 인식한다.

  브랜드 아이덴티티의 여섯 개 요소는 서로 독립적인 것이 아니다. 톱니바퀴처럼 맞물려 있는 브랜드 아이덴티티를 완성하는 필수 결합요소다. 따라서 하나의 요소는 다른 요소와 관련되어야 한다(브랜드 에센스는 브랜드 아이덴티티를 핵심요약한 것으로 보면 된다).
  이상에서 살펴본 브랜드 아이덴티티와 브랜드 포지셔닝은 어떻게 다른가? 다음과 같이 정리할 수 있을 것이다.

- 브랜드 아이덴티티가 비교적 장기간에 걸친 한 브랜드의 독특성과 추구 가치라고 한다면 브랜드 포지셔닝은 '특정 시점'에 '특정 표적'에 대해 차별적 선호를 창출하는 과정이다.
- 브랜드 아이덴티티가 기업의 입장이라면 브랜드 포지셔닝은 전적으로 소비자나 고객의 입장에서 수립되는 것이다.

'특정'이라는 표현에서 알 수 있듯, 브랜드 포지셔닝은 브랜드 아이덴티티와 달리 탄력적으로 변화 가능하다. 아니 변화해야 한다. 이렇게 볼 때 브랜드 포지셔닝이 추구하는 일관성과 반복이란 시장이나 소비자 변화에 관계없이 처음의 것을 무조건적으로 반복하는 것이 아니다. 그렇다고 하여 어떤 지침이나 방향 없이 변화해서도 안 된다. 포지셔닝이 변화를 필요로 할 때 지침이나 방향을 제공하는 역할을 하는 것이 바로 브랜드 아이덴티티인 것이다. 브랜드 아이덴티티의 범위에서 일관성을 유지하면서 변화, 강화해 나가는 것, 이것이 바로 진정한 브랜드 포지셔닝에서의 일관성과 반복이다.

에비앙은 아기를 위한 미네랄워터로 출발했다. 그러다 알프스의 미네랄워터에서 신체균형 강화를 위한 미네랄워터로 변화했다. 하지만 '건강'이라는

[그림 2-17] 브랜드 아이덴티티와 포지셔닝
일관된 브랜드 아이덴티티에서 변화를 추구한 에비앙

핵심 브랜드 아이덴티티는 그대로 유지하였다.

브랜드 포지셔닝과 브랜드 이미지

브랜드 인식의 관리에서 가장 많이 사용되는 또 하나의 개념은 브랜드 이미지(brand image)다. 브랜드 관리자나 전략가에 따라 브랜드 포지셔닝과 브랜드 이미지를 같은 의미로 사용하기도 하며, 브랜드 이미지가 브랜드 포지셔닝의 하위 요소인 것처럼 사용하기도 한다. 1장에서 우리는 브랜드 자산, 브랜드 강점 그리고 브랜드 가치의 개념을 명료화하려고 하였다. 이제 브랜드 자산이나 브랜드 가치만큼이나 의미나 사용상의 혼동이 있는 브랜드 포지셔닝과 브랜드 이미지에 대해서도 명료화하는 것이 좋겠다. 먼저, 핵심적인 차이점을 살펴보자.

- 브랜드 포지셔닝의 핵심은 경쟁적 차별성에 있다. 브랜드 포지셔닝은 표적 소비자의 마음속에서 일어나는 '상대적'인 인식의 싸움인 것이다.
- 브랜드 이미지는 반드시 상대적인 차별적 우위를 전제하지 않는 개념이다. 상대적으로 차별적이건 아니건, 또는 우위에 있건 아니건, 현재 있는 그대로의 브랜드에 대한 소비자 인식의 조직체(organized set of perceptions)가 브랜드 이미지다.

브랜드 이미지는 다양한 차원으로 구성된다. 흔히 현장에서는 브랜드 이미지를 주로 브랜드 개성과 동일하게 사용하는 경향이 있는데 브랜드 개성은 브랜드 이미지를 구성하는 하나의 차원으로 보는 편이 낫다. 브랜드 이미지를 구성하는 차원은 다음과 같이 정리할 수 있다(Foxall & Goldsmith, 1994).

- 브랜드 개성: 브랜드에 대해 소비자가 가지는 인상이다. 브랜드를 사람으로 비유했을 때 표현되는 세련된, 활기찬, 섹시한, 진보적인 등의 인상과도 같다.
- 브랜드 암시: 소비자가 브랜드를 마주쳤을 때 떠오르게 하는 것, 즉 브랜드가 소비자에게 제안하는 것을 브랜드 암시라 한다. 예를 들면, 신라면은 소비자에게 매운 맛, 얼큰한 국물 맛을 상기시킨다.
- 브랜드 이점: 특정 브랜드를 사용함으로써 소비자가 얻는 구체적인 편익을 말한다. 브랜드 이점은 '나에게 무엇을 약속하는가?'로 집약될 수 있다. 이런 이점은 기능적인 것일 수도 있고 상징적, 심리적인 것일 수도 있다. 동일한 제품범주에 속한 것이라도 브랜드마다 이점은 당연히 다를 수 있다.
- 사용자 프로필: 특정 브랜드의 사용자 유형을 말한다. 브랜드를 사용하는 사람은 누구인가? 사용자 프로필은 브랜드 관리전략에 따라 소비자가 이상적으로 되고자 하는 사람을 표방할 수도 있고 '현재의 나'를 확인시키고 강화하는 것일 수도 있다.
- 사용 상황: 어떤 브랜드는 특정 시점이나 날에 강한 연상작용을 일으킬 수 있다. 밀러(Miller)는 하루 일을 마치고 마시는 맥주이며, 뢰벤브로이(Lowenbrau)는 주말에 마시는 맥주다. 사용 상황은 사용자를 포함할 수 있다. 밀러는 주량이 센 육체노동자가 하루 일을 마치고 마시는 맥주이며, 뢰벤브로이는 가볍게 술을 즐기는 남녀 직장인이 주말에 즐기는 맥주다.

브랜드 이미지를 브랜드 개성이 아니라 위에서처럼 다차원의 구성체로 보게 되면 브랜드 포지셔닝 작업에도 큰 도움이 된다. 브랜드 포지셔닝 과정에서 브랜드 이미지를 점검함으로써 어떤 이미지 차원에 브랜드 행위를 집중할 것인지를 결정하기 용이해진다. 이런 결정은 경쟁적 차별성을 고려하여 이루어져야 하며 브랜드 포지셔닝 전략 수립의 중요한 자료가 된다.

브랜드 포지셔닝의 변화

시장점유율이 감소하거나 경쟁 브랜드로부터 심각한 공격을 받으면 브랜드 전략가는 재 포지셔닝(repositioning)을 고려하게 된다. 재 포지셔닝은 소비자(정확하게는 표적 집단) 마음속에 이미 심어져 있는 브랜드 인식을 전략적으로 바람직한 다른 형태로 바꾸는 작업이다. 기존에 형성되어 있던 브랜드와 특정 속성 간의 연결고리를 끊어 버리고 새로운 속성과의 연결고리를 만드는 작업이다.

우리는 이 장의 앞부분에서 브랜드 첫인상의 효과와 변화에 대해 알아보았다. 그런데 첫인상을 변화시키는 또 다른 한 가지 방법이 있다. 그것은 바로 '상당 폭 변모하는 것'이다. 이는 첫인상의 첫 번째 변화방법인 '장기간 동안 나타나지 않다 출현하기' 전략과도 관련이 있다. 나의 강의를 듣는 한 남학생이 어느 날 머리를 노랗게 염색하고 코에 피어싱을 하고 앉아 있는 것을 보았다. 그 전에는 생머리에 말수도 적은 학생이었다. 이 학생에 대한 나의 인상은 곧 '아, 개성과 끼가 잠재되어 있는 학생이었구나'로 변화하게 되었다. 바로 일주일 전과는 비교되지 않을 정도로 다른 인상을 형성하게 된 것이다. 이 예는 재 포지셔닝 기제를 암시한다. 재 포지셔닝이 성공적이려면 가급적 첫인상과는 상당 폭 변모하는 것이 좋다. 아마 '차이 역(differential threshold)' 이란 것에 대해 들어보았을 것이다. 차이 역이란 어떤 한 자극에서 다른 자극으로 변하였다는 것을 알아채는 데 필요한 에너지양을 말한다. 재 포지셔닝이 성공하려면 바로 이 차이 역을 넘어서야 한다.

그런데 여기서 한 가지 의문을 제기할 수 있다. 무조건 상당 폭 변모하면 재 포지셔닝에 성공할 수 있는가? 이에 대한 답은 당연히 '아니다'다. 환타와 박카스를 비교해 보자. 물론 두 브랜드 간에는 재 포지셔닝 시도기간과 투입 비용의 차이는 있지만 박카스는 좀 더 성공적인 사례라 할 수 있다. 두 브랜드 모두 인식 변화를 시도하기 이전에도 높은 브랜드 인지율을 가지고 있었다. 그런데 박카스가 좀 더 성공한 이유는 무엇일까? 결론부터 말한다면 '무조건 변신'한다고 하여 성공이 보장되지는 않는다.

박카스란 무엇인가? 박카스의 브랜드 아이덴티티는 무엇인가? 과거에 박카스의 브랜드 아이덴티티가 무엇이었냐고 누군가 질문한다면 '충전'이라 말할 것이다. 과거 박카스는 우리나라 산업현장 근로자의 노고와 결실을 연결하는 상징성을 내포하였다. 박카스의 톱니바퀴 비주얼 심벌도 이를 표현하지 않는가? 그러면 최근 몇 년 동안 새로운 광고 캠페인을 통해 변화한 모습으로 다가온 박카스를 생각해 보자. 현재 박카스의 브랜드 아이덴티티는 무엇인가? 역시 '충전' 아닌가? 표현이야 어떻게 되었건, 누구를 위한 것이건, 어떤 상황에 적용되는 것이건, 또 무엇을 위한 것이건 예나 지금이나 박카스의 브랜드 아이덴티티 핵심(이를 브랜드 에센스라고 하는데, 이에 대해서는 다음 장에서 자세히 다룬다)은 '충전'일 것이다. 과거에는 육체의 충전이라는 한정된 의미였다면 지금은 이상, 꿈, 희망의 충전이 아니겠는가! 시대와 문화 이슈 그리고 소구층에 따라 그 의미가 확장되고 재해석되었을 뿐이다.

재 포지셔닝이 성공적이려면 뭔가 '바탕'이 있어야 한다. 박카스는 '충전'이라는 강력한 상징적 바탕이 있었기에 성공적 변모와 현재의 위상 달성이 가능했던 것이다. 미국의 경우, 초기 라디오를 중심으로 한 가전 브랜드인 RCA도 재 포지셔닝을 시도하여 성공한 사례로 인용된다. RCA 역시 초기부터 쌓아 온 전문성과 높은 질적 수준을 바탕으로 하고 있었기에 구식이고 고전적 이미지에서 현대적이고 첨단기반의 음향 가전 브랜드로 변신이 가능했던 것이다. 소비자는 브랜드 전략가가 원하는 대로 인식해 주지 않는다. 그럴 만한 이유가 있어야 한다.

그러면 박카스처럼 '뭔가' 있지도 않았지만 완전히 변모를 꾀한 말보로의 성공은 어떻게 설명할 수 있을까? 어떻게 여성에서 남성, 그것도 '야성적이고 도전적인 남성 중의 남성'으로 성 전환이 가능했을까? 이는 브랜드가 널리 알려져 있지 않기 때문에 가능했다. 여성 시장에서 점유율이 높지도 않았고 또 브랜드 자체도 그리 많이 알려져 있지 않기 때문에 성 전환이 가능했던 것이다. 평소 잘 알지 못하는 사람이 나타난다면 당신은 그 사람이 나타난 시점에서의 옷차림이나 말투 그리고 행동거지를 보고 인상을 형성하지 않겠는가?

브랜드 활성의 심리학

B R A N D   P S Y C H O L O G Y

03

회사원 K 씨는 어제 과음을 하였다. 다음 날 아침에 숙취를 다스리기 위해 약국을 향하며 무엇을 복용해야 할지 생각 중이다. 주부 L 씨는 아이들의 간식거리를 사려고 한다. 할인매장에 들어서서 과자 매대로 쇼핑 카트를 밀고 가면서 무엇을 살지 그리고 어떤 브랜드를 살지 생각 중이다. 대학생인 C 군은 무선 프로젝터를 장만하려고 한다. 친구들에게 물어보고 또 매장을 방문하면서 몇 가지 브랜드를 알아보고 있다. 여대생인 P 양은 모처럼 친구들과 학교 밖에서 점심을 먹었다. 점심식사 후에 테이크아웃 커피를 마시기 위해 주변을 둘러보니 스타벅스와 커피빈이 눈에 들어온다. 어디를 들어갈지 잠시 생각 중이다.

우리는 매일같이 브랜드를 결정하는 상황에 직면한다. 그런데 브랜드를 결정하는 행동이 그렇게 단순한 것만은 아니다. 구입하기 전에 미리 어떤 브랜드를 결정할 수도 있고 또 구입 장소에서 눈앞에 놓인 다양한 브랜드를 보면서 결정할 수도 있다. 그런가 하면 김치 냉장고나 디지털 카메라처럼 사전에 미리 브랜드를 계획하고 구입할 수도 있고, 음료나 액세서리 또는 의류처럼 계획하지 않고 충동적으로 구입할 수도 있다. 인터넷 검색을 하거나 친구 또는 제품 책자 등에서 정보를 얻고 이를 활용하여 구입에 임하기도 하지만 외부 정보에 의존하지 않고 머릿속에 있는 정보에만 의지하여 구입하기도 한다. 물론 전자와 후자가 동시에 일어날 수도 있다.

유형은 다르지만 우리 머릿속에 저장되어 있는 다양한 내용은 어떤 구매 상황이든지 간에 거의 예외 없이 자동적으로 떠오르는 경향이 있다. 계획구 매이건 충동구매이건, 사전 결정이건 구입시점 결정이건, 또는 내부 정보를 무시하고 외부 정보에 의존하건 간에 관계없이 우리 머릿속에서는 특정 브 랜드가 떠오르며, 많든 적든 간에 브랜드에 대한 다양한 내용이 떠오르게 된다.

구매시점에서 브랜드 명이나 로고 또는 브랜드에 관련된 내용이 우리 머 릿속에 떠올라 브랜드 결정에 영향을 미치는 과정을 브랜드 활성화(brand activation)라 부를 것이다. 브랜드 활성화가 브랜드 결정에 심대한 영향을 미 침은 물론, 브랜드 활성이 개입하지 않는 브랜드 결정은 상상할 수 없을 만큼 중요한 과정이다. 브랜드 활성화의 기제와 작용과정을 이해하는 것이야말로 성공적인 브랜드 관리를 위한 필수 요소다.

1. 브랜드 지식은 어떻게 구조화되는가: 브랜드 네트워크

브랜드 활성의 기제와 과정을 이해하는 첫 단계는 소비자의 머릿속에 들 어 있는 브랜드 관련 내용이 무엇인지 구체화해 보는 것이다. 심리학자들은 우리의 머릿속에 들어 있는 모든 것을 지식(knowledge)이라 부른다. 통상 지 식이라고 하면 FTA란 무엇인지, 프랑스 대혁명의 발발 원인은 무엇인지, 또 는 개구리는 파충류인지 아니면 양서류인지 등과 같은 유형이 떠오르겠지만 심리학자들은 우리의 지식을 좀 더 폭넓게 정의한다. 어제 친구와 술을 마신 것, 초등학교 6학년 때 담임선생님의 이름, 2006년 월드컵이 독일에서 개최 된 것 등 우리가 세상을 살아오면서 습득하여 머릿속에 저장하고 있는 모든

〈표 3-1〉 브랜드 지식유형

• 역사	• 주 사용자
• 성분, 원료, 제품형태, 패키지	• 컬러
• 가격, 판매장소	• 느낌, 분위기
• 기능, 편익	• 브랜드와 관련한 일, 추억
• 광고(내용, 모델 등)	• 태도
• 주 사용 상황	

것을 지식에 포함시킨다. 브랜드에 대한 지식도 마찬가지다. 브랜드에 관한 개인의 직접경험뿐만 아니라 간접경험 그리고 광고를 통한 다양한 내용이 브랜드 지식을 구성한다. 개인에 따라 차이는 있겠지만 우리가 가지고 있는 브랜드에 대한 지식의 유형은 대략 〈표 3-1〉과 같다.

앞서 2장에서 우리는 브랜드 인식에 대해 알아보았다. 브랜드에 대한 인식 내용도 결국 브랜드 지식이라 할 수 있다. 인식은 실체가 아니라 주관적인 관념인 것과 마찬가지로 브랜드에 대한 지식 역시 실체가 아니라 관념이다. 브랜드 지식은 우리의 주관적인 경험과 해석의 결과로 우리 머릿속에 저장되는 것이다. 동일한 광고를 보더라도 그 광고를 통해 가지게 되는 지식은 소비자마다 다를 수 있다. 그러니 모든 소비자가 특정 브랜드에 대해서도 동일한 지식을 가지는 것은 아니다.

소비자에 따라 특정 브랜드에 대한 지식의 유형과 범위는 다를 수 있다. 현재 장년층의 소비자가 현대자동차에 대해 가지고 있는 지식과 20대의 지식은 같지 않을 것이며, 여행 중에 기내 서비스에 대해 유쾌한 경험을 한 고객과 불쾌한 경험을 한 고객이 특정 항공사에 대해 가지는 지식은 다를 것이다. 또한 웨어러블 디지털 기기의 구입 경험자와 구입 경험이 없는 자 간에도 제품에 대한 지식은 같지 않을 것이다. 설문조사건 아니면 집단심층면접과 같은 질적 조사이건 소비자조사 결과의 상당 부분은 바로 집단 간의 브랜드에 대한 지식 정보가 아닐까? 그런데 브랜드 관리에서 지식의 유형을 아는 것 못지않게 중요한 것은 다양한 브랜드 지식이 우리 머릿속에 어떤 형태로 저장되며 필요시에 어떻게 끄집어내는가에 대한 이해다.

브랜드는 네트워크다

콜린스와 로프투스(Collins & Loftus, 1975)라는 심리학자는 인간의 지식이 어떻게 구조화되어 있는가에 대해 흥미로운 모형을 제시했다. 이들에 따르면 지식은 계층적이기보다는 마치 그물망과 같은 네트워크로 구성된다. 네트워크의 특성을 좀 더 자세히 살펴보자. 네트워크는 노드(node)와 링크(link)로 구성된다. 노드는 특정 브랜드나 브랜드의 속성 또는 브랜드의 편익 등과 같은 지식의 매듭으로 볼 수 있으며 링크는 이 매듭들을 서로 이어 주는 연결이다. 예컨대, '베스킨라빈스 31'은 '아이스크림' '여러 가지 맛' '아이스크림 케이크' 등의 노드들을 가지며 이 노드들은 서로 링크에 의해 연결된다.

그런데 중요한 것은 네트워크로 구성된 지식의 노드들이 링크에 의해 서로 연결되는 강도(strength)는 같지 않다는 것이다. '베스킨라빈스 31'은 '아이스크림 케이크'보다는 '아이스크림'과 더 강력하게 연결될 것이다. 왜 그럴까? 학습, 즉 과거의 사용 빈도나 경험의 정도가 다르기 때문이다. 네트워크상에서 특정 지식의 노드들이 서로 얼마나 빈번히 연결되었는가, 즉 얼마나 자주 사용되었는가에 따라 연결강도는 달라진다(그림 3-1] 참조).

예를 들어 보자. 소비자 A는 농심의 신라면을 주로 구입한다. 하지만 소비자 B는 신라면이 아니라 농심의 육개장 사발면을 자주 구입한다고 하자. 이럴 경우 두 소비자에게 농심이라는 노드와 신라면 그리고 육개장 사발면 노

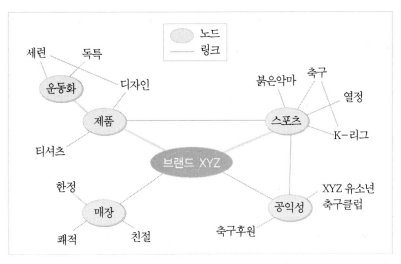

[그림 3-1] 가상 스포츠 브랜드 XYZ의 네트워크 구조
굵은 선은 연결강도가 강함을 나타낸다.

드 간의 연결강도는 다를 것이다. 소비자 A의 경우는 농심과 신라면의 연결 강도가 강할 것이지만 소비자 B의 경우는 농심과 육개장 사발면의 연결강도 가 강할 것이다. 신라면은 봉지면이지만 육개장 사발면은 용기면이기 때문 에 소비자 A의 경우에는 봉지면이라는 노드와 신라면의 연결강도가 강할 것 이고, 소비자 B의 경우에는 용기면 노드와 육개장 사발면의 연결강도가 강 할 것이다.

2. 브랜드 네트워크는 어떻게 작동하는가

브랜드에 대한 소비자의 지식은 경험, 즉 결합 빈도에서 차이가 있기 때문 에 서로가 연결강도를 달리하며, 경험이 많을수록 지식의 양도 증가하기 때

문에 네트워크의 구조도 더 복잡할 것이다. 여기서 우리는 브랜드 활성화의
작동원리에 대한 매우 중요한 두 가지 질문을 해 보아야 한다.

• 왜 특정 시점, 예컨대 제품의 구입이나 사용 상황에서 어떤 브랜드가 다
  른 브랜드보다 먼저 떠오르는가?
• 왜 특정 브랜드를 생각하면 그 브랜드에 관한 많은 지식 중에서 특정 지
  식이 먼저 떠오르는가?

이 질문에 답하려면 브랜드 지식에 대한 네트워크 모형의 생리학적 유추
가 많은 도움이 될 것이다(실제 필자의 동료는 모 금융기업의 브랜드 전략 프레
젠테이션 시에 아래에서 말하는 브랜드 네트워크의 생리학적 모형을 멋지게 적용하
였다).

인간의 뇌는 뉴런(neuron)이라는 신경계를 이루는 기본 세포단위로 구성
되어 있다. 정확한 뉴런의 수는 아직 알려져 있지 않지만 인간의 뇌와 척수
(spiral cord)의 중추신경계에는 약 100억 개에서 1,000억 개에 이르는 엄청난
수의 뉴런이 존재하는 것으로 알려져 있다. 우리의 지식은 바로 이 뉴런에 저
장되며 뉴런 간의 네트워크에 의해 서로 소통한다. 뉴런은 정보가 저장된 세
포체(cell body)와 다른 뉴런에서 정보를 받아들이는 역할을 하는 수상돌기
(dendrite) 그리고 정보를 다른 뉴런으로 내보내는 축색(axon)으로 이루어지
며, 한 뉴런과 다른 뉴런(엄밀히 말하자면, 한 뉴런의 축색과 인접한 뉴런의 수상
돌기)을 연결하는 부위를 시냅스(synapse)라고 한다([그림 3-2]). 한 뉴런의 축
색을 따라 전달된 신호는 시냅스를 거쳐 다른 뉴런으로 전달된다.

세포집합체(cell assembly)라는 개념을 제시한 심리학자 도널드 올딩 헵
(Donald Olding Hebb)은 뉴런 간 지식의 연결이 어떻게 이루어지며 지식 네트

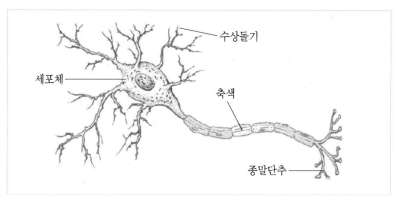

[그림 3-2] ○━ 인간 뇌의 뉴런구조

워크가 어떻게 활성화되는지를 다음과 같이 설명한다(김영채, 2006).

> 뉴런 A가 뉴런 B와 충분히 가까이 있어 그것을 흥분시킬 가능성이 있
> 다면, 또는 어느 경우에 뉴런 B를 흥분시킨다면 A가 흥분할 때 B가 동시
> 에 흥분될 확률이 증가하게 된다. 세포 집합체는 20, 50 또는 100개 아니
> 그 이상의 뉴런으로 네트워크를 이룰 수 있으며 이들 간에 연결이 형성되
> 는 것에는 많은 반복이 필요하다.

이 과정을 좀 더 구체적으로 말하자면 뉴런은 전기, 화학적(electro-chemical) 과정에 의해 다른 뉴런과 정보를 주고받는다. 뉴런의 세포막은 특정 화학물 질만을 선택적으로 통과시킨다. 이 때문에 세포의 안과 밖은 화학물질의 분 포가 달라지는데, 이로 인해 세포 안쪽은 음극, 세포 바깥쪽은 양극이 되어 세포막 바깥쪽의 물질이 음전하를 띠는 세포 안쪽으로 유입되려는 전기적인 힘을 가진 상태가 된다. 이 상태일 때 세포막 바깥쪽에는 나트륨이온($Na+$)이 많이 분포한다. 그런데 세포막 사이의 전위에 변화가 일어나면 나트륨양이

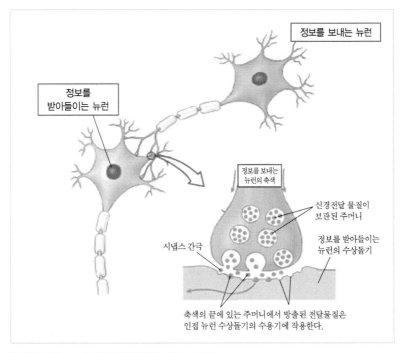

[그림 3-3] ◦━ 뉴런 간 정보전달 과정과 기제

온은 갑자기 세포막 안으로 쏟아져 들어오게 된다([그림 3-3] 참조).

나트륨양이온이 세포막 안으로 들어오는 순간에 전위(potential)변화가 일어난다. 전위변화는 인접해 있는 뉴런의 축색 세포막에 또다시 전위변화를 일으키게 된다. 이런 변화과정을 '뉴런의 발화'라고 한다. 하나의 뉴런에 전기적 폭발이 일어나면 그로 인한 불이 화학적 과정에 의해 다른 뉴런으로 번져 가는 것이다. 지식의 심리학적 네트워크 모형에서는 이런 지식전달 과정을 활성화 확산(spreading activation)이라 한다. 한 뉴런에서 야기된 활성화가 다른 뉴런으로 확산되는 것이다.

브랜드 점화

이제 앞서 살펴본 생리학적 모형을 브랜드 활성화에 적용해 보자. 만약 어떤 소비자가 스마트폰을 구입하려 한다고 하자. 스마트폰을 생각하는 순간에 스마트폰 노드에 폭발이 일어날 것이다. 폭발로 인해 발생한 불은 인접한 노드로 확산된다. 물론 스마트폰과 연결된 수많은 노드가 있을 것이다. 이때 스마트폰과 연결된 많은 노드(그것은 특정 브랜드의 네임이나 로고 또는 타이포그래피일 수도 있고 디자인, 기능, 가격 등일 수도 있다) 중에서 어떤 노드로 불이 가장 빨리 확산될 것인지는 바로 연결강도에 의해 결정된다.

활성화 확산은 대학 MT 때의 캠프파이어 행사에 비유할 수 있다. 가운데 장작을 쌓고 그 장작을 중심으로 골을 여러 개 파고 기름을 붓는다. 그리고 가운데 장작에 불을 붙이면 각 골을 따라 불길은 번져 간다. 불이 얼마나 빨리 그리고 강하게 번져 가느냐는 것은 골이 얼마나 깊게 패여 있느냐에 따라 결정된다. 골이 깊으면 그만큼 기름이 많이 차 있을 것이며 불길이 번져 가는 속도도 그만큼 빠를 것이다. '스마트폰'이라고 했을 때 '애플'이 가장 먼저 떠오른다면 스마트폰 노드와 '애플' 브랜드 노드를 연결하는 골이 깊어 활성화가 가장 빨리 확산되기 때문이다. '애플' 다음으로 생각나는 브랜드는 '애플'에 비해 스마트폰 노드와 연결고리가 그만큼 약하기 때문이다.

점화효과(priming effects)는 활성화 확산모형의 타당성을 잘 입증해 주는 매우 흥미 있는 현상이다(점화란 사전정보에 의해 자극의 탐지나 확인능력이 촉진되는 것이다)(이정모, 1996). 다음의 실험 예를 보자. 단어 알아맞히기(word recognition) 검사를 실시한다. 실험참가자에게 어떤 단어(표적 단어)를 순간노출기를 통해 매우 짧은 시간 노출시킨 뒤 그것이 어떤 단어인지 알아차리면 그 순간 재빨리 버튼을 누르게 하는 것이 실험과제다. 그런데 이 실험에서 중요한 점은 반응해야 하는 표적단어를 제시하기 바로 직전에 다른 단어를 보여 주는 것이다. 표적단어를 제시하기 전에 먼저 보여 주는 자극을 프라임 (prime: 점화자극)이라 한다. 한 피험자에게는 '버터'라는 프라임을 먼저 제시하고 곧바로 '빵'이라는 표적단어를 순간노출기를 통해 제시한다. 한편, 다른 피험자에게는 '버터'라는 동일한 프라임을 먼저 제시하지만 빵 대신 '간호사'라는 표적단어를 순간노출기를 통해 제시한다고 하자. 이 경우에 빵과 간호사 중, 단어를 알아차리는 데 걸리는 반응시간은 어느 쪽이 더 빠를까? 답은 바로 '빵'이다.

버터라는 프라임을 보여 주면 그 순간 '버터' 노드가 점화될 것이다. 그리고 이는 가장 인접한 노드로 불길이 번져 가도록 '준비상태'를 마련한다. 간호사보다는 빵이 버터와 자주 연결되고 두 사물 간의 동시 발생빈도가 높기 때문에 빵은 간호사에 비해 쉽게 점화된다. 이것이 점화현상이다.

잘츠만(Zaltzman, 1997)은 이런 점화현상을 적용해 브랜드 파워를 측정하는 실험을 한 적이 있다. 그는 특정 제품범주(예, 패스트푸드)를 프라임으로 먼저

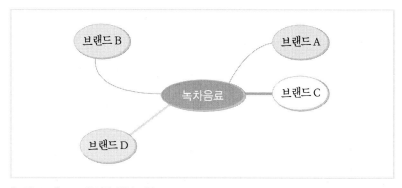

[그림 3-4] ◑━ 활성화 확산모형
활성화 확산의 방향은 '녹차음료' 노드와 브랜드 노드 간의 링크의 길이와 굵기에 의해 결정된다.

제시하고 그 제품범주에 속한 브랜드 네임을 순간노출기를 통해 제시한 뒤, 그 브랜드가 무엇인지 인식하는 데 소요된 반응시간을 측정하였다. 그는 패스트푸드라는 범주를 프라임으로 제시한 뒤 일단의 소비자에게 '맥도날드'와 '웬디스'를 표적단어로 보여 주었다. 그 결과 '웬디스'보다 '맥도날드'를 인식하는 반응시간이 훨씬 빨랐다. 당연히 이는 점화효과 때문이다.

이 결과가 시사하는 것은 무엇일까? 소비자가 패스트푸드를 먹으려고 하는 순간에 웬디스보다 맥도날드가 더 빨리 떠오른다는 것이다. 우리가 특정 제품을 구입하려고 할 때 여러 브랜드가 거의 자동적으로 우리 머릿속에 떠오른다. 물론 떠오르는 순서는 같지 않다. 바로 이 순서가 제품범주와 브랜드 간의 연결강도이며 이는 브랜드의 위상을 알려 주는 중요한 지표 중 하나다.

맥락점화와 브랜드 속성의 활성화

점화는 특정 브랜드 지식의 회상을 촉진할 뿐만 아니라 브랜드 행위를 해석하는 데도 영향을 미친다. 특히 어떤 브랜드 속성지식이 여러 가지로 해석될 수 있을 때 특정한 방향으로 해석되도록 촉진하는 데 지대한 영향을 미친다. 가죽이 매우 부드러운 구두가 있다고 하자. 가죽이 부드러운 구두라는 것은 다양하게 받아들여질 수 있다. 가죽이 부드럽기 때문에 발이 편안한 구두로 해석되기도 하고 다른 한편으로는 가죽이 부드럽기 때문에 흠집이 잘 생기며, 형태가 쉽게 변형될 수 있는 구두로 해석될 수도 있다. 이처럼 하나의 정보가 여러 가지로 동시 해석될 수 있을 때 점화는 정보(부드러운 가죽)의 어떤 특정 측면(편안함 또는 형태 변형)을 부각되도록 촉진하는 데 영향을 미친다.

그런데 흥미로운 현상은 가죽이 부드러운 구두와 같이 하나의 정보가 여러 가지로 해석 가능할 때에도 소비자는 해석 가능한 모든 측면에 주의를 기울이기보다는 한 가지 측면에만 주의를 기울인다는 것이다. 그러면 무엇이 특정 측면만을 활성화하는 것일까? 여기에는 맥락점화(contextual priming)가 중요한 역할을 한다. 맥락에 대해서는 2장에서도 살펴보았는데, 맥락이란 특정 브랜드 정보를 처리할 때 소비자 머릿속에 활성화되는 다른 지식을 가리킨다. 소비자가 부드러운 가죽의 구두가 내포한 여러 가지 측면 중에서 어떤 측면에 주의를 기울일지, 부드러운 가죽을 어떻게 해석할지는 그때 활성화되어 있는 관련 지식의 유형에 따라 영향을 받는다는 것이다(Higgins & Gillian, 1981).

예를 들어 보자. 잡지 속의 광고는 독립적으로 제시되지 않는다. 다른 광고와 섞여 있거나 기사와 함께, 또는 바로 인접해 제시되는 등 다양한 맥락에서 노출된다. 두 명의 소비자가 잡지를 읽는다고 하자. 두 명의 소비자는 모두 동일한 대형할인점 광고를 보았다. 대형할인점 광고는 '모든 품목을 가장 싼 가격에 판매한다'는 메시지를 전달한다. 그런데 한 명의 소비자는 이 광고를 보기 전에 대형할인점이 납품회사에 압력을 가하여 부당한 공급가격을 요구하는 것이 문제라는 기사를 읽었다고 하자. 한편, 다른 한 명의 소비자는 대형할인점 간의 경쟁이 치열해져 이익을 낮추면서까지 고객만족을 위해 가격을 내리고 있다는 기사를 읽었다고 가정해 보자. 이 경우 '모든 품목을 가장 싼 가격에 판매한다'는 대형할인점 광고에 대한 태도는 같을까? 아마 전자의 기사를 읽은 소비자는 광고의 대형할인점에 대해 부정적 태도를 가질 가능성이 크다. 왜 그럴까? 이는 바로 광고를 보기 직전에 읽은 기사(맥락)가 광고의 메시지를 특정 방식으로 해석하도록 활성화하기 때문이다.

맥락점화효과는 인접한 다른 광고에 의해서도 발생한다. 어떤 컴퓨터 브랜드가 업그레이드된 사양의 A라는 신제품 컴퓨터 광고를 하면서 다양한 제품속성을 자세히 전달하는 광고를 잡지에 게재했다고 하자. 다양한 속성이라는 것은 두 가지로 해석될 수 있다. 기능이 다양한 것으로 해석될 수도 있고 복잡하여 사용하기 어려운 것으로 해석될 수도 있다. 그런데 한 잡지에는 이 광고가 실린 앞 지면에 기능의 다양성을 주장하는 컴퓨터 광고가 게재되었고 다른 잡지에는 이 광고 앞 지면에 사용편리성을 주장하는 컴퓨터 광고가 게재되었다고 하자. 이 경우 소비자가 어떤 잡지를 보느냐에 따라 A 컴퓨터 광고에 대한 해석은 달라진다. 먼저 본 광고가 특정 정보를 활성화하기 때문이다(Yi, 1990).

맥락점화는 광고 브랜드에 대한 평가에도 영향을 미친다. 만약 먼저 본 광고가 특정 정보를 활성화하며 활성화된 정보가 긍정적 측면을 부각시킨다면 광고 브랜드에 대한 태도는 긍정적일 것이며, 활성화된 정보가 부정적 측면을 부각시킨다면 광고 브랜드에 대한 태도는 부정적일 것이다.

맥락점화효과는 브랜드 활성의 과정에서 맥락이 얼마나 심대한 영향을 미칠 수 있는지 보여 준다. 브랜드 광고의 경우 경쟁사 광고나 기사의 내용 자체를 통제할 수는 없지만 점화효과를 이해함으로써 맥락을 최대한 활용할

[그림 3-5] 점화효과
점화는 브랜드 회상과 브랜드 행위의 해석에 영향을 미친다.

수 있다. 광고 메시지가 결정되면 메시지에 대해 긍정적 점화를 일으킬 수 있는 광고나 기사는 적극 활용하고 부정적 점화를 일으킬 수 있는 맥락은 가급적 피하는 것이 효과적이다. 예컨대, 패스트푸드 브랜드는 자연식이나 건강식 또는 전이지방의 폐해를 다룬 기사와 분리하는 것이 바람직하며, 플라스틱 식품 용기 브랜드는 환경호르몬 문제를 다룬 기사와 함께 노출되는 것을 피하는 것이 바람직하다.

매체점화와 브랜드 활성화

맥락점화효과는 인접한 기사나 광고에 의해서만 일어나는 것이 아니다. 매체(medium) 그 자체가 맥락점화를 유발할 수 있다. 최근 들어 TV, 라디오, 신문, 잡지의 전통적인 4대 매체만 이용하여 표적 집단에 효과적으로 브랜드를 노출하는 것이 한계에 부딪히면서 브랜드 메시지를 전달하기 위해 동원되는 매체 유형은 급속도로 다양화되고 있다. 재떨이, 컵 받침대, 에스컬레이터, 골프장의 홀, 심지어 빌딩 외벽 등 브랜드를 노출하기 위해 이용되는 매체 아이디어는 계속 개발되고 있다.[1]

1) 최근 들어 '환경 미디어(ambient media)'를 활용한 마케팅 커뮤니케이션이 증가하고 있다. 영국옥외광고협회는 환경 미디어 광고를 비전통적 형태 및 환경에 산재한 주변 미디어를 활용한 광고로 정의한다. 환경 미디어 광고는 기존의 대중 미디어 광고의 대안 미디어 광고에서 출발한 형태로 옥외 미디어의 기술적 발달, 소비자의 변화 등 급변하는 시대적 변화 요구에 따른 것이다. 환경 미디어 광고의 장점은 소비자의 광고에 대한 주목과 반응을 높이고 미디어와 광고 메시지를 결합하여 시너지 효과를 창출하는 데 효과적이다. 소비자들에게 광고 메시지를 효과적으로 알리기 위해서는 광고물 자체를 창의적으로 제작하는 것도 중요하지만 광고를 게재하는 미디어를 창의적으로 활용하여 광고를 집행하는 것도 효과적인 대안이 될 수 있다. 기존 미디어 대신에 새롭고 독창적인 미디어를 제작하거나 환경 속의 다양한 사물을 미디어로 활용하는 것 또한 창의적인 미디어 활용이라고

이 경우 미디어 플래너의 관심사는 표적 집단의 매체 망(표적 소비자의 하루 시간대별로 이동경로에서 부딪히게 되는 매체 구성)을 중심으로 하여 다양한 매체를 통해 브랜드 네임이나 로고 또는 핵심적인 브랜드 콘셉트를 좀 더 비용효율적으로 노출시키는 것이다. 그런데 대부분의 미디어 플래너는 노출의 극대화에 주로 신경을 쓰는데 그보다는 이용하는 매체 그 자체가 유발하는 맥락점화의 효과를 알아야 한다.

[그림 3-6] 3M의 강화유리 옥외광고
유리(깨지기 쉬운 것)의 점화효과를 역으로 이용한 광고로, 유리 안에 돈이 들어 있다.

매체의 맥락점화효과는 매체 자체가 활성화하는 지식에 의해 유발된다. KTX는 빠르다는 것을, 체중계는 다이어트나 비만을 활성화할 수 있다. 아울러 브랜드는 통상 브랜드 고유의 콘셉트를 가진다. 예컨대, 캐논 프린터는 색상의 선명도를, 휴렛팩커드는 인쇄 속도나 경제성을 주장할 수 있다. 이는 브랜드에 따라 활성화하는 정보가 다를 수 있음을 의미한다.

그렇다면 매체가 활성화하는 정보가 브랜드 콘셉트와 일치할 때 시너지효과를 얻을 수 있을 것이다. 휴렛팩커드 프린터가 빠른 인쇄 속도를 주장한다면 자동차 경주대회 협찬을 통해 레이싱 카에 광고를 하는 것이 축구장 펜스에 광고를 하는 것보다 효과적일 것이다. 달렌(Dahlen, 2005)은 이러한 매체

할 수 있으며, 환경 미디어 광고도 미디어 혁신을 통한 창의적인 미디어 활용으로 관심이 증가하고 있다.

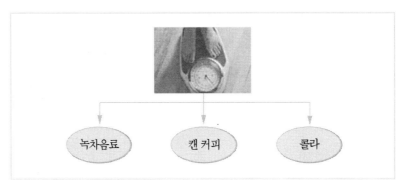

[그림 3-7] ◦⌐ 효과적인 매체점화
대중 목욕탕의 체중계에 광고를 한다면 어떤 제품의 브랜드가 효과적일까?

의 맥락점화효과를 실증적으로 연구하였다. 그는 '돌봄'을 주장하는 생명보험 브랜드 광고를 계란, 엘리베이터 승강기 내 번호판 그리고 신문의 3개 매체에 집행한 뒤 각각의 광고에 대한 태도와 브랜드에 대한 태도를 알아보았다. 연구결과, 3개 매체 중에서 계란에 광고를 했을 때 광고 태도와 브랜드에 대한 태도가 가장 긍정적이었다. 계란이 가장 효과적인 매체인 것은 계란이라는 사물이 활성화하는 정보(깨지기 쉬우니 돌봄이 필요함)가 브랜드 콘셉트와 일치하기 때문이다. 매체가 활성화한 정보와 브랜드 콘셉트가 일치하면 그렇지 않은 경우에 비해 브랜드에 대해 더 호의적일 뿐만 아니라 브랜드 콘셉트 정보의 처리도 더욱 촉진될 수 있다.

3. 브랜드 회상의 실체

지금까지 우리는 브랜드의 활성화 기제에 대해 심도 있게 알아보았다. 지금부터는 브랜드 회상(recall)이 구체적으로 어떤 영향력을 발휘하는지 자세히 알아보려고 한다. 브랜드 활성화에서 브랜드에 대한 다양한 지식, 즉 연상 내용 못지않게 중요한 것은 브랜드 네임이나 로고 자체의 떠올림, 다시 말해 브랜드의 회상이다. 브랜드 회상은 브랜드 자산의 구축에서 매우 중요한 것이어서 브랜드 자산을 평가하는 가장 중요한 지표 중 하나로 간주되기도 한다. 나아가 브랜드 회상은 브랜드 연상의 형성에서는 닻(anchor)과 같은 역할을 한다. 현대와 같이 특정 제품범주에서 브랜드 간 제품특징의 차이가 그다지 크지 않은 경우에는 구매시점에서 어떤 브랜드가 그 순간 우리의 마음을 차지하는가에 따라 선택에 영향이 있음을 부인할 수는 없을 것이다.

소비자가 구매를 하는 많은 경우에 어떤 브랜드를 고려할지, 여러 브랜드 중에서 어떤 브랜드를 최종 선택할지는 주로 자신의 기억에 의존하게 된다. 고가의 가전이나 승용차 또는 통신제품과 같이 사전에 인터넷이나 주위의 구전 등을 통해 다양한 정보를 탐색하고 미리 탐색할 브랜드 목록을 생각하는 경우도 있지만 대부분의 일상 구매에서 브랜드 선택은 구매시점에서 이루어진다. 고가의 제품이라 하더라도 정보를 탐색하기 전에 특정 브랜드가 머리에 떠오르는 것은 피할 수 없으며 떠오른 브랜드에 대해 정보를 먼저 탐색하는 경향이 있기 때문에 실상은 전적으로 외부 정보에 의존하여 브랜드를 선택한다는 것은 드문 일이다. 노트북을 구입하려고 하는 소비자가 어떤 브랜드를 사야 할지 고심하면서 인터넷에서 정보를 얻기 위해 컴퓨터 앞에 앉았다고 생각해 보자. 이 경우에도 전적으로 백지 상태에서 탐색할 브랜드를 선정하지는 않는다. 그 순간에조차 어떤 브랜드이든지 떠오르게 되며 이렇게 떠오르는 브랜드가 정보 탐색의 우선권을 가지게 될 확률도 높아지는 것이다. 많은 브랜드 전략가가 자사 브랜드의 파워를 파악하는 가장 간편하면서도 최우선적으로 관심을 가지는 지표는 브랜드 최초 비보조 회상인

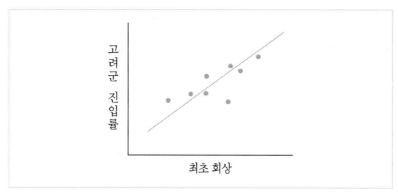

[그림 3-8] 브랜드 고려군 진입률과 최초 회상 간의 관계

TOM(top-of-mind)이다. 어떤 브랜드 전략가(주로 식품이나 일상용품)는 TOM을 통해 자사 브랜드의 시장점유율을 어림짐작하기도 한다. 이는 브랜드 회상이 브랜드 관리나 전략의 수립에서 매우 중요한 브랜드 활성의 한 요소임을 보여 주는 것이다.

브랜드 회상과 쇼핑목록

브랜드 회상은 외부의 도움 없이 전적으로 소비자의 머릿속에 있는 기억으로부터 정보를 자발적으로 끄집어내는 과정을 말한다. 대부분의 기억이론가는 회상에 관여하는 심적 과정은 '연합(association)'에 따른다고 본다. 물론 연합은 과거의 경험에 의해 형성되는 것이다. 예컨대, 격렬한 운동을 하다 목이 마르면 마실 것이 떠오르며, 특정 유형의 마실 것이나 또는 특정 브랜드의 음료가 떠오르게 된다. 어떤 욕구나 욕망 등이 촉발되면 그 욕구나 욕망과 관련된(연합된) 것을 떠올리게 되는 것이다.

그런데 문제는 특정 욕구나 욕망에 의해 촉발되는 브랜드가 단지 하나가 아니라는 것이다. 이는 어떤 하나의 브랜드에만 높은 충성도를 보인다든가 또는 습관적으로 특정 브랜드만 '구입'하는 것과는 좀 다른 차원의 이야기다. 구매는 '결과'인데 브랜드 회상은 여러 브랜드가 구매 이전 단계에서 소비자의 머릿속에서 경합하는 과정이다.

구매 이전에 소비자의 머릿속에서 브랜드들이 경합하는 일종의 목록을 '고려군(consideration set 또는 evoked set)'이라 한다. 고려군은 소비자가 구매 대상에 올리는 후보 브랜드의 목록이라고 볼 수 있다. 지금 친구와 만나서 커피전문점을 간다면 어떤 커피전문점을 고려하겠는가? 어떤 커피전문점 브랜드가 떠오르는가? 몇 개 브랜드가 떠오르며, 떠오르는 브랜드의 순서는 어떠한가? 지금 간식거리로 스낵을 사려고 한다면 어떤 브랜드가 떠오르는가? 몇 개 브랜드가 떠오르는가? 떠오르는 브랜드의 순서는? 이것이 바로 고려군이며 실제 브랜드 선택에도 지대한 영향을 미친다.

목록에 들어가야 살아남는다

구매를 고려하는 대상으로 기억에서 떠올린 브랜드의 수를 고려군의 크기라 한다. 고려군의 크기는 제품에 따라 다르다. 식품과 같이 엄청나게 많은 브랜드가 시장에서 경합하는 제품과 가전이나 통신과 같이 소수의 브랜드가 경합하는 제품은 고려군의 크기도 당연히 다를 것이다. 하지만 어떤 경우든지 간에 고려군의 크기는 브랜드 선택에도 지대한 영향을 미치게 된다. 왜 그럴까? 얼마나 많은 브랜드를 떠올려서 고려군에 포함시키느냐에 따라 각 브랜드가 선택될 확률이 달라진다. 떠올린 브랜드 수가 많을수록 각 브랜드가 선택될 확률은 급격하게 감소하게 된다. 휴대폰의 경우, 1개의 브랜드를 떠올렸다면 그 브랜드가 선택될 확률은 100%이지만 4개의 브랜드를 고려대상으로 떠올렸다면 하나의 브랜드가 선택될 확률은 25%로 줄어들게 된다. 브랜드 관리자, 특히 시장에서 리더가 아닌 브랜드의 관리자 입장에서는 소비자가 최대한 많은 브랜드를 고려대상으로 떠올려 주기를 바랄 것이다. 그래야만 자사 브랜드가 선택될 확률을 어느 정도라도 보장받을 수 있다.

하지만 소비자가 브랜드를 기억해 내는 능력은 상당히 제한적이다. 중요한 시험을 보는 것도 아닌데 소비자가 최대한 많은 브랜드를 기억에서 끄집어내어야 할 필요가 있겠는가? 얼마나 많은 브랜드를 소비자가 회상하는지는 첫째, 기억에서 탐색해 내고 평가하는 데 얼마나 많은 노력이 드는지, 둘째, 그 결과로 얻게 되는 효용이 어느 정도인지의 두 가지 요소의 절충에 의해 영향을 받는다(Hauser & Wernerfelt, 1990). 소수의 브랜드를 떠올리지만 그 결과 비교적 만족할 만한 브랜드 선택이라는 효용을 보장받는다면 더 많은 브랜드를 기억에서 끄집어내어야 할 필요성을 느끼지 못할 것이다. 하지만 많은 브랜드를 기억에서 끄집어내어 탐색을 해야만 선택의 효용성을 높이게 된다면 고려군의 크기는 증가한다.

시간압박이라든가 아니면 동기와 같은 요인도 고려군의 크기에 영향을 미친다. 친구의 생일 선물을 미리 준비하지 못해서 만나기 한 시간 전에 허겁지겁 선물을 사야만 하는 경우나 또는 백화점 세일 마지막 날 폐점을 불과 한두 시간 남겨 두고 화장품을 사야 하는 경우와 같이 시간에 쫓기며 구매를 할 때는 그렇지 않을 때와 비교해 시간압박 때문에 더 많은 브랜드를 회상하지 못할 수 있다. 이런 경우일수록 소비자 기억 속에 강력하게 자리 잡지 못한 브랜드는 불이익을 당할 확률이 더 높아지지 않겠는가!

4. 먼저 떠오르는 브랜드가 누리는 효과

일반적으로 구매 상황에서는 일부 브랜드가 우리 눈앞에 '제시되는' 상황이 전제된다. 레토르트 식품을 구입하기 위해 할인매장의 진열대 앞에 있을 때 이미 일부 브랜드에 소비자가 노출되는 상황을 가정할 수 있다. 이럴 경우 브랜드 회상은 어떤 영향을 받게 될까? 한 연구(Alba & Chattopadhyay, 1985)에서 한 집단의 소비자에게 아무런 도움 없이 최대한 많은 샴푸 브랜드를 기억해 내라고 하였더니 10개가 넘는 브랜드를 기억해 내었다. 다른 집단의 소비자에게는 미리 몇 개의 샴푸 브랜드를 알려 주고 이것 이외에 브랜드를 더 기억해 내라고 하였다. 어떤 결과가 나왔을까? 예상과 달리 미리 몇 개의 브랜드를 알려 준 경우에는 사전에 아무런 브랜드도 알려 주지 않은 집단이 기억해 낸 브랜드 수의 절반에도 못 미치는 수의 브랜드를 기억해 내는 데 그쳤다. 일부 브랜드를 미리 알려 주면 이것이 나머지 브랜드를 기억하는 데 도움을 주어서 더 많은 브랜드를 기억해 낼 것 같은데 실제로는 그렇지 않다. 일부 브랜드를 제시하면 그렇지 않을 때에 비해 기억해 내는 브랜드 수가 오히려 감소하는 현상을 두고 '부분단서(part-list cuing) 효과'라 한다(Slamecka, 1968). 미리 주어진 브랜드가 다른 브랜드를 기억해 내는 것을 촉진하는 것이 아니라 오히려 억제하는 것이다. 이 효과는 특히 제품에 대한 지식이나 친숙도가 낮은 소비자에게서 더욱 크다.

회상에서 우위를 점하지 못하는 브랜드가 부분단서에 의한 회상억제 효과의 피해자가 되지 않는 방법은 없는 것일까? 어떻게 하면 억제 현상을 극복하고 소비자의 쇼핑목록에서 상위에 오를 수 있을까? 이에 대한 해결책은 구매시점에서 소비자의 정신적 의제(agenda)에 변화를 일으키는 것이다. 만약 특정 브랜드가 소비자의 정신적 의제 목록에서 후순위라면 바로 구매 시점에서 소비자의 브랜드 의제 순서에 의도적으로 영향을 미치는 것이다. 이를 위한 가장 효과적인 도구는 구매시점자극(point-of-purchase: POP)이다. POP는 매장에 설치되는 일종의 구매유인 커뮤니케이션 도구다. 행거, 스탠드 등 다양한 유형의 POP가 있다. POP나 상기광고물(reminder advertisement)은 특정 브랜드를 소비자의 구매고려 대안목록에 진입시키는 기능을 한다.

소비자가 세제를 구입하기 위해 대형할인점의 해당 매대로 이동할 때 소비자 머릿속에는 세제라는 제품범주가 점화되면서 A라는 브랜드가 떠올랐다고 하자. 이 과정에 의해 다른 세제 브랜드가 떠오를 확률이 감소한다. 하지만 주부가 세제 매대에 다가갔을 때 만약 회상 강도가 낮은 B라는 브랜드의 POP나 상기광고물이 있다면 소비자는 그 브랜드에 대해서도 주의를 기울일 기회가 증가한다. 즉, B라는 브랜드가 의제로 부각된다.

부분단서 효과는 왜 브랜드 인지도가 높고 시장 1위인 브랜드임에도 광고를 지속적으로 집행하며 매장 내 POP 설치에 돈을 쓰는지 의아해하는 사람

[그림 3-9] ○━● POP는 자사 브랜드의 쇼핑목록 진입을 돕는 유용한 수단이다.

들에게 그 답을 제시한다. 만약 어떤 주부가 CJ의 햇반을 구입하려고 하는데 농심의 햅쌀밥이 POP를 설치하였다면 소비자는 햅쌀밥에도 주의를 기울일 수 있다. 그 순간 햅쌀밥은 일단 즉석밥의 의제로 부각됨으로써 쇼핑목록에 오를 확률을 높이게 된다. 이는 햇반의 입장에서는 결코 바람직하지 않은 결과를 초래할 수도 있다.

순서가 중요하다

고려군에 어떤 브랜드가 진입하느냐에 영향을 미치는 것에는 일차적으로는 회상이 결정적인 역할을 하지만 100% 회상에 의해서만 고려군의 진입이 결정되는 것은 아니다. 브랜드에 대한 선호도 역시 고려군에 진입할 확률과 진입순서에 영향을 미친다(Ward & Loken, 1986). 브랜드 인지에 대한 시장지표를 얻기 위한 소비자 설문조사에서 가장 대표적인 질문은 "○○ 하면 어떤 브랜드가 생각나십니까? 생각나는 순서대로 말씀해 주십시오."다. 질문에 대해 소비자가 첫 번째로 응답한 결과를 집계한 자료를 브랜드 TOM(top-of-mind: 최초 비보조 회상)이라 한다. 그런데 TOM은 대개는 선호 브랜드에 대한 응답률과 높은 일치를 보이는 경향이 있는데 이는 브랜드 선호가 고려군 진입에 영향을 미침을 보여 주는 것이다. 또한 브랜드 인지 이외에 시장지표 자료로서 반드시 설문에 포함시키는 질문은 '가장 최근 구입 브랜드'다. 이때 브랜드 관리자가 눈여겨보아야 할 것은 브랜드 구입률과 TOM 간의 차이다.

예를 들어, 어떤 브랜드의 TOM이 25%인 데 비해 실제 가장 최근 구입비율을 집계한 결과는 TOM에 훨씬 못 미치는 18%라고 하자. 25%와 18%의 차이를 어떻게 해석할 것인가? TOM은 브랜드 선호와 거의 일치하기 때문에 브랜드의 마케팅 요소에서 별 문제가 없다면 구입률도 25%에 근접하는 수치가 나와야만 한다. 그런데 TOM과 구입율이 차이를 보이는 것은 구입에 장애가 발생하였을 가능성이 있음을 시사하는 것이다. '구입'이라는 결과에는 실제 구매 상황에서 발생하는 다양한 마케팅 요인의 영향이 반영되기 때문이다. 유통에 문제가 있어서 특정 유형이나 지역의 매장에만 제한적으로 판매가 되고 있다면 사고 싶어도 구매로 연결되지 않았을 것이다. 또는 가격에 대한 저항이 예상 외로 높아 구매시점에서 다른 브랜드로 돌아섰을 가능성도 있다. 이런 상황은 특히 신규로 시장에 진입한 브랜드에서 발생할 가능성이 크다. 미처 마케팅 제반 요소를 제대로 점검하지 않았거나 또는 제대로 갖추지 않았기 때문일 것이다.

이런 점을 이해하였다면, 소비자 고려군에서 자사 브랜드의 진입순서를 면밀하게 살펴보는 것이 얼마나 중요한 것인지 짐작할 수 있을 것이다. 통상 브랜드 관리자는 TOM과 총 비보조 회상(소비자가 응답한 모든 브랜드의 회상을 응답순서에 관계없이 합산한 비율)에만 주의를 기울이는 경향이 있다. TOM에서 높은 비율을 가지는 것은 단지 브랜드 관리자의 희망이지 실제는 아니다. 그렇다면 시장에서 현재 2위인 브랜드의 당장의 목표는? TOM에 진입하는 것이다. 3위인 브랜드는? TOM보다는 소비자가 두 번째로 응답하는 브랜드 군에만 진입해도 성공적이 아닌가? 신규로 시장에 진입한 브랜드라면 고려군에 들어가느냐 들어가지 않느냐가 관건이므로 진입 순서보다는 진입 여부를 중시해야 하지만 이미 고려군에 진입한 브랜드라면 회상의 순서를 눈여겨보아야 한다.

구매준거가 회상순서를 바꿀 수 있다

소비자가 브랜드를 결정할 때 사용하는 준거도 브랜드 회상에 영향을 미치는 요인이다. 패밀리 레스토랑을 선택할 때 어떤 소비자는 스테이크 전문성을 브랜드 결정의 준거로, 다른 소비자는 가족이 함께할 수 있는 분위기를 브랜드 결정의 준거로 사용할 수 있다. 소비자가 직접 사용하기 위해 액세서리를 구입한다면 합리적 가격이 주요 구매준거가 될 것이며 합리적인 가격을 충족하는 브랜드가 우선적으로 떠오를 것이다. 하지만 체면을 생각할 만큼 중요한 누군가에게 선물하기 위해 액세서리를 구입한다면 가격의 합리성보다는 브랜드의 명성을 우선시할 것이며 이에 걸맞는 브랜드를 우선적으로 떠올리게 된다.

구매준거는 기능적이거나 물리적인 것에 국한되지 않으며 심리적, 사회적인 것에도 해당된다. 브랜드를 결정할 때 사용하는 준거는 소비자가 고려군을 형성할 때 특정 브랜드를 기억에서 떠올릴 것인지에 당연히 영향을 미친다. 만약 소비자가 어떤 선택 준거를 평소에 자주 사용하게 되면 그 준거에 따른 고려군의 형성은 비교적 공고하게 다져진다. 하지만 구매준거가 평소에 자주 사용하지 않는 단발적인 것이면 이에 관련된 브랜드 고려군은 기억속에 잘 자리 잡고 있지 않기 때문에 이때는 소비자가 기억으로부터 임시방편으로 고려군을 조립해야 한다. 이 경우 특정 브랜드가 그 고려군에 진입할 수 있는 가능성도 장담할 수 없게 되는 것이다. 브랜드가 고유의 포지셔닝을 지향하는 것도 중요하지만 일관되고 지속적인 운영을 강조하는 것도 안정적인 고려군 진입에서 그만큼 이점을 누리기 때문이다.

브랜드 선택에 사용하는 준거와 관련해 브랜드 관리자가 한 가지 염두에 두어야 할 것이 있다. 만약 자사 브랜드가 '목표 지향적' 콘셉트로 포지셔닝을 하고 있다면 고려군 진입과 관련하여 제약을 감수할 준비가 되어 있어야 한다. 어떤 A라는 스파 브랜드가 온천이라는 제품보다는 '가족 휴식'이라는 특정 '목표'를 콘셉트로 포지셔닝하였다고 하자. 이럴 경우 A라는

브랜드가 '가족 휴식'을 고려하는 소비자의 고려군에 진입할 가능성은 낮아
진다. 그 이유는 온천과 같이 이미 잘 형성된 범주에 비해 가족 휴식과 같은
목표지향 범주는 소비자의 기억 속에서 좀 더 느슨하게 형성되기 때문이다
(Barsalou & Ross, 1986). 다시 말해, 목표지향 범주는 워낙 많은 대안과 연결되
기 때문에 특정 브랜드와 결합되는 힘은 상대적으로 떨어진다. 하지만 반복
적인 학습을 통해 목표지향 범주라 하더라도 특정 브랜드와 결합력이 강해
지며 그러한 목표가 구매준거로 부상할 때 자사 브랜드가 회상될 가능성도
충분히 높아진다. 최근 들어 많은 브랜드가 제품경계를 허무는 목표지향적
브랜드 콘셉트를 운영하고 있다. 이 경우 콘셉트를 소비자 기억 속에 공고히
자리 잡게 하기 위해서는 더 많은 커뮤니케이션 활동이 뒷받침되어야 한다.
그렇지 않다면 비용대비 효과는 결코 장담할 수 없다.

몰려다니면 유리하다

브랜드는 무선적이기보다는 주로 군집 형태로 회상되는 경향이 있다. 소비
자에게 어떤 제품에 속한 브랜드를 회상하라고 했을 때 함께 회상되는 브랜드
들은 고려군에도 함께 진입하는 패턴을 보인다. 이러한 진입 패턴은 브랜드
선택에도 영향을 미친다. 함께 회상되는 브랜드는 실제 소비자 선택에서도 직
접적으로 경쟁할 가능성이 매우 높은 브랜드다. 이를 '팬텀 효과(Farquhar &
Pratkanis, 1989)'라고도 한다. 이 효과에 따르면, 브랜드 선택은 브랜드 선호보
다는 브랜드 회상에 의해 더 직접적으로 영향을 받을 수 있음을 시사한다. 예
컨대, 브랜드 선택 상황에서 어떤 브랜드가 기억에서 활성화되느냐에 따라
소비자의 최종 브랜드 선택결과도 달라진다.

특정 브랜드의 활성화는 범주를 넘나드는 효과를 발휘하기도 한다. 간식

거리로 피자보다는 햄버거를 좋아하는 소비자가 있다고 하자. 그런데 만약 햄버거보다 덜 좋아하는 피자의 특정 브랜드를 소비자의 기억에서 활성화시 키게 되면 어떤 일이 일어날까? 이럴 경우 소비자는 햄버거보다는 덜 좋아하 는 피자 중에서 가장 선호하는 브랜드를 선택할 확률이 햄버거를 선택할 확 률보다 증가하게 된다. 특정의 피자 브랜드 활성화가 피자 범주에 속한 전체 브랜드를 활성화하는 효과를 발휘하는 것이다(Nedungadi, 1990). 이런 현상은 앞서 살펴본 '부분단서 효과'와 일치하는 것이다. 간식이라는 범주에 속한 하위범주(피자, 햄버거) 중에서 어느 하나의 하위범주를 단서로 사용하게 되 면 다른 하위범주의 회상이 억제된다. 종합해 보면, 그것이 어떤 브랜드이건 간에 범주를 상기시키는 단서로 사용되면 범주의 다른 브랜드의 회상도 촉 진될 수 있다. 하지만 만약 몇 개의 브랜드가 단서로 사용될 때에는 그 브랜 드들이 속한 범주의 나머지 브랜드의 회상은 오히려 억제될 수도 있음을 명 심해야 한다. 브랜드 관리 측면에서 보자면, 만약 자사 브랜드가 소비자 마인 드 점유율에서 리더가 아니라면 오히려 자사 브랜드보다 마인드 점유율이 높은 브랜드를 동시에 활성화시키는 것이 인접한 경쟁 브랜드의 회상을 오 히려 억압하는 효과를 거둘 수 있다. 리더가 아닌 브랜드가 시장 리더인 브랜 드를 이용하여 비교 광고를 하는 것도 같은 맥락에서 인접 경쟁 브랜드의 회 상을 억제하는 효과를 거둘 수 있는 것이다.

본다고 보는 것이 아니다

회상이 중요하게 작용함에도 실제 많은 브랜드 결정이(특히 저관여일때) 매 장에서 이루어진다는 점을 고려한다면 브랜드 회상이 아니라 재인(recognition) 상황, 즉 눈앞에 진열되어 있는 브랜드와 기억 내용을 대조하면서 브랜드를 선택하는 상황을 간과할 수 없다. 음료를 사기 위해 편의점의 냉장고로 간다거나 또는 식품을 사기 위해 빼곡히 제품이 쌓여 있는 진열대를 둘러보는 것과 같이 많은 브랜드 선택 상황이 순수하게 기억에만 의존하는 것이 아니라 눈앞에 놓인 브랜드들과 직접 대면하는 것이다. 이 경우라고 해서 소비자가 모든 브랜드에 눈길을 다 주는 것은 물론 아니다. 미국의 경우이지만, 구매회전이 빠른 일상용품의 경우에 소비자가 매장의 진열대로 다가와서 특정 브랜드를 집어서 카트에 담는 데 걸리는 시간은 평균 12초에 지나지 않는다고 한다. 아마 우리나라에서 같은 연구를 한다면 브랜드 선택에 소요되는 시간은 더 짧으리라! 이런 현상은 무엇을 말하는가? 모든 브랜드가 눈앞에 놓인다 하더라도 어떤 요인의 영향에 의해 브랜드 탐색이 제한되어서 선택에도 영향을 미치게 된다는 것이다.

특히 브랜드 재인의 상황에서 브랜드 선택에 결정적인 영향을 미치는 요인 중 하나는 브랜드에 대한 '친숙도'다. 친숙도가 무엇인가에 대해서는 브랜드에 관해 알고 있는 지식의 정도 또는 브랜드에 관련한 다양한 경험의 정도 등 여러 가지 정의가 있지만 '브랜드에 관한 기억흔적(memory-trace)의 강도'로 보면 된다. 친숙한 대상에 대한 기억의 흔적은 친숙하지 않은 대상에 대한 기억의 흔적과 비교해 흔적의 강도가 다를 것이다. 두말할 필요 없이, 어떤 대상에 대한 친숙도는 대상을 알아차리는 데 지대한 영향을 미친다. 친숙한 대상에는 우리가 주의를 기울이는 데서도 차이를 보인다. 수많은 인파로 북적이는 시내를 걸을 때 친숙한 외모의 사람에게 주의를 기울일 확률은 더 높아진다. 그래서 인파 속에서도 애인이나 가족은 더 눈에 잘 띄는 것이다. 브랜드 친숙도 역시 마찬가지다. 매장에서 친숙한 브랜드가 소비자의 주의를 끌 가능성은 더 높다.

제품 간에 특별한 차이가 없거나 태도에서 현격한 차이가 없을 때는 물리

[그림 3-10] 재인 상황에서는 많은 브랜드가 시야에 들어오지만 다양한 요인에 의해 소비자가 '실제 보는' 것은 제한된다.

적 요인도 주의를 끌고 선택으로 이끄는 데 영향을 미친다. 수많은 사람으로 북적이는 시내에서 우리의 주의를 끄는 사람은 친숙한 외모이기도 하지만 튀는 외모여서 시각적으로 두드러지는 경우다. 엇비슷한 제품일 경우 진열 위치가 소비자의 주의를 끄는 매우 중요한 요소임을 말한다. 할인 매장에 새로 진입하는 브랜드는 상당한 비용을 지불하더라도 진열대에서 '좋은 위치'에 자리를 잡으려고 안간힘을 쓰는 것이 자사 브랜드에 대한 선택의 확률을 높이는 좋은 방법 중의 하나임이 분명하다. 하겐다즈 아이스크림처럼 독자적인 냉장고를 사용하는 것도 물리적으로 두드러지는 방법 중의 하나다.

친숙도와 함께 재인 상황에서 브랜드 선택에 영향을 미치는 또 하나의 요인은 바로 브랜드의 포지셔닝에 대한 기억의 접근 용이성이다. 진열된 수많은 브랜드 중에서 친숙한 브랜드 몇 개에 주의를 두게 되면 이제는 이들 브랜드 간에 선택의 경쟁이 벌어지게 된다. 바로 이런 경우에 특정 브랜드의 포지셔닝이 소비자의 기억 속에 얼마나 잘 자리잡고 있는지가 브랜드 최종 선택에 많은 영향을 미치게 된다. 한 연구를 살펴보자. '사과는 과일이다'와 같이 완전한 문장이나 '사과-과일'과 같은 불완전 문장을 실험참가자에게 제시하고는 각 문장이 참인지 거짓인지 가능한 한 빨리 판단하게 하여 판단에 소요된 반응시간을 측정한다. 이때 어떤 대상(예, 사과)이 범주(과일)의 전형적인 것일수록 인식하는 반응시간은 더 빠르다. 예컨대, 사과와 과일의 조합이 석류와 과일의 조합보다 참, 거짓을 인식하는 반응 시간이 더 짧다. 아울러 '기저수준'의 범주일 때가 하위수준이나 상위수준의 범주에 비해 반응시간이 더 빠르다(기저수준 범주란, 범주에 속한 성원 간의 유사성은 매우 크면서 다른 범주에 속한 성원과의 유사성은 매우 낮은 것이다). 예컨대, 자동차는 탈것(상위수준)이나 스포츠카(하위수준)에 비해 기저수준 범주이며, 셔츠는 의류(상위수준)나 폴로티(하위수준)에 비해 기저수준 범주다.

매우 단순한 것 같이 보이는 이 실험의 결과는 기억 속의 브랜드 포지셔닝에 대한 접근 용이성이 브랜드 선택에 어떤 영향을 미칠 수 있는지에 대해 많은 것을 시사한다. 만약 어떤 브랜드가 매우 특이한 속성(예, 손톱이 약한 사람을 위한 매니큐어)을 가지고 포지셔닝을 할 경우에는 그 브랜드를 틈새(niche) 범주에 속하는 것으로 인식할 가능성이 높게 된다. 즉, 주류에 속하기보다는 니치에 속하는 특수한 브랜드로 지각될 가능성이 높아지는 것이다. 하지만 기억 속의 포지셔닝에 대한 접근성은 상황이나 맥락에 따라 유동적이기도 하다. 아침식사 대용으로는 시리얼이 햄버거에 비해 더 전형적이지만 점심식사로는 시리얼보다는 햄버거가 더 전형적이다.

5. 브랜드 연상의 활성화

브랜드 활성화에서 브랜드 네임의 회상 못지않게 중요한 것은 브랜드 연상(brand association)이다. 구매 시에 특정 브랜드가 회상되면 그 브랜드에 관련된 많은 지식이 거의 자동적으로 떠오르게 된다. 이와 같이 특정 브랜드를 생각할 때 그 브랜드에 대해 떠오르는 모든 지식을 브랜드 연상이라 한다. 앞서 살펴본 활성화 확산과 점화효과는 브랜드 연상의 심리학적 기제와 과정이기도 하다.

브랜드 실무자나 학자 모두 브랜드 연상을 브랜드 자산을 구성하는 핵심 요소의 하나로 여기며, 브랜드 관리를 위한 중요한 요소로 취급하고 있다. 앞서 살펴본 브랜드 포지셔닝 전략 수립의 대부분을 차지하는 내용도 브랜드 연상과 관련되어 있다. 브랜드 이미지를 포함해 브랜드 전략수립이나 브랜드 위상을 점검하기 위한 조사의 대부분을 차지하는 질문도 바로 브랜드 연상에 관한 것이라 할 수 있다.

브랜드 연상은 특정 브랜드 네임이나 로고의 회상과 불가분의 관계이기 때문에 브랜드 활성화에서 차지하는 역할 역시 매우 크다. 우리가 음료를 구

[그림 3-11] ◦— 브랜드 연상의 유형

입하기 위해 편의점에 들어가서 냉장고에 진열된 특정 브랜드를 바라보거나 또는 옷을 구입하기 위해 백화점을 방문해 의류 코너에 입점한 브랜드의 로고를 보는 순간 우리 머릿속에는, 물론 많고 적음의 차이는 있겠지만, 그 브랜드에 대한 광고 내용이나 느낌 그리고 그 밖의 다양한 지식이 떠오르기 시작한다. 굳이 구입 상황이 아니라 길을 가다 우연히 스타벅스 매장의 브랜드 로고를 보더라도 스타벅스에 대한 다양한 지식이 떠오를 수 있다. 마치 길을 가다 어디선가 흘러나온 음악을 듣는 순간 옛 추억이 자동적으로 떠오르는 것과도 같다. 이런 브랜드 연상이 특정 브랜드의 구입에 얼마나 심대한 영향을 미치는지는 우리의 일상 구입 경험을 되돌아보아도 잘 알 수 있을 것이다.

그러면 브랜드 연상의 유형에는 어떤 것이 있을까? 우리가 브랜드에 대해 가질 수 있는 연상의 유형을 분류해 보면 도움이 된다. 먼저, 브랜드 연상의 유형을 알아보고, 브랜드 연상 유형별로는 구체적으로 어떤 기능을 하는지 알아보자.

연상의 유형

제품 속성

앞서 살펴본 브랜드 포지셔닝의 핵심은 브랜드 네임과 특정 제품 속성이나 특징을 결합시키는 것이라 할 수 있다. 만약 이런 결합이 소비자 욕구와 들어맞는다면 소비자 구매를 유도하는 강력한 작용을 한다. 롯데 자일리톨은 '100% 핀란드 산' '대한치과의사협회 공식인증' '잘 때 씹는 껌'이라는 지식과 결합됨으로써 구매동인을 제공할 뿐만 아니라 경쟁자 공격에 효과적으로 대처할 수 있다. 동일한 제품범주라 하더라도 브랜드는 나름대로 독특한 제품속성이나 특징과 결합하려고 한다. 예컨대, 볼보는 충돌실험 결과에 기초해 내구성을, BMW는 주행 성능을 그리고 메르세데스 벤츠는 엔진의 우수성과 결합함으로써 브랜드를 차별화하려고 한다.

추상적 속성이나 특징

위에서 살펴본 구체적인 제품속성에 토대한 연상은 브랜드 포지셔닝에 효과적이기는 하지만 몇 가지 문제가 있다. 첫째, 제품속성은 경쟁자의 제품 개선이나 혁신에 의해 쉽게 모방되거나 손상당할 수 있다. 둘째, 최초의 주장을 지속적으로 가져가기 어렵다. 어떤 상처치료 연고제 브랜드가 '가장 빠른'이라는 연상과 결합되었다고 하자. 과연 이런 결합이 제약기술 환경의 변화에도 지속성을 가질 것인지는 의문이다. 만약 환경변화에도 결합을 지속화하려 한다면 소비자 불신이라는 결과를 얻게 될 수도 있다.

구체적인 제품속성과의 결합에서 야기되는 문제를 극복하는 대안은 바로 추상적인 속성이나 특징을 사용하는 것이다. 연구 결과에 따르면 구체적인 것보다는 추상적인 속성이나 특징이 브랜드 연상으로서 더욱 효과적임을 보여 준다. 추상적 속성이라 함은 전반적인 품질, 기술력, 서비스 등과 같이 구체적인 속성이 응축된 포괄적 차원의 속성을 말한다.

한 연구(Alba & Hutchinson, 1987)에서 실험참가자에게 두 개의 카메라 브랜드를 보여 주었다. 한 브랜드는 기술력을 그리고 다른 브랜드는 사용의 편리성을 주장하였다. 포지셔닝 주장과 함께 상세한 제품속성도 함께 보여 주었는데 실제로는 사용의 편리성을 주장한 브랜드의 제품속성은 기술력을 주장하는 브랜드보다 더 우수한 기술력을 뒷받침하는 것이었다. 두 브랜드에 대해 평가하게 하였다. 그 결과 전체 참가자의 94%가 사용 편리성을 주장한 브랜드를 더 우수한 브랜드로 평가하였다. 이 연구결과는 제품 질, 기술력, 혁신 또는 서비스와 같은 추상적 속성은 구체적 속성에 비해 더욱 강력한 기능을 할 수 있음을 보여 준다.

소비자 편익

대부분의 경우에 제품속성이나 특징은 어떤 편익과 결부되기 마련이다. 간의 쿠퍼스 세포에 작용하는 성분은 요구르트 쿠퍼스의 제품특징이며 그로 인한 소비자 편익은 간의 건강유지가 될 수도 있고, 간 건강으로 인한 일의 성취가 될 수도 있다. 100% 프랑스산 포도씨로 만든 CJ의 포도씨 식용유는 더욱 맛있는 요리라는 편익을 제공하기도 하지만 주부로서의 자부심을 편익으로 제공할 수도 있다. 통상 간의 건강유지나 맛있는 요리 등과 같은 것을 이성적 편익이라 하며, 일의 성취나 주부의 자부심 같은 것을 감성적(혹은 심리적) 편익이라 한다. 그런데 어떤 유형의 편익이 브랜드 연상으로서 더 중요한 역할을 하는지에 대해 생각해 볼 필요가 있다.

어떤 편익이 브랜드 평가에 더 긍정적으로 작용할까? 한 연구에서 두 가지 편익 중 어떤 것이 브랜드 평가에 좀 더 긍정적 영향을 미치는지 실험을 통해 알아보았다. 제품은 샴푸였으며 조건별로 브랜드의 편익을 달리하여 제시하였다. 이성적 편익은 '굵고 풍성한 모발'이었으며, 감성적 편익은 '멋있고 자신감 있는 외모'였다. 한 조건에서는 이성적 편익만을 제시하였으며, 다른 조건에서는 감성적 편익만을 그리고 나머지 조건에서는 이성적 편익과 감성적 편익을 함께 제시하였다. 각 조건별로 브랜드에 대한 평가를 실시하였는데 감성적 편익을 제시했을 때보다 이성적 편익을 제시했을 때 브랜드에 대한 평가는 더 긍정적이었다. 하지만 이성적 편익과 감성적 편익을 동시에 제시했을 때 브랜드에 대한 평가는 가장 긍정적이었다. 앞서 살펴본 구체적, 추상적 속성의 영향처럼 제품속성 수준의 이성적 편익에만 의존하는 것에 비해 추상적 수준인 감성적 편익이 좀 더 효과적인 브랜드 연상이 될 수 있음을 보여 준다.

가격

가격도 브랜드 연상의 내용으로서 중요한 역할을 한다. 어떤 제품범주이든지 간에 그 범주에 속한 브랜드는 가격대에 따라 분류된다. 물론 제품범주에 따라 가격대 범위의 유형은 다를 것이다. 어떤 범주는 이코노미, 프리미엄 가격대로 구분되며, 어떤 범주는 이코노미, 프리미엄, 슈퍼 프리미엄 가격대로 구분될 수 있다.

가격 연상은 두 가지 점을 시사한다. 첫째, 특정 브랜드의 가격은 절대적이기보다는 상대적이라는 점이다. 자사 브랜드가 프리미엄 가격대에 속한다면 이코노미나 슈퍼 프리미엄에 속하는 브랜드도 존재한다는 것이다. 이는 새로운 가격의 경쟁 브랜드가 출현하면서 자사 브랜드의 가격 위치는 언제든 이동할 수 있음을 알아야 한다. 둘째, 가격은 단순한 화폐가치만을 의미하는 것이 아니다. 가격은 제품의 질이나 브랜드 명성과 같은 관련 요소의 강력한 상징이다. 와인 브랜드에 대한 지식이 별로 없는 와인 초보자가 누군가에게 선물하기 위해 와인을 구입할 때 적합한 브랜드를 선택하는 한 가지 유용한 방법은 바로 고가의 와인을 구입하는 것이다.

사용 상황

브랜드는 특정 사용 상황이나 맥락을 연상시킬 수 있다. 특정 사용 상황이나 맥락과 브랜드를 결합하는 것은 브랜드의 사용을 확대하기 위한 전략의 수단으로서 매우 중요한 기능을 한다. 브랜드는 언제나 어떤 사용상황에서 구입, 소비되기 때문이다. 일요일을 연계한 짜파게티, 에너지 간식과 연계한 스니커즈, 결혼과 연계한 드 비어스(De Beers), 초기 감기와 연계한 판피린,

커피 음용과 연계한 아이비 스낵, 식사와 연계한 코카콜라 등이 사용 상황이나 맥락을 브랜드 연상으로 적용한 예다.

사용자 또는 고객

사용 상황이나 맥락뿐만 아니라 사용자나 고객유형도 브랜드 연상이 될 수 있다. 사용자나 고객 연상은 브랜드의 시장 세분화 전략과 연계되기 때문에 효과적인 연상으로 작용할 수 있다. 더페이스샵을 생각하면 어떤 사용자 유형이 떠오르는가? SK-II의 경우는 어떤가? 그러면 랑콤은 어떤가? 통상 우리가 연상하는 브랜드의 사용자 유형은 대체로 브랜드의 실제 마케팅 표적 집단과 일치하는 경향이 있다.

사용자 연상은 브랜드가 마케팅 전략상의 변화를 시도할 때 빈번히 사용된다. 브랜드 사용자 연령이 점차 높아져 매출이 줄어들고 이미지가 노령화되는 등의 브랜드 노후화 조짐이 있을 때 주로 사용되는 연상전략이기도 하다. 사용자나 고객 연상은 주로 광고에 의해 형성되지만 주위의 실제 사용자를 관찰함으로써 광고가 전달하는 사용자 프로필과 다른 연상이 형성되기도 한다. 하이트나 카스 모두 동일한 연령대의 광고 모델이 등장한다(하이트의 경우, 지난 월드컵 시즌에 집행한 박지성 광고 같은 경우는 제외하고). 하지만 브랜드 사용자 이미지 조사를 해 보면 하이트가 카스에 비해 연상 사용자 연령이 높게 나타난다. 만약 브랜드가 추구하는 연상과 소비자의 연상 간에 심각한 불일치가 있다면 브랜드 관리자는 보다 장기적 안목에서 전략상의 수정이나 강화를 고려해야 한다.

유명 인사나 전문가

브랜드는 궁극적으로 경쟁 브랜드에 대해 경쟁우위를 점하고자 한다. 경쟁우위는 제품이 되었건, 아니면 디자인이 되었건 브랜드에 대한 소비자의 신뢰와 확신을 심어 줌으로써 용이하게 달성할 수 있다. 브랜드가 특정 유명 인사나 전문가와 연계하려는 것은 바로 이런 목적을 달성하는 데 매우 효과적일 수 있다. 유명 인사나 전문가는 전문성, 신뢰, 앞서감, 최고 또는 세련됨 등 그 나름의 독특한 연상망을 가진다. 유명 인사나 전문가가 지닌 이런 연상이 브랜드와 결합하면서 브랜드로 전이되는 것이다(유명 인사나 전문가라 해도 여러 브랜드 광고에 중복 출연하면 효과가 감소할 수 있다).

유명 인사나 전문가도 유형화할 수 있다. 어떤 인물은 브랜드의 기능이나 성능을 보증하는 역할을 한다. 요구르트 윌의 마셜 박사와 홍혜걸 의학전문 기자가 그런 예라 할 수 있다. 한편, 어떤 인물은 기능이나 성능보다는 브랜드의 상징성을 전달하는 역할을 한다. 한때 현대건설의 힐 스테이트는 다양한 유명 인사를 광고에 등장시킨 바 있다. 물론 어떤 인물은 두 가지 역할을 동시에 수행하기도 한다.

아마 가장 성공적인 사례는 나이키일 것이다. 1980년대 중반에 나이키는 당시 에어로빅 붐을 타고 대중적인 운동화 시장을 집중 공략한 리복에게 고전하고 있었다. 하지만 나이키는 공기 주입을 통해 쿠션 기능을 가진 농구화(에어 조던)의 개발로 엄청난 시장 성공을 거둘 수 있었다. 제품이 주역이었지만 성공의 또 다른 기여 요소는 바로 광고 모델이었던 마이클 조던이었다. 마이클 조던은 제품의 우월성뿐만 아니라 브랜드의 상징 가치 모두를 강화하는 역할을 하였다.

개성과 라이프스타일

우리는 브랜드를 마치 사람처럼 지각할 수 있다. 승용차 '제네시스'가 사람이라면 어떤 사람일까? 'SM5'는 어떤 사람일까? 그러면 '소울'은 어떤 사람일까? 브랜드를 사람과 연계할 때 우리는 그 사람의 개성과 라이프스타일을 손쉽게 떠올리는 경향이 있다. 풀무원은 정직하고 믿을 수 있으며 신의를 지키고 타인을 배려하는 사람을 연상시킨다. 시티은행은 젊고 도전적이며 스마트한 사람과 연계된다. 개성뿐만 아니라 라이프스타일과 연계되기도 한다. BMW Mini가 사람이라면 어떤 라이프스타일의 소유자일까? 와인 바를 즐겨 찾는 사람일까? 아니면 칵테일 바를 즐겨 찾는 사람일까? 유리 액세서리 브랜드인 스와로브스키(SWAROVSKI)가 사람이라면 연극을 좋아할까? 아니면 오페라 관람하기를 좋아할까?

우리는 자신의 개성이나 라이프스타일과 유사한 사람에게 호감을 보이는 경향이 있다. 만약 BMW Mini를 진보적이고 관습에 얽매이는 것을 싫어하는 사람으로 본다면 대체로 그런 성향의 소비자가 BMW Mini를 구입할 가능성이 높다(물론 경제적 여건이 허락한다면). 따라서 브랜드의 개성이나 라이프스타일 연상은 광고 제작이나 통합 브랜드 커뮤니케이션(IBC) 집행 시에 많은 도움이 된다. 브랜드 개성은 광고 제작물의 톤이나 무드의 방향을 설정하는 데 유용한 지침이 될 것이며, 연상 라이프스타일은 프로모션이나 이벤트 또는 협찬 프로그램의 운영에 유용하게 이용될 수 있다. 예컨대, BMW Mini가 와인 바를 즐기는 라이프스타일과 연계된다면 와인 바에서 이벤트를 하는 것이 더욱 효과적일 것이다.

브랜드 연상의 작동 기제

지금까지 브랜드 연상의 유형과 각 유형별 기능에 대해 알아보았다. 그러면 이런 브랜드 연상은 어떻게 작용하는 것일까? 이제 브랜드 연상의 작동 기제에 대해 알아보자.

연상은 순차적으로 떠오른다

어떤 브랜드를 생각할 때 브랜드에 대한 연상, 즉 지식은 동시에 떠오르지 않는다. 반드시 순차적으로 떠오른다. 매우 빨리 진행되어서 알아채지 못하지만 연상은 반드시 한 번에 하나씩 순서를 두고 떠오른다. 카스 맥주 하면 무엇이 떠오르는가? 떠오르는 과정을 내성해 보라. 처음에 어떤 것이 떠오르고 그 뒤를 이어 또 다른 연상이 떠오름을 알 수 있다.

이런 현상은 브랜드와 각 연상이 연결되어 있는 강도가 다르기 때문이다. 하나의 브랜드라도 연상은 먼저 떠오르기 위해 서로 경합하는 것이다. 앞서 우리는 활성화 확산에서 노드와 링크라는 개념을 알아보았다. 브랜드 연상에서 떠오르는 순서가 다른 것은 바로 브랜드 노드와 연상 각각의 노드 간 링크의 연결강도가 다르기 때문이다. 브랜드와 연결강도가 가장 강한 연상이 제일 먼저 떠오를 것이며 다음으로 강한 연상이 뒤를 이을 것이다. 연결강도의 차이는 경험과 반복의 차이에서 온다.

던킨은 '커피 & 도넛'이라는 캠페인을 집행한 적이 있다. 매장에서도 커피 메뉴를 부각한다든지 또는 커피에 관한 POP를 설치하는 행위를 병행하였다. 소비자가 캠페인과 매장 내 행위에 반복적으로 노출됨으로써 던킨 브랜드와 커피 간의 연결은 강화되기 시작한다. 그 결과 던킨을 보거나 생각하면 커피를 떠올릴 가능성이 증가하는 것이다. 던킨의 '커피 & 도넛' 캠페인은 바로 이런 효과를 노린 것이다.

따라서 브랜드 관리자는 브랜드 연상의 양적 자료보다는 연상의 순서자료를 더 중시해야 한다. 특히 설문조사(survey)를 실시할 때에도 브랜드 연상의 순서효과를 염두에 두고 질문지를 설계하고 자료를 분석해야 한다. 특정 연상의 단순응답률(%)이 높다고 하여 연상 강도가 강한 것은 결코 아니다.

연상 내용이 동일하여도 강도는 브랜드마다 다르다

동일한 제품범주라 하더라도 브랜드에 따라 연상의 강도는 동일하지 않다. 이는 브랜드에 따라 경험의 유형이나 빈도 그리고 강도가 같지 않기 때문이다. 이런 현상은 경쟁 상황을 염두에 둔 브랜드 관리자에게는 아마 가장 큰 관심사일 것이다. 패스트푸드의 두 가지 브랜드, 맥도날드와 롯데리아를 예로 들어 보자.

만약 두 브랜드의 연상 내용을 순서를 고려하지 않고 단순 응답률(%)로만 고려한다면 두 브랜드 간의 연상결과에서 얻을 수 있는 전략적 시사점을 놓칠 수도 있다. 하지만 두 브랜드의 연상을 강도에 따라 비교한다면 매우 다른 시사점을 얻을 수 있다. 100명의 소비자에게 각 브랜드별로 연상 내용을 질문하고 그 응답을 퍼센트(%)로 단순 환산하여 맥도날드나 롯데리아 모두 비슷한 연상 내용과 연상 응답률을 얻었다고 가정하자. 이 경우 브랜드 관리자가 얻을 수 있는 시사점은 별로 없다. 하지만 연상 순서, 즉 강도를 고려하면

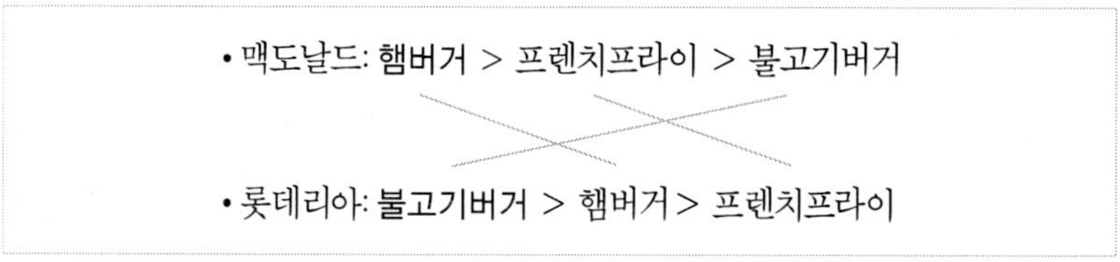

- 맥도날드: 햄버거 > 프렌치프라이 > 불고기버거

- 롯데리아: 불고기버거 > 햄버거 > 프렌치프라이

[그림 3-12] 맥도날드와 롯데리아 연상 순서

[그림 3-13] 브랜드 A와 브랜드 B의 연상조사 비교

브랜드 간 인식에 대해 의미 있는 전략적 시사점을 도출할 수 있다. 맥도날드는 빅맥, 프렌치프라이 순서로 연상되기 때문에 패스트푸드의 기본 세트가 활성화되지만 롯데리아는 특정 메뉴가 활성화되는 것을 알 수 있다.

[그림 3-13]의 자료는 동일한 음료제품의 두 개 브랜드에 대해 남녀 대학생 20명을 대상으로 실시한 연상조사 결과다. 두 브랜드의 연상조사 자료를 비교(각 브랜드별로 상위 두 개의 연상 내용을 기준으로 함)해 본 결과 다음과 같은 차이를 발견할 수 있다.

- 두 브랜드에서 연상 내용이 다름을 알 수 있다. 브랜드 A는 '젊음' '상쾌함'이, 브랜드 B는 '푸른색' '시원함'이 응답률에서 각각 상위를 차지한 주 연상 내용이다.
- 연상의 강도가 다르다. 브랜드 A의 경우 '젊음'과 '상쾌함'의 연상 응답률은 집중되어 높은 반면(52%), 브랜드 B의 '푸른색'과 '시원함'은 브랜드 B의 다른 연상 내용에 비해 많이 응답되기는 했지만 연상 강도(응답%)는 약하다.
- 브랜드 A의 연상은 브랜드의 핵심 상징 내용인 데 비해 브랜드 B의 '푸른색'과 '시원함'은 음료로서 핵심 연상과 주변 연상이 섞여 있다.

이처럼 단순해 보이는 연상 결과도 연상에 관한 심리적 기제를 통해 들여다보면 매우 전략적인 시사점을 얻을 수 있다.

떠올리는 데 소요되는 시간은 같지 않다

연상의 순서와 함께 한 가지 더 고려할 수 있는 것은 바로 연상에 소요되는 시간이다. '참이슬'에 대한 연상에서 '순하다'는 것이 제일 먼저 응답되었

연상응답률	평균반응시간		연상응답률	평균반응시간
32%	1.5초		32%	2.7초

[그림 3-14] 연상응답률과 평균반응시간
반응시간은 연상 강도의 강력한 지표다.

고 '처음처럼'에서도 '순하다'는 것이 제일 먼저 연상되었다고 하자. 그리고 응답률도 동일하다고 하자. 순서만을 고려한다면 연상 강도에서 두 브랜드 간에는 차이가 없는 것으로 결론지을 수 있다. 하지만 각 브랜드별로 '순하다'는 것을 떠올리는 데 소요된 시간(비록 적은 차이라 하더라도)을 고려한다면 연상 순서에 부가적인 의미를 부여할 수 있다.

연상 순서와 응답률은 같지만 반응 시간이 다른 예를 보자. 리바이스와 캘빈 클라인 브랜드에서 '남성적'이라는 연상은 같은 비율로 응답되었다. 하지만 연상에 소요된 반응시간은 두 브랜드 간에 차이가 있다. 리바이스가 캘빈 클라인에 비해 '남성적'이라는 내용을 떠올리는 데 걸린 시간이 더 짧다. 이런 결과는 무엇을 시사하는 것일까? 비록 순서나 응답률은 같지만 '남성적'이라는 연상에 대한 강도는 캘빈 클라인에 비해 리바이스가 더 강하다는 것이다. 음료나 스낵 등과 같이 브랜드 결정이 빨리 이루어지는 제품의 경우에 브랜드의 특정 연상이 얼마나 빨리 떠오르는가 하는 것은 매우 중요하다.

최근 들어 브랜드 실무자들은 브랜드 관리를 위해 질적 조사인 집단 심층면접(focus group interview)을 자주 실시한다. 필자 또한 관찰실에서 면접장면을 지켜볼 때가 많다. 그럴 때마다 느끼는 것은, 만약 면접 진행자나 관찰실에서 지켜보고 있는 브랜드 관리자들이 반응 시간의 기제를 이해한다면 브랜드에 대한 통찰을 배가할 수 있을 텐데 하는 아쉬움이다. 비록 엄격한 양적 측정이 어렵기는 하지만 면접 진행자가 던진 질문이나 이슈에 대한 참석자의 응답 내용에만 주의를 기울이지 정작 많은 전략적 통찰을 제공하는 반응 시간에는 거의 신경을 쓰지 않는다는 것이다.

브랜드 연상은 어떤 기능을 하는가

브랜드 연상은 어떤 기능을 하는 것일까? 브랜드 관리에 대한 시사점은 무엇일까? 결론적으로 말하자면 브랜드 연상은 소비자에 대한 브랜드 자산 가치를 높이는 핵심적인 역할을 한다. 브랜드 연상은 구입 시 브랜드 결정의 토대가 될 뿐만 아니라 장기적으로 브랜드 충성도 구축에도 기여한다. 브랜드 연상은 브랜드 관리 측면에서 브랜드 지식을 일목요연하게 처리하는 데 도움을 주고 브랜드를 차별화하고 특정 브랜드의 구매근거를 제공하며, 브랜드에 대한 긍정적인 느낌이나 태도를 형성하고 브랜드 확장을 원활하게 하는 다섯 가지 기능을 한다.

브랜드 지식의 인출과 처리를 돕는다

브랜드 연상은 흩어져 있거나 산만한 브랜드 지식을 결집(chunking)함으로써 더욱 쉽고 효과적으로 처리할 수 있게 해 준다. 만약 1, 9, 8, 8은 분리하여 보면 네 개의 숫자 정보이지만 이 네 개의 수를 우리나라에서 올림픽이 개최된 해를 의미하는 숫자로 보면 1988년이라는 하나의 정보가 되기 때문에 더욱 쉽게 처리할 수 있다.

브랜드에 대한 지식도 마찬가지다. 우리는 어떤 브랜드가 다른 브랜드에 비해 '제품력이 우수하다'고 함으로써 우수한 제품과 관련된 세부 지식을 일일이 열거할 필요가 없이 효과적으로 특정 브랜드를 활성화할 수 있다. 뿐만 아니라 브랜드 연상은 구매결정 단계에서 브랜드에 관한 특정 지식을 회상하는 데도 영향을 미친다. 애플 사의 한입 베어 먹은 사과 심벌은 컴퓨터, 아이팟(iPod), 창의적 제품혁신 등과 같은 내용을 효과적으로 떠올리게 한다.

브랜드를 차별화한다

브랜드 연상은 브랜드 차별화의 중요한 토대가 된다. 특히 제품속성이 뚜렷이 구별되지 않는 제품일 때 브랜드 연상의 차별화 기능은 더욱 빛을 발한다. 우리는 폴로 향수나 캘빈 클라인 향수의 구체적 차이를 구별하기 힘들다. 하지만 폴로나 캘빈 클라인이 떠올리는 브랜드 개성과 느낌 등에 의해 두 브랜드를 차별화한다.

차별화된 브랜드 연상은 곧 브랜드의 핵심 경쟁우위로 작용한다. 요구르트 '윌'은 '위 건강' '닥터 마셜'이라는 차별적 브랜드 연상을 가질 뿐만 아니라 '닥터 마셜'은 전문성과 신뢰와 연계되면서 경쟁 브랜드의 공격에 대해 높은 방어벽을 형성하는 것이다.

구매근거를 제공한다

브랜드 연상에는 반드시 그 브랜드를 구입해야만 하는 제품 속성이나 소비자 편익이 포함된다. 이는 특히 구매결정을 자사 브랜드로 유도하거나 자사 브랜드에 대한 소비자 충성도를 높이는 중요한 역할을 한다.

널리 알려진 예로 크레스트 치약은 충치예방을, 콜게이트는 희고 깨끗한 치아를, 클로즈업은 상쾌한 입 냄새라는 차별적인 편익을 제공한다. 그리고 하이트 맥주는 깨끗하고 부드러운 맛을, 카스는 짜릿하고 톡 쏘는 맛이라는 편익을 제공한다.

어떤 연상은 특정 지식과 연계됨으로써 간접적인 편익으로 작용하기도 한다. 비달 사순 샴푸는 비달 사순이라는 헤어 스타일리스트와 연계됨으로써 요구르트 윌은 마셜 박사와 연계됨으로써 브랜드에 신뢰와 확신을 주며, 이는 구매결정에 영향을 미친다.

긍정적 느낌, 태도를 창출한다

특정 연상 내용은 긍정적인 느낌이나 태도를 유발하며, 이렇게 유발된 느낌이나 태도는 브랜드에 전이된다. 우리는 이성적 자극이나 반응에 대해서는 아무런 느낌이나 정서가 수반되지 않는 것으로 생각한다. 3×12 = 36이라는 자극은 어떤 느낌이나 정서라도 완전히 배제된 것일까? 최근의 심리학 연구결과는 흔히 우리가 이성적이라 부르는 자극도 느낌이나 정서의 꼬리표(tag)를 가지고 있음을 시사한다. 브랜드 연상 내용을 검토할 때 그 연상이 어떤 느낌이나 정서와 결부되는지를 파악하는 것이 중요하다(정서의 역할에 대해서는 '브랜드 관계'의 장에서 구체적으로 살펴볼 것이다).

브랜드 확장의 기초로 작용한다

브랜드 연상은 브랜드 네임과 새로운 제품 또는 사업 영역을 이어 주는 다리 역할을 함으로써 브랜드 확장을 원활히 할 수 있다(브랜드 확장에 대해서는 4장에서 상세히 다룬다). 혼다는 모터사이클에서 모터 성능에 대한 긍정적 연상을 가정용 잔디 깎기에 적용함으로써 그리고 선키스트는 품질 좋은 오렌지에 대한 긍정적 연상을 비타민 C 정제 제품에 적용함으로써 사업을 성공적으로 이끌 수 있었다. 이렇듯 브랜드 네임의 연상과 신제품 또는 신사업 영역에 대한 연상 간의 어울림(fit)이 성립할 때 브랜드 연상은 브랜드 확장의 훌

룡한 토대가 된다.

　연상의 결과는 브랜드 자산 구축과 관리에 많은 시사점을 제공한다. 우선 연상 내용은 브랜드의 현재 포지션과 브랜드 이미지가 어떠한지를 명료하게 보여 준다. 각 이미지 구성요소별로 브랜드의 현재 위치를 알고자 한다면 각 구성요소에 대해 연상 내용을 검토할 수 있다. 이에 토대한 연상 결과는 브랜드가 지향하는 방향대로 형성되어 있는지, 그 강도는 적절한지 등에 대해 점검을 할 수 있으며, 만약 그렇지 않다면 어디서 무엇이 잘못되었는지 검토함으로써 브랜드 관리를 강화할 수 있다.

브랜드 확장의 심리학

BRAND PSYCHOLOGY

04

현대의 브랜드 전략가가 직면하는 브랜드 관리의 핵심 이슈 중 하나는 바로 브랜드 확장(brand extension)이다. 기존 사업의 성장을 추구하거나 또는 새로운 사업으로의 진출을 모색할 때 현대 기업은 새로운 브랜드를 도입하기보다는 기존 브랜드를 이용하려는 경향이 증가하고 있다. 예컨대, 미국의 경우 1990년 한 해에 출시된 신제품의 약 80%가 새로운 브랜드를 적용하기보다는 어떤 형태로든 기존 브랜드를 활용한 브랜드 확장을 한 것으로 보고되었다. 알 리스와 잭 트라우트가 『마케팅 불변의 법칙(The 22 immutable laws of marketing)』에서 주장했던 것과는 달리 이제 브랜드 확장은 예외적이거나 가급적 피해야 하는 전략이 아니라 적극적으로 검토하고 활용되어야 하는 주요 브랜드 관리전략으로 자리 잡고 있다.

사실 최근 들어 중요성이 부각되는 브랜드 확장전략은 산업 브랜드(industrial brand) 영역에서는 이미 오래전부터 실행되고 있었다. 지멘스, 필립스, 미쓰비시 등이 그 예가 될 것이다. 미쓰비시는 선박, 원자로, 자동차, 음향기기, 은행, 심지어 식품 분야에까지 모두 미쓰비시 브랜드를 사용하여 왔다. 최근에는 식품이나 단순 생활제품과 같은 FMCG(fast moving consumer goods)를 비롯한 거의 모든 분야에서 브랜드 확장은 대세를 이루고 있다. 마스(Mars)는 이제 더 이상 초콜릿 바의 브랜드가 아니다. 아이스크림, 초콜릿 음료도 마스 브랜드를 달고 판매된다. 미네랄워터의 대표 브랜드인 에비앙은 이제 화장품에까지 같은 브랜드를 사용하고 있다. 좀 더 극적인 예는 영국

의 버진(Virgin)일 것이다. 버진은 음반에서 청량음료, 신용카드 그리고 항공
사에 이르기까지 엄청나게 다양한 제품과 사업 분야로 확장하면서 모두 같
은 브랜드를 사용하고 있다.

　그러면 왜 브랜드 확장이 이토록 성행하는 것일까? 먼저, 브랜드 확장의 성
행을 가져온 환경요인에 대해 살펴볼 것이다. 다음으로 확장의 유형과 브랜
드 확장과 관련된 심리학적 기제와 확장 관리에 대한 시사점을 생각해 보자.

1. 왜 브랜드 확장인가

　기업이 브랜드 확장의 이점을 깨닫기 시작한 것은 그리 오래되지 않았다.
위에서 예를 든 미쓰비시나 필립스처럼 일찍부터 브랜드 확장을 적극적으
로 적용한 기업도 있지만 얼마 전까지만 해도 브랜드 도입 전략의 표준은 프
록터 앤드 갬블(Procter & Gamble) 사였다. 프록터 앤드 갬블 사는 창업 이래
로 '하나의 제품에 하나의 브랜드(one product, one brand)' 전략을 철저하게
고수해 왔다. 하나의 제품, 하나의 브랜드 전략이란 모든 신제품에 각각의 독
자적인 새로운 브랜드를 사용하는 것이다. 세제 제품인 에이리얼(Ariel), 대시
(Dash) 그리고 식품의 프링글스(Pringles) 등이 그 예다. 하지만 프록터 앤드
갬블도 이제는 그런 전략을 점차 철회하고 있다. 무엇이 이런 변화를 가져왔
는가?

　브랜드 확장의 성행은 브랜드의 중요성에 대한 인식 고조, 시장의 성숙 그
리고 다변화되고 분화되어 가는 광고매체환경 변화의 직접적 결과물이라 할
수 있다. 이런 환경 변화에서 브랜드 확장은 기업의 성장과 이익을 보장하는
가장 효율적 브랜드 관리전략으로 인식된 것이다. 그 무엇보다 브랜드가 돈

으로 환산할 수 없는 가치를 지닌 기업의 중요한 자산이라는 인식 변화가 없었다면 브랜드 확장은 이토록 성행하지 않았을지도 모른다. 브랜드 확장은 기존 브랜드의 가치를 활용하는 유용한 방법인 동시에, 기존 브랜드의 힘을 다시 강화하는 선순환 전략의 일환으로 인식된 것이다.

브랜드 확장이 가져다주는 재무적 이점도 간과할 수 없다. 신규 브랜드를 내놓는 것보다 기존 브랜드를 활용하게 되면 그만큼 신제품 도입에 따른 시장 진입비용을 줄일 수 있을 뿐만 아니라 결과적으로도 좀 더 나은 이익을 보장하리라는 기대 때문이다. 외국의 경우 과거부터 브랜드 확장전략을 사용하고 있는데, 고가 의류나 액세서리 분야를 그 예로 들어 보자. 유명 의류의 평균 판매 수익률은 50%대다. 하지만 가방의 경우는 70% 그리고 시계의 경우는 판매수익률이 80%에 이른다. 흥미 있는 것은 이 분야의 CEO는 이미 오래전에 브랜드 확장이 판매수익뿐만 아니라 브랜드의 인지도나 품격까지 강화시킨다는 것을 알아차렸다는 것이다. 극단적으로 이야기하자면, 만약 고가 유명 브랜드가 브랜드 확장을 하지 않았다면 현재의 시장 지위를 누릴 수 있는지 의문일 정도다. 실제로 아르마니, 랄프 로렌, 캘빈 클라인 등이 라이선싱이나 브랜드 확장전략을 구사하지 않았다면 지금의 수익을 누릴 수 있었을까?

그러면 브랜드 확장이 성행하게 된 배경을 좀 더 구체적으로 살펴보자. 첫째는 '자연발생 명분'이다. 브랜드 관리자는 기존 시장의 욕구에 민감하며 그 욕구를 최대한 충족시키려 한다. 브랜드 관리자는 기존 제품에 대한 소비자의 욕구나 원망을 충족시키면서 기업 이익을 극대화하기 위한 방법을 모색하게 되는데, 그런 과정에서 어떻게 하면 적은 비용으로 기존 제품을 가지고 수익을 더 올릴 것인지를 자연스럽게 고려하게 된다. 즉, 새로운 시장에 진입하기 위해 완전히 다른 신제품을 출시하는 것도 아니고 그렇다고 기존 제품을 심하게 변형하지 않으면서 매출 증진을 꾀한다. 이러한 고심의 한 가지 결과로서 기존 브랜드를 그대로 사용하면서 기존 제품에 약간의 변화를 가미한 제품을 출시하게 되는 것이다. 환타 그레이프, 환타 오렌지 등의 제품이 그런 예다.

두 번째 배경은 어떻게 하면 지속적으로 감소하는 시장성장률을 효과적으로 관리할 것인가에 대한 고심과 관련이 있다. 기존 시장의 성장이 점차 둔화되는 조짐을 보이면 기업은 이를 타개할 방법을 모색하게 되는데, 이때 주로 구사하는 전략이 제품 포트폴리오(portfolio)를 확장하는 것이다. 인텔이 좋은 예다. 인텔은 개인용 컴퓨터의 시장 성장이 지속적으로 둔화됨으로써 기존 주력 사업인 반도체의 판매도 감소될 것으로 예측했다. 그래서 인텔은 휴대용 디지털 엠피(mp)나 인스턴트 메시징 및 이메일 장치인 챗패드(ChatPad) 그리고 일반 서적 크기의 무선 스크린을 이용해 넷을 서핑할 수 있게 하는 장치인 웹태블릿(WebTablet)과 같은 소비자용 제품을 생산하기로 전략적 결정을 내렸다. 아울러 인텔은 기존 인텔 반도체가 장착된 개인용 컴퓨터에 활용 가능하면서 동시에 컴퓨터의 사용 가치를 증가시킬 수 있는 장치의 개발을 고려하게 된 것이다. 이 경우 확장하는 제품에 어떤 브랜드를 사용할 것인지에 대한 이슈가 제기된다. 새로운 브랜드를 시장에 알리는 비용은 급격한 광고 매체비의 증가로 인해 점차 증가하며, 새로운 브랜드가 유통에 진열되기까지 소요되는 기간 및 비용도 증가하고 있다. 그렇다고 새로운 브랜드가 성공적으로 시장에 정착하리라는 보장도 없다. 기존에 이미 잘 알려진 자사 브랜드 활용에 따른 효과에 관심이 가는 것은 당연한 것이다.

세 번째 배경은 기존 브랜드 파워에 대한 자신감과 관련 있다. 앞서 두 가지 배경이 면밀한 시장파악과 전략적 판단에 의한 것이라면 세 번째 배경은 좀 다르다. 단지 기존 브랜드가 성공적이었기에 다른 제품이나 사업 영역으로 확장해도 성공할 것이란 자신감과 관련이 있다. 필자도 이런 상황을 많이 지켜보았다. 어떤 브랜드가 시장에서 상한가를 누릴 때는 전략회의에서는 심심치 않게 브랜드 확장 가능성에 대한 이야기가 오간다. 뭘 해도 될 것 같은 자신감이 발동하는 것이다. 하지만 이런 자신감만으로 기존 브랜드를 신제품이나 신규 사업에 적용했을 때 항상 긍정적 결과가 보장되지는 않는다. 앞서 예를 들었던 영국의 버진을 보자. 버진은 항공 산업에서부터 청량음료에 이르기까지 다양한 분야에 버진 브랜드를 사용하였고 또 많은 재미도 보았다. 하지만 확장한 모든 제품이나 사업 분야에서 항상 성공을 거둔 것은 아니다.

전통적인 브랜드 전략의 한계

브랜드 확장이 성행하게 된 배경을 이야기하면서 반드시 짚고 넘어가야 할 것은 바로 전통적인 브랜드 정하기 전략의 문제와 한계에 대한 것이다. '전통적'이라고 명명하는 것은 예전부터 거의 별다른 이의 없이 따라야 할 어떤 원칙처럼 여겨졌기 때문이다.

전통적인 브랜드 정하기 전략의 한계는 자승자박의 성격이 짙다. 브랜드 확장이 하나의 상례적인 관례로 취급받는 데 오랜 시간이 걸린 것도 바로 전통적 브랜드 정하기 전략이 지닌 효과에 대한 믿음 때문이다. 아직도 많은 사람이 브랜드 확장에 대해 악평을 하는 것 역시 이 때문이라 생각한다. 이런

[그림 4-1] ☞ 전통적인 브랜딩 전략

편견은 거의 한 세기를 지배해 온 브랜드 정하기 원칙에 대한 고전적 관념에 뿌리를 두고 있는 것이다. 브랜드 정하기에 관한 전통적 관념은 [그림 4-1]과 같이 표현할 수 있다.

전통적 브랜드 정하기 전략의 전형은 프록터 앤드 갬블 사일 것이다. 이 회사는 새로운 제품이 출시되면 자사의 다른 제품 브랜드와는 완전히 독립적인 새로운 브랜드를 신제품에 부여하는 것이 전통이다. 세제 브랜드인 에이리얼은 혼자만의 어떤 약속을 주장한다. 같은 세제이지만 다른 브랜드인 대쉬 역시 에이리얼과는 차별적인 혼자만의 독특한 약속을 주장한다. 다른 모든 제품의 브랜드도 마찬가지다. 이런 브랜드 정하기 전략을 콜게이트 팜올리브 사와 비교해 보자. 팜올리브는 특정 제품 하나에만 사용되는 브랜드가 아니다. 팜올리브는 치약이고 비누이며, 면도용 크림이자 주방용 액체세제 브랜드다. 이 모든 제품은 독자적인 브랜드를 가지는 것이 아니라 팜올리브라는 동일한 브랜드를 사용한다. 에이잭스도 마찬가지다. 에이잭스는 묵은 때 제거용 파우더이며 세제이자 유리창 세척제 브랜드다.

프록터 앤드 갬블 사와 같은 전통적 브랜드 정하기 전략의 영향으로 인해 시장에는 무수한 브랜드가 넘쳐 나게 되었다. 한 브랜드는 하나의 제품과 하나의 고유한 약속만을 하기 때문에 신제품이 출시될 때마다 독자적인 브랜드가 필요했던 것이다. 전통적 브랜드 정하기 전략에서는 브랜드가 곧 고유명사인 것이다.

전통적 브랜드 정하기 전략이 지니는 한계는 무엇일까? 핵심적인 한계는 브랜드의 역사와 브랜드의 실체와의 구분과 관련이 있다. 하나의 브랜드는 처음에는 언제나 하나의 제품에서 출발한다. 존슨앤드존슨은 베이비 로션에서, 에비앙은 미네랄워터에서 출발하지 않았는가. 하지만 점차 시간이 지나면서 브랜드는 소비자 머릿속에서 제품 특징이나 이미지 그리고 독특한 스타일로 구성되는 하나의 지식 네트워크로 자리 잡으면서 그 브랜드가 지닌 의미가 풍부해진다. 그러다 어느 시점에 가서 브랜드는 마치 사람과 같이 자신의 개성(brand personality)도 가지게 된다. 브랜드는 처음에는 하나의 물리적인 제품에 불과했지만 시간이 지나면서 제품 외적인 요소도 간직하기 시작하는 것이다. 이렇게 되면 이제 브랜드와 제품 간의 관계는 처음과 달리 '역전'되는 현상이 벌어진다. 이제 브랜드는 더 이상 하나의 제품을 지칭하는 단순한 '이름'이 아니다.

브랜드와 제품 간에 일어나는 이 같은 역전관계를 고려한다면 브랜드 확장은 회의론자가 주장하는 것처럼 장기적인 브랜드 관리 측면에서 더 이상 비효과적이며 소모적인 전략이 아니다. 현대에서 브랜드 확장이 성행하는 것도 바로 제품과 브랜드 간의 역전 현상을 브랜드 관리자가 간파했기 때문일 것이다. 우리에게 볼펜으로 잘 알려진 빅(Bic)은 단순함, 경제성 그리고 효율성이라는 브랜드의 핵심적 의미에 부합하는 자사의 거의 모든 제품에 빅이라는 브랜드를 일관되게 확장하였으며 그 결과도 성공적인 것으로 평가되고 있지 않은가!

[그림 4-2] 다양한 제품에 동일한 브랜드를 사용하는 니베아

브랜드는 분명 하나의 제품에서 출발한다. 그러나 시간이 지나면서 브랜드는 물리적인 제품 그 이상의 것으로 언제나 '진화'한다. 브랜드는 하나의 '의미 덩어리'가 되는 것이다. 바로 이 점을 간과한 것이 브랜드 정하기에 대한 전통적 관점이 지닌 한계다.

2. 브랜드 확장의 이점과 문제점은 무엇인가

브랜드 확장이 성행함에도 기업이 브랜드 확장 전략을 구사하고자 할 때는 브랜드 확장이 가져다주는 이점과 안고 있는 문제점을 잘 인식해야 한다. 동일한 이점과 문제라 하더라도 기업이 이를 어떻게 인식하는지에 따라 브랜드 확장의 의사결정도 영향을 받는다.

확장의 이점

기업이 브랜드를 확장하여 얻을 수 있는 가장 큰 이점은 새로운 브랜드에 비해 브랜드 확장 제품의 실패확률을 줄일 수 있을 뿐만 아니라 확장 제품에 대한 소비자 수용을 촉진할 수 있다는 것이다. 브랜드를 확장하게 되면 신규 브랜드를 개발하는 데 소요되는 막대한 재정적, 시간적 비용을 지출하지 않아도 된다. 통상 신규 브랜드를 정하는 데는 적게는 몇 달에서 길게는 일 년 정도가 소요되기도 한다. 물론 여기에는 시장조사 및 환경 분석, 대안 브랜드 추출 그리고 브랜드 네임이나 로고 등에 대한 소비자 반응 조사와 유사 브랜드 등록 여부의 검색 등을 위한 비용도 투입되어야 하는데 이러한 시간과 비용을 절감할 수 있다.

시장진입에 필요한 비용을 줄일 수 있는 것도 이점이다. 새로운 브랜드를 개발하게 되면 무엇보다 새로운 브랜드를 소비자에게 알려야 하며 이에는 막대한 광고, 판촉비가 필요하다. 국내 광고 매체비용은 꾸준히 증가하였다. 뿐만 아니라 매체환경과 소비자 매체이용 행동의 변화로 인해 소비자 인지도를 높이는 일은 점차 어려워지고 있다. 하지만 브랜드 확장을 할 경우, 모 브랜드(parent brand)는 이미 소비자 사이에 잘 알려져 있기 때문에 인지도를 구축하는 데 별도의 비용을 지출할 필요가 없다. 브랜드 확장은 광고 등의 촉진뿐만 아니라 유통 침투의 효율성 제고 측면에서도 효과적이다. 매장 점주나 유통 기업은 잘 알려진 브랜드를 선호한다. 잘 알려진 브랜드는 소비자 선호로 인해 구입률이 높아 구매순환이 원활하기 때문에 새로운 브랜드에 비해 이득이다.

시장진입 비용을 줄이는 데 있어 브랜드 확장의 가장 중요한 역할은 바로 소비자로부터 발생 가능한 인식상의 위험을 줄이는 데 있다. 새로운 브랜드가 출시될 경우, 소비자는 새로운 브랜드에 대해 충분한 지식을 가지고 있지 않기 때문에 구매에 따른 다양한 위험(기능적, 심리적, 사회적 등)을 가지게 된다. 이는 새로운 브랜드에 대한 구입시도를 지연하거나 장애를 일으킬 수 있다. 하지만 이미 소비자가 많은 지식을 가지고 있는 브랜드를 사용할 경우 확장 제품에 대해 가지게 되는 다양한 위험이 감소된다.

만약 브랜드 확장이 성공적이라면, 다시 말해 소비자가 확장 제품의 기능적, 상징적 또는 심리적 측면에 대해 위험을 느끼지 않는다면 이는 모 브랜드에도 긍정적인 영향을 미치게 된다. 피아노에서 브랜드를 확장한 야마하 기타에 대해 소비자가 만족한다면 이는 야마하라는 모 브랜드에도 긍정적인 영향을 줌으로써 모 브랜드의 의미망 강화에 시너지를 줄 수 있다. 야마하 기타가 성공함으로써 악기전문이라는 야마하의 의미망은 더욱 탄탄하게 형성될 수 있을 것이다. 나아가 또 다른 확장 제품에 대해서도 소비자는 긍정적인 기대와 구입 준비 태세를 형성한다.

확장의 문제점

브랜드 확장이 이점만을 가져다주는 것은 물론 아니다. 브랜드 확장을 잘못 적용하거나 관리했을 때 확장 제품뿐만 아니라 모 브랜드에까지 손상을 가할 수 있다. 브랜드 확장을 하고자 할 때 고려해야 하는 문제점 중의 하나는 브랜드 확장이 모 브랜드 판매를 잠식할 수도 있다는 것이다.

코크(Coke)처럼 모 브랜드가 강력한 소비자 프랜차이즈를 구축하고 있을 경우에는 브랜드 확장을 하면 경쟁사의 판매보다는 오히려 자사의 모 제품 판매를 잠식할 수 있다. 동일한 모 브랜드 내에서 소비자가 브랜드를 이동하기 때문에 생길 수 있는 현상이다. 실제 이런 일이 다이어트 코크와 체리 코크 확장에서 발생했다. 확장 제품을 출시할 때 코크는 경쟁사인 펩시 시장을 빼앗길 바랐다. 하지만 확장 제품 출시 후에도 판매에는 별다른 변화가 없었다. 소비자 분석을 실시한 결과, 자사 제품 내에서 코크 고객이 브랜드를 전환한 것으로 밝혀졌다. 자사 브랜드 잠식(cannibalization)이 일어난 것이다.

브랜드 확장에서 사전에 신중히 검토해야 할 또 다른 사항은 확장 제품이 모 브랜드 이미지에 손상을 입히지는 않는지 그리고 모 브랜드의 상징 의미를 희석 내지는 약화하지는 않는지다. 브랜드 확장 제품이 모 브랜드의 특징이나 속성과 일치하지 않거나 상반되는 특징이나 속성을 가지게 되면 모 브랜드 이미지가 손상당할 가능성도 배제할 수 없다. 이런 부정적 결과는 브랜드 확장을 통해 재무적인 시장진입 비용 절감만을 얻으려는 근시안적 판단에서 주로 비롯된다.

모 브랜드의 파워에 대해 과도한 자신감을 가질 때는 브랜드를 지나치게 넓게 그리고 멀리 확장하려는 유혹에 빠질 수도 있다. 모 브랜드만 사용하면 어떤 제품으로 확장하더라도 소비자가 우호적으로 반응할 것이라는 도를 넘는 자신감이 문제를 일으킬 수 있다. 이때는 문어발식 브랜드 확장을 하게 된다. 하지만 확장 제품의 영역을 점차 넓혀 가면 갈수록 모 브랜드 본래의 핵심 의미는 점차 희석될 가능성이 커진다. 마치 잉크가 점점 많은 양의 물에 희석되면서 제 빛깔을 잃어 가는 것처럼 결국에는 모 브랜드 '이름'만 남게 되고 모 브랜드가 애초에 간직했던 경쟁적 차별우위는 어디론가 사라져 버리게 될 수 있다.

3. 브랜드 확장의 유형

브랜드 확장은 기업의 성장전략과 불가분의 관계다. 앞서 인텔의 예에서처럼 사업 성장을 추구하는 것은 기업의 숙명이다. 기업의 성장은 신제품의 출시, 기존 제품의 강화, 전혀 새로운 사업 영역으로의 진출 등 다양한 사업 전략을 통해 성취될 수 있다. 이 경우 제품이든 사업 영역 진출이든 브랜드가 필요하다. 그렇다면 기업의 성장전략과 브랜드 확장은 불가분의 관계라 할 수 있다. 그런데 기업이 어떤 성장전략을 추구하느냐에 따라 브랜드 확장의 유형은 달라진다. 기업이 구사할 수 있는 성장전략의 유형을 살펴보자.

앤소프(Ansoff)는 제품과 시장의 두 요소를 고려한 확장 그리드(product/market expansion grid)를 통해 기업의 성장전략 대안을 명쾌하게 정리했다(〈표 4-1〉참조). 그에 따르면 기업성장전략은 기존에 있는 제품을 이용하느냐 아니면 신제품을 도입하느냐, 그리고 현재 시장을 대상으로 하느냐 아니면 새

〈표 4-1〉 앤소프 매트릭스

	기존 제품	신제품
기존 시장	시장침투 전략	제품개발 전략 (관련다각화 전략)
새로운 시장	시장개발 전략	비관련다각화 전략

로운 시장으로 진출하느냐에 따라 분류될 수 있다.

기존 제품을 가지고 현재 시장에서 매출을 올리고자 한다면 이는 시장침투(market penetration) 전략이다. 더 많은 소비자가 자사 제품을 구입하게 한다든지, 현재 고객이 더 자주 또는 더 많이 구입하고 사용하게 하는 것이다. 식품의 경우 다양한 조리법을 개발하여 소비자에게 알린다든지 또는 다양한 사용 용도를 개발하여 이용하게 하는 것 등이 시장침투의 예가 된다. 좀 더 공격적으로는 비사용자를 사용자로 전환하는 방법도 시장침투 전략에 해당될 수 있다.

기존 제품이지만 새로운 시장으로 침투해 들어가는 것은 시장개발(market development) 전략이다. 소비자층을 바꾸어 버리는 것이다. 과거 비제바노(지금은 금강제화에 흡수되었지만)는 기존의 고가 구두에 액세서리를 붙였다 떼었다 할 수 있게 함으로써 웨딩제화라는 새로운 시장을 개발했다. 시장개발 전략은 새로운 표적시장의 설정과 포지셔닝의 재정립을 수반하기도 한다. 예컨대, 기존 시리얼을 아침 대용식이 아니라 수험생 간식으로 포지셔닝하거나 또는 젊은 여성의 다이어트식으로 포지셔닝할 수 있다.

시장침투와 시장개발의 두 가지 전략이 기업의 성장전략으로 유용하지만 장기적인 기업성장에 더욱 결정적인 역할을 하는 전략은 현재 시장을 대상으로 하건, 아니면 새로운 시장을 대상으로 하건 간에 신제품을 출시하는 것이다. 신제품을 출시하되 기존 시장을 대상으로 성장을 꾀할 수도 있고 아니면 완전히 새로운 시장을 대상으로 성장을 추구할 수도 있다. 물론 전자에 비해 후자의 경우에 기업이 감수해야 할 위험도는 증가한다. 신제품을 출시할 경우에 고려할 수 있는 브랜드 정하기 전략의 유형은 다음의 세 가지다.

- 기존 브랜드와는 별개의 새로운 브랜드 사용하기
- 기존 브랜드 사용하기
- 새로운 브랜드를 도입하되 기존 브랜드와 혼합하여 사용하기

세 가지 전략대안 중에서 브랜드 확장은 첫 번째 전략을 제외한 두 번째와 세 번째 전략처럼 어떤 형태로든 기존 브랜드를 활용하는 것이다. 그에 따른 브랜드 확장의 유형을 구체적으로 알아보자. 우선 브랜드를 지칭하는 몇 가지 용어의 구분이 필요한데, 기존 브랜드와 함께 새로운 브랜드를 사용할 때 새로운 브랜드를 '하위 브랜드'라 하고, 새로운 브랜드와 함께 사용하는 기존 브랜드를 '모 브랜드'라 한다. 만약 기존 브랜드가 이미 다른 여러 제품에 사용되고 있을 때는 모 브랜드 대신 '패밀리 브랜드'라 한다.

브랜드 확장의 유형은 계열 확장(line extension)과 범주 확장(category extension)으로 구분할 수 있다. 계열 확장이란 현재 모 브랜드가 판매되고 있는 제품범주 내에서 새로운 세분시장을 대상으로 출시되는 새로운 제품에 모 브랜드를 그대로 사용하는 것이다. 예를 들면, 비달 사순 샴푸, 비달 사순 린스, 비달 사순 헤어 살롱 그리고 도브 비누, 도브 바디워시, 도브 방취제 등이 계열 확장에 해당한다. 계열 확장은 기존의 브랜드를 사용하여 아래와 같은 목적 달성을 통해 브랜드의 문제해결 능력을 심화하고 기업 성장을 꾀하려는 것이다.

· 동종 범주 내의 제품을 다양화함으로써 브랜드의 기본 약속을 강화하고
  자 함(식품의 경우, 새로운 맛이나 향 등을 추가).
· 소비자 욕구를 더욱 세분화하고 충족함(나이, 모발 상태에 따라 다양한 종
  류의 샴푸를 출시).
· 소비자 욕구 해결을 위해 보완제품을 출시함(탈모방지 욕구 해결을 위해
  발모제는 물론 샴푸, 겔, 염색약을 함께 출시).

한편, 범주 확장은 현재 모 브랜드가 판매되는 제품 영역과는 이질적인 제
품범주나 사업 영역으로 진입하기 위해 출시한 신제품이나 서비스에 모 브랜
드를 그대로 사용하는 것이다. 버진(Virgin)의 항공사, 휴렛팩커드의 디지털
사진인화, 야마하의 모터사이클, 건설 중장비 브랜드인 캐터필러(Caterpillar)
의 패션, 가전 브랜드인 GE의 금융 등이 범주 확장의 예다. 전략의 안전성 측
면에서 보면 계열 확장에 비해 범주 확장의 위험성이 더 높다. 앤소프 매트릭
스에서는 좌상의 사분면에서 우하의 사분면(비관련 다각화 전략)으로 이동할
수록 사업의 위험성은 커지게 된다. 그러니 우하의 사분면으로 이동하는 경
우에는 브랜드 확장 시에 더 많이 고심해야 한다.

[그림 4-3] 버진의 브랜드 확장
항공, 콜라에서부터 신용카드로까지 브랜드를 확장하였다.

브랜드 확장은 계열 확장과 범주 확장으로 구별되지만 실제 확장 유형은 계열이냐 범주냐로 두부 자르듯이 양분되지는 않는다. 대부분의 경우는 이 두 가지 확장의 연속선상의 어딘가에 위치할 가능성이 높다. 확장은 좀 더 다양한 유형을 취할 수 있다는 것이다. 이와 관련해 토버(Tauber, 1993)가 제안하는 브랜드 확장의 일곱 가지 유형을 참조할 수 있다.

- 동일한 제품을 여러 가지 형태로 변형한 제품의 출시(데미소다 그레이프, 데미소다 오렌지, 데미소다 레몬)
- 기존 브랜드의 특징적인 맛이나 원료 또는 성분을 공유한 신제품의 출시(레모나 정제, 마시는 레모나)
- 기존 브랜드의 보완제품 출시(도브 비누, 도브 바디워시)
- 브랜드가 지닌 소비자 프랜차이즈를 통한 신제품이나 서비스의 출시(CJ 식품, CJ 엔터테인먼트)
- 브랜드의 핵심 역량을 활용한 신제품의 출시(SK 주유소, SK 스피드 메이트)
- 기존 브랜드의 특징적인 편익, 속성 또는 특징을 적용한 신제품 출시(니베아 베이비, 니베아 바디, 니베아 립 케어)
- 기존 브랜드의 이미지나 명성을 활용한 신제품의 출시(캘빈 클라인 화장품, 포르쉐 선글라스)

4. 브랜드 확장의 심리기제

지금까지 브랜드 확장이 성행하게 된 배경, 브랜드 확장의 이점과 문제 그리고 브랜드 확장의 유형을 알아보았다. 이제 브랜드 확장을 효과적으로 적용하고 관리하는 데 필요한 심리기제에 대해 살펴볼 차례다. 브랜드 확장의 유형과 브랜드 확장의 이점 및 문제점을 논할 때 핵심적인 기제에 대해 이미 힌트를 얻었을 수도 있다. 이제 이를 조금 더 구체적으로 살펴보자.

　브랜드 확장을 고려할 때 경영자나 브랜드 관리자는 묵시적으로 다음의 몇 가지 가정을 전제한다. 첫째, 소비자는 모 브랜드를 잘 알고 있으며 모 브랜드에 대해 긍정적인 연상을 가진다는 가정이다. 그렇지 않다면 확장 브랜드에 대해서도 긍정적인 소비자 반응을 기대하기 어려울 것이기 때문이다. 두 번째 가정은 모 브랜드와 확장 제품 간에는 일정 부분 긍정적인 연상을 공유하리라는 것이다. 다시 말해 확장 브랜드는 모 브랜드의 긍정적인 연상을 어느 정도는 강화할 수 있으리라는 가정이다. 이런 가정은 확장 제품이 모 제품과 유사할수록 확고하다. 한편, 모 브랜드가 가진 부정적 연상은 확장 제품에 전이되지 않으리라는 것이 세 번째 가정이다. 마지막 가정은 확장 제품이 역으로 모 브랜드에는 부정적인 연상을 가져다주지 않으리라는 것이다.

　브랜드 확장에 대해 경영자나 브랜드 관리자가 가지는 이런 가정은 그야 말로 '이상적이며 희망적인 바람'에 가깝다고 할 수 있다. 브랜드 확장을 할 것인지 여부의 판단과 효과적인 확장의 관리는 가정대로 이루어지는 단순한 작업이 아니다. 그럼에도 브랜드 확장 관리의 심리학적 기제를 이해한다면 더욱 효과적인 브랜드 확장 관리가 가능할 것이며 발생 가능한 문제를 사전에 예견하고 대처하는 데도 큰 도움이 된다. 우리는 브랜드 인식과 브랜드 활성화의 심리기제를 다룬 2장과 3장에서 브랜드 관리에 관한 핵심적인 심리학적 기제와 과정을 알아보았다. 이들 기제는 브랜드 확장 관리에도 적용된다. 차이가 있다면 브랜드 확장에서는 모 브랜드와 확장 제품 간의 상호작용이 개입하며, 확장 제품과 모 브랜드 제품범주와의 관련성이 개입된다는 것이다. 이제 브랜드 확장의 심리기제에 대해 구체적으로 살펴보자.

속성을 얼마나 많이 공유하는가? 적합도가 중요하다

의자는 가구인가? 제비는 새인가? 그렇다면 배추는 과일인가? 이 질문에 우리는 누구나 망설임 없이 예, 아니요로 쉽게 답할 수 있다. 하지만 이런 단순한 질문에 우리가 답하는 과정을 들여다보면서 브랜드 확장의 심리학적 기제에 대해 중요한 시사점을 얻을 수 있다.

우리는 매일 엄청나게 다양한 물체나 사람, 사건을 접한다. 만약 우리가 이 모든 것 하나하나를 독립적인 것으로 명명한다면(예컨대, 친구 집 거실에 있는 소파와 나의 집에 있는 소파) 아마 엄청난 정보에 압도당하여 세상을 제대로 살 수 없을 것이다. 이들에 압도당하지 않고 효율적으로 우리 주위의 세계를 운영할 수 있는 것은 개별 물체나 사람, 사건을 범주화(categorization)하는 우리의 뛰어난 능력 때문이다. 범주화란 어떤 물건이나 사상(idea)이 서로 어떤 식으로든 관련되어 있다면 이들을 함께 집단으로 묶는 것을 말한다. 범주화로 인해 우리는 세상의 사물을 효율적으로 인식하고 확인하며 나아가 의사소통도 가능한 것이다(Bruner, Goodnow, & Austin, 1956).

브랜드 확장의 의사결정과 관리에서 기본적으로 고려해야 하는 기제 중의 하나는 바로 범주화다. 2장에서 살펴본 것처럼 브랜드는 탄생과 함께 제품유형, 제품의 특징이나 속성 그리고 광고 등의 다양한 커뮤니케이션을 통해 이미지나 개성을 획득하면서 브랜드의 고유한 지식의 네트워크를 형성한다. 이는 브랜드 역시 가구, 과일 또는 남성이나 여성과 같이 하나의 범주가 됨을 말한다. 니베아, 존슨앤드존슨 그리고 CJ, 풀무원 등은 모두 하나의 범주로 발전한 것이다. 그런데 우리는 하나의 범주를 다른 범주와 어떻게 구별하는 것일까? 우리는 마운틴듀와 게토레이는 음료이지만 새우깡은 음료가 아니라고 어떻게 구별하는 것일까? 매우 단순한 질문 같지만 여기에는 우리가 브랜드 확장의 심리기제를 이해하는 중요한 단초가 숨어 있다.

로시 등(Rosch et al., 1976)은 어떤 대상이 특정 범주에 속하는지 아닌지를 판단하는 것은 대상이 공유하는 속성의 수가 얼마인가에 의해 결정됨을 밝힌 바 있다. 한 범주에 속하는 성원들은 다른 범주의 성원에 비해 공통적인 속성을 더 많이 가진다. 우리가 한 범주를 다른 범주와 다른 것으로 분화하는 과정은 브랜드 확장에 중요한 시사점을 제공한다. 만약 모 브랜드와 확장 제품 간에 공유하는 속성이 많으면 많을수록 브랜드 확장의 성공 가능성은 증가한다. 이처럼 모 브랜드와 확장 제품 간에 속성을 공유하는 정도를 범주 적합도(fit)라 한다. 포카리스웨트와 체리코크는 모두 음료라는 범주에 속하지만 두 가지 브랜드는 각각 스포츠 음료와 탄산음료의 하위 범주에 속한다. 왜 이 두 개의 브랜드는 같은 범주로 보지 않을까? 공유하는 속성이 적기 때문이다. 하지만 게토레이와 포카리스웨트는 같은 범주에 속하는 것으로 본다. 이 두 브랜드는 공통 속성을 공유하기 때문이다. 즉, 적합도가 높은 것이다.

적합도의 관점에서는 두말할 필요 없이 적합도가 높으면 높을수록 브랜드 확장이 성공적이리라 본다. 물론 모 브랜드가 긍정적인 속성연상을 많이 가

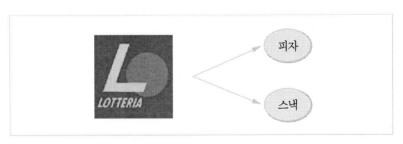

[그림 4-4] ◑━ 범주 적합도와 브랜드 확장
롯데리아와 공유 속성이 많은 것은 피자인가? 스낵인가? 브랜드 확장을 한다면 어떤 제품이 더 적합할까?

지며 확장 제품도 이들 속성을 공유한다면 브랜드 확장의 성공 가능성은 더욱 높을 것이다. 만약 잇몸약인 인사돌이 치약 제품으로 브랜드를 확장하면 어떻게 될까? 아마 입안 상처치료제로 브랜드를 확장하는 것보다는 바람직할 것이다. 잇몸약으로서 인사돌에 대해 긍정적인 연상이 풍부하다면 치약으로 브랜드 확장을 할 경우에 성공 확률은 더욱 증가할 것이다.

범주 적합도를 넘어: 가족 유사성

바세린이나 도브, 선키스트처럼 이미 모 브랜드가 여러 개의 확장 제품을 가지고 있을 때 새로운 제품을 도입하여 브랜드를 확장한다면 범주 적합도는 어떻게 작용할까? 예컨대, 이미 비누, 샴푸, 헤어트리트먼트를 가진 도브가 세안크림으로 브랜드를 확장한다면 우리는 범주 적합도를 어떻게 적용할 수 있을까? 이 경우에는 범주 적합도만 가지고 브랜드 확장의 성공 여부를 판단하기에는 한계가 있다. 이에 가족 유사성(family resemblance)이란 개념을 살펴볼 필요가 있다.

심리학자들은 한 범주의 성원이 그 범주를 대표하는 정도의 차이를 지칭하기 위해 전형성(typicality)이란 용어를 사용한다. 그런데 한 가지 의문이 생긴다. 왜 한 범주에 속하는 성원 중에서 어떤 성원은 그 범주에서 더 전형적이며 다른 성원은 덜 전형적인 것일까? 어떻게 해서 그런 차이가 생기는 것일까? 예컨대, 참새는 새라는 범주의 더 전형적인 성원인 데 비해 펭귄은 왜 덜 전형적인 성원일까?

이런 의문에 대해 로시와 머비스(Rosch & Mervis, 1975)는 다음과 같은 가설을 제안했다. "전형적인 성원은 같은 범주의 다른 성원과 공유하는 속성이 많은 데 반해 다른 범주에 속한 구성원과는 공유하는 속성이 거의 없을 것이다." 이 가설을 검증하기 위해 실험 참가자에게 가구, 운송수단, 과일 등과 같은 범주와 각 범주에 속하는 성원의 목록을 제시하고 각 범주의 성원이 갖는 속성을 열거하도록 하였다. 예를 들면, 실험참가자들은 운송수단 범주에 속하는 자전거의 속성으로 두 개의 바퀴, 두 개의 페달, 손잡이, 타는 것 그리고 연료가 필요하지 않는 것 등의 속성을 열거하였다. 한 범주의 전형적인 성원은 그 범주에 속하는 다른 성원과는 공유하는 속성이 많아야 한다는 가설을 검증하기 위해 로시와 머비스는 성원이 가지는 각 속성마다 그 속성을 공유하는 성원의 수를 계산하였다. 자동차의 경우에 해당 속성 중의 하나는 바퀴를 가진다는 것이다. 따라서 자동차의 바퀴라는 속성에 대해 그 범주에 속한 다른 성원 중에서 바퀴라는 속성을 가진 성원이 얼마나 되는지 계산할 수 있다. 자동차는 바퀴와 창이라는 두 가지 속성만 가지고 있다고 가정할 경우, 만약 해당 범주에 20개의 성원이 있다면 이 중에서 14개의 성원이 바퀴를 가지며 11개 성원이 창을 가진다면 자동차의 총 점수는 14+11=25가 된다. 바로 이것을 '가족 유사성'이라 한다. 자동차의 가족 유사성은 25인 셈이다. 연구 결과 범주를 가장 잘 대표하는 성원일수록 가족 유사성의 값이 높은 것으로 나타났다.

전형성과 가족 유사성 개념은 이미 다수의 확장 제품을 가진 경우에 또다른 새로운 제품에 대한 브랜드 확장의 성공 여부를 예측하는 중요한 기준이 될 수 있다. 비누, 샴푸, 헤어트리트먼트를 가진 도브가 세안크림으로 브랜드를 확장할 때와 마스크 팩으로 브랜드를 확장할 때를 비교해 보자. 이 경우 어떤 제품으로 브랜드를 확장하는 것이 더 성공적일까? 가족 유사성으로 예측해 보자.

• 먼저, 세안크림의 속성과 마스크 팩의 속성을 기술해 보라.

- 세안크림과 마스크 팩의 각 속성에 대해 기존 도브의 제품 중 각 속성을 보유하는 제품의 수를 계산해 보라.
- 세안크림과 마스크 팩의 가족 유사성 값은 얼마인지 확인해 보라.

마스크 팩보다는 세안크림의 가족 유사성 값이 더 높을 것이다. 따라서 마스크 팩보다는 세안크림으로 브랜드를 확장하는 것이 더욱 성공적일 것으로 예측할 수 있다. 여기서 우리는 중요한 한 가지 질문을 더 해 보아야 한다.

　질문　범주 적합도나 가족 유사성이 높을수록 확장 제품에 대한 평가가 호의적인 이유는 무엇인가?

2장에서 살펴보았던 활성화 확산모형을 기억할 것이다. 활성화 확산모형에 따르면 브랜드 지식은 상대적인 근접성이 다른 링크에 의해 연결된 노드로 구성되어 있다고 본다. 전형적이어서 범주 적합도가 높은 확장 제품은 모 브랜드와 더욱 강력하고 근접한 연결망을 가진다. 따라서 소비자가 모 브랜드에 대해 긍정적 정서반응을 한다면 모 브랜드의 긍정적 정서는 전형적이고 적합도가 높은 확장 제품으로 좀 더 빨리 그리고 강력하게 전이될 확률이 증가한다. 스키마 적합가설 역시 유사한 효과를 가정한다. 대상이 유사하면 대상에 대한 정서반응도 유사할 확률이 높다.

범주 적합도의 시너지

모 브랜드의 제품범주와 확장 제품 간에 공유하는 긍정적 속성이 많으면 브랜드 확장이 안정적일 뿐만 아니라 모 브랜드도 시너지를 얻게 된다. 모 브랜드의 네트워크는 더욱 공고해지는 것이다. 모 브랜드의 이미지와 의미망은 더욱 결집되고 풍부해지게 된다. 확장 제품이 모 브랜드의 연상망을 풍부하게 하는 역할을 하기 때문이다. 마치 산 속의 길이 많은 사람이 이용하면 할수록 더욱 선명해지고 탄탄해지는 것과도 같다.

인사돌이 치약으로 성공적인 브랜드 확장을 했다고 하자. 그러면 이제 인사돌의 연상망은 잇몸에 국한되는 것이 아니라 구강 전체로 확산된다. 잇몸과 치아는 관련되는 것이므로 서로 결집하며 모 브랜드의 연상을 강화하게 될 것이다. 유한락스가 주방용 락스로 브랜드를 확장하면 어떻게 될까? 유한락스는 소독의 연상이 강하기 때문에 싱크대 청소와도 높은 적합도를 가질 것이다. 그러면 확장 제품에 대한 소비자 인식도 긍정적일 가능성이 높을 뿐만 아니라 유한락스 모 브랜드의 핵심 속성인 소독의 연상은 더욱 강화될 것이다. 이런 식으로 관련성을 유지하면서 점진적으로 모 브랜드를 확장해 나간다고 가정해 보자. 모 브랜드의 핵심 연상이나 브랜드 의미는 매우 강력하게 발전될 것이다.

그러면 확장 제품이 소비자에게서 부정적인 평가를 받게 되면 모 브랜드도 손상을 입을까? 물론 모 브랜드의 이미지나 평판은 해를 입을 것이다. 하지만 '언제나' 그런 것은 아니다. 이 역시 공유하는 속성의 정도에 의해 영향의 범위가 결정된다. 만약 확장 제품이 모 브랜드와 공유하는 속성이 많지 않아서 모 브랜드 제품범주의 비전형적인 제품으로 지각될 때에는 확장 제품이 부정적으로 평가되더라도 모 브랜드가 그로 인해 손상을 입을 가능성은 낮아진다.

영 캐주얼 의류 브랜드 매장에서는 스니커즈도 판매한다. 물론 스니커즈에 동일한 브랜드를 사용하고 있다. 이 경우 스니커즈에 대한 소비자 평가가 부정적이면 모 브랜드도 부정적인 영향을 받을까? 전혀 영향을 받지 않는다

고는 할 수 없겠지만 의류로 확장하여 부정적 평가를 받을 때와 비교한다면
그 영향은 상대적으로 약할 것이다. 왜 그럴까? 모 브랜드의 제품범주와 확장
제품 간에 공유 속성이 적어서 확장 제품과 관련성이 낮다고 지각하면 소비
자는 이 둘을 별개의 것으로 '분리'하는 경향이 있다. 소비자는 의류와 스니
커즈를 분리하여 평가한다. 소비자는 스니커즈에 대한 신념이나 평가, 정서
등을 의류의 연합 망에 섞어 형성하는 것이 아니라 신발이라는 범주를 중심
으로 하여 별도의 망을 형성하는 것이다. 따라서 확장 제품의 부정적 평가로
인해 모 브랜드가 손상을 입는 것은 모 브랜드 제품범주와 확장 제품 간의 범
주 적합도가 높을 때다. 피에르 가르뎅이나 구찌 같은 브랜드는 라이터에서
볼펜에 이르기까지 다양한 제품으로 확장했다. 이 경우에도 모 브랜드의 원
형 제품과 관련성이 낮은 확장 제품이 부정적 평가를 받는다면 모 브랜드의
이미지나 위상이 손상될 가능성은 그다지 높지 않다.

　브랜드 확장의 성패에서 범주 적합도의 역할에 대해 완충작용을 하는 또
다른 요소로는 소비자가 브랜드에 대해 느끼는 관계의 질이나 유형을 생각
할 수 있다. 소비자와 브랜드 간에는 다양한 유형의 관계가 형성될 수 있다
(브랜드 관계에 대해서는 6장에서 자세히 살펴본다). 그런데 소비자가 모 브랜드
에 대해 정서적으로 몰입하거나 강한 정서적 유대를 가져서 관계가 강력한
경우는 그렇지 않을 때에 비해 적합도가 낮더라도 확장 제품에 대해 부정적
인 평가를 할 가능성은 낮다(Kim, Park, & Kim, 2013). 할리(Harley) 모터사이클
에 강한 유대를 가진 소비자를 보자. 이들은 할리 매장에서 판매하는 의류,
액세서리 등 모터사이클과는 적합도가 낮은 제품에 대해서도 매우 호의적인
태도를 가진다.

모 브랜드의 제품연상이 너무 강한 경우

이즈음에서 한 가지 더 짚고 넘어가야 할 것이 있다. 모 브랜드와 확장 제품 간에 공유하는 속성이 많다고 해서 반드시 브랜드 확장이 안정적으로 진행되리라 보장하기는 이르다는 것이다. 만약 소비자 머릿속에 모 브랜드가 이미 특정 제품과 너무 강하게 결합되어 있어서 브랜드가 보통명사화되어 버린 경우에는 브랜드 확장이 성공적이지 않을 수 있다(Farquhar & Herr, 1993).

우리는 어떤 브랜드가 특정 제품과 너무 강하게 결합되어서 마치 브랜드를 보통명사처럼 사용하는 경우가 있다. 호치키스, 크리넥스, 스카치 테이프 등 많은 예가 우리 주위에 있다. 왜 이런 브랜드가 브랜드 확장을 했을 때는 예상치 못한 어려움을 겪게 될까?

모 브랜드가 특정 제품과 강력하게 결합이 되었을 때 브랜드 확장을 했다고 가정하자. 확장 브랜드는 제품 특징이건 편익이건 또는 제품범주이건 간에 모 브랜드와 공유하는 속성을 지니게 된다. 이 경우에는 소비자가 확장 브랜드를 접하게 되면 모 브랜드 연상이 강하게 활성화된다. 하지만 모 브랜드에서 확장 브랜드로 연상이 확산되는 것이 아니라 오히려 모 브랜드로 수렴되어 버리는 현상이 발생한다. 확장 제품이 모 브랜드의 연상을 활성화하는 것이다. 2장에서 우리 머릿속의 지식은 노드와 링크로 서로 연결되어 있으며 노드 간의 연결 강도는 상이하기 때문에 특정 노드에 자극이 가해지면 그로 인해 발생한 활성화가 확산되는 방향과 속도 또한 다름을 살펴보았다. 바로 이런 기제가 작용하는 것이다.

모 브랜드가 특정 제품과 너무 강하게 결합되어 보통명사화되어 버린 경우에 브랜드 확장은 어떻게 하는 것이 좋은가? 이 경우 가장 중요한 것은 소비자가 확장 브랜드를 마주쳤을 때 모 브랜드로 활성화가 수렴되는 것을 방지하는 것이다. 한 방편으로 확장 제품만의 독특하고 새로운 요소를 부각하는 브랜드 정하기 전략을 고려할 수 있다. 모 브랜드의 긍정적 연상은 이용하되 확장 제품만의 새롭고 독특한 요소를 추가함으로써 확장 제품에 대한 소비자의 주의를 끌고 확장 제품 고유의 연상을 확립하는 것이다.

적합도가 전부인가? 브랜드 의미의 역할

지금까지 살펴본 브랜드 확장의 기제는 범주 적합도를 기준으로 한 모 브랜드와 확장 제품 간 속성 유사성에 토대한 것이다. 그런데 우리는 모 브랜드의 확장 범위가 매우 넓은 사례를 목격하게 된다. 다시 말해 제품이나 사업영역 간 관련성이나 유사성이 매우 낮은 영역으로 브랜드를 확장하는 경우다. 버진은 최초에 음반 판매업의 브랜드였다. 그 후 버진은 브랜드 확장을 계속해 콜라, 신용카드, 심지어 항공사업으로까지 브랜드를 확장했다. 건설 중장비로 널리 알려진 캐터필러는 최근에 캐주얼 의류로 브랜드를 확장하였다. 우리나라의 예로는 식품이 주력사업이었던 CJ가 영화 등 식품과는 매우 거리가 있는 엔터테인먼트 사업으로 브랜드를 확장한 것을 들 수 있다. 그런데 이런 유형의 브랜드 확장은 공유속성 수에 기초한 범주 적합도 관점에서 보면 비효과적으로 보일 것이다. 과연 그럴까? 범주 적합도가 낮지만 소비자의 호의적 반응을 얻는 우리 주위의 많은 브랜드 확장 사례는 어떻게 가능할까? 여기에는 어떤 심리학적 기제가 작용하는 것일까? 이를 이해하려면 먼저 브랜드 연상의 추상성(abstractness)이라는 개념을 들여다봐야 한다.

추상성이란 소비자가 브랜드를 특정 제품범주와 연결시키는 정도를 내포하는 개념이다. 흔히 브랜드 확장이 추상적이면 추상적일수록 모 브랜드의 파워가 희석된다고 믿는다. 다시 말해 공유 속성이 적은 이질적인 제품이나 사업 영역으로 너무 멀리 브랜드를 확장하게 되면 모 브랜드의 핵심 연상이 희석되기 때문에 고객 프랜차이즈도 약화된다는 인식이 지배적이다. 비록 이런 관점은 현장 직관에 기초한 것이지만 이론적 근거가 전혀 없는 것은 아니다. 그것은 앞서 살펴본 범주화 이론이다. 브랜드 확장과 관련한 범주화 이론의 주요 가정은 '소비자는 새로운 확장 제품을 접하게 되면 이를 모 브랜드를 구성하는 다른 제품과 관련지으려는 시도를 한다'는 것이다. 이 과정에서 소비자는 확장 제품과 모 브랜드 간의 적합도를 자연스레 평가하게 된다.

그런데 이 과정에서 재미있는 현상이 일어난다. 소비자는 모 브랜드에 속한 여러 확장 제품을 범주화하면서 모 브랜드의 의미를 조금씩 수정해 나간다. 예를 들어 보자. 혼다는 최초에는 모터사이클 브랜드였다. 하지만 이후에는 자동차로 브랜드를 확장하였다. 소비자는 혼다자동차를 기존 제품인 모터사이클과 함께 범주화하면서 혼다 브랜드에 추상적인 의미를 부여한다. 이렇게 되면 혼다는 '모터로 작동하는 운송 수단'을 의미하는 브랜드로 진화한다. 혼다가 정원용 잔디 깎기와 소형 가솔린 제너레이터로까지 확장했다고 하자. 이에 대해 소비자는 혼다의 브랜드 의미를 다시 확장하고 수정할 것이다. 마침내 소비자는 혼다에 대해 아마 다음과 같은 추상 의미를 부여할 것이다. '혼다는 가솔린 엔진을 사용하는 금속제품을 제조하는 브랜드다.' 혼다의 예가 보여 주는 것처럼 모 브랜드의 의미는 확장 제품에 의해 연상 망을 넓혀 가면서 추상화될 수 있다.

혼다의 예는 그렇다 치자. 그런데 혼다의 가솔린 엔진 예와는 달리 물리적 특징이나 기능 면에서 이질적으로 보이는 확장 제품을 공유함에도 확장이 성공한 것은 어떻게 설명할 수 있을까? 버진은 왜 항공이나 신용카드 사업에서도 성공적일까? 건설 중장비 브랜드인 캐터필러는 왜 캐터필러 의류에서도 성공적일까? CJ가 엔터테인먼트 분야로 브랜드를 확장하는 것은 효과적이지 않은가? 만약 에버랜드가 에버랜드 레스토랑을 오픈한다면 어떨까? 청정원이 요리학원 사업으로 브랜드를 확장하면 어떨까? 이런 가정은 수없이 많이 해 볼 수 있다.

　이 같은 가정을 검토해 보려면 우리는 우선 브랜드 확장의 잣대인 적합도의 기준에 대해 좀 더 유연한 사고력을 발휘해야 한다. 2장에서 살펴본 것처럼 브랜드 연상을 구성하는 내용은 다양하다. 브랜드의 물리적 특징이나 속성뿐만 아니라 사용 상황, 사용자, 편익, 브랜드 개성에 이르기까지 다양하다. 그렇다면 소비자가 확장 제품을 바라볼 때 반드시 모 브랜드 제품범주의 물리적 속성, 즉 특징이나 기능 측면에서만 비교할까? 그렇지는 않다.

　만약 '더 노스 페이스(The North Face)'가 등산용 식품으로 그리고 '더바디샵'이 스파 사업으로 브랜드를 확장했다고 하자. 제품의 물리적 속성의 적합도 측면에서 보자면 이런 브랜드 확장은 합리적인 결정이 아니다. 하지만 레저나 등산 그리고 신체 관리라는 '상황' 또는 '소비자 유형'을 기준으로 본다면 분명 공유점이 있다. 브랜드 연상의 추상성은 반드시 제품의 물리적 특징이나 속성에만 해당되는 것은 아니다. 다양한 브랜드 지식, 연상 내용에 대

[그림 4-5] ☞ 캐터필러
브랜드 확장은 물리적 속성의 유사성에만 의존할 필요는 없다.

해서도 브랜드 의미가 추상화되어 갈 수 있다. 레저 브랜드인 AMF의 브랜드 의미는 'We make weekends'다. 존슨앤드존슨의 브랜드 의미는 'We know babies'이지 않은가!

창의적인 광고 크리에이티브는 브랜드 확장에도 효과적일까

소비자가 확장 브랜드를 평가할 때 핵심적인 역할을 하는 심리기제는 범주화 과정(categorization process)이다. 범주화는 구별되는 두 개 또는 그 이상의 대상을 같은 것 또는 다른 것으로 분류하는 심리적인 과정이다. 소비자는 확장 브랜드가 출시되면 확장 브랜드의 정보를 모 브랜드를 중심으로 기존의 지식구조에 포함시킬 때 확장 브랜드를 체계적으로 정리하려는 본능에서 무의식적으로 분류를 하게 된다. 이 과정에서 기존의 브랜드에 대한 지식체계에 근거해서 확장 브랜드를 모 브랜드와 유사한 것으로 인식하면 확장 브랜드를 하나로 분류하지만 상이하다면 확장 브랜드를 이질적인 것으로 분류한다. 이러한 범주화 과정은 확장 브랜드에 대한 지각된 적합성을 판단하는 데 핵심적인 기제로 작용한다.

앞에서는 순수하게 모 브랜드와 확장 브랜드의 제품속성이나 또는 브랜드 의미를 중심으로 브랜드 확장의 성공여부에 대해 논의하였다. 하지만 브랜드 확장에 대한 고지는 주로 광고를 통해 소비자에게 전달되는 것이 현실이다. 그렇다면 확장 브랜드의 광고 크리에이티브도 확장 브랜드에 대한 소비자들의 인식에 영향을 미칠까? 사람들의 인지처리에 대해 역동적인 관점을 취하는 창의인지(creative cognition) 연구에 의하면, 평범한 자극을 제시했을 때에 비해 독창적 자극을 제시했을 때 범주화 유연성이 증가하여 사고가 더욱 유연해진다(Hagtvedt & Patrick, 2008). 범주화 사고가 유연해지면 범주화가 기존 범주 중심으로 고착되지 않고 기존 범주를 벗어나서 더 멀리 확장될 수 있다. 범주화는 브랜드 확장의 성패에 영향을 미치는 핵심요인 중의 하나이기 때문에 소비자의 사고과정에 영향을 미칠 수 있다면 브랜드 확장의 성공 정도도 어느 정도는 통제가 가능할 것이다.

이러한 현상을 실증적으로 밝힌 연구가 있다. 한 연구(Meng, 2007)에서는, 실험참가자를 두 집단으로 나누어 한 집단에게는 창의적인 사고를 자극하는 과제를 주고, 다른 한 집단은 아무런 과제를 주지 않았다. 그런 다음에 두 가지 종류의 확장제품을 제시하였다. 한 가지 확장제품은 모 브랜드와 적합도가 높은 것이었고(예, 화장품과 샴푸), 다른 한 가지는 적합도가 낮은 것이었다(예, 화장품과 볼펜). 연구의 관심은 창의적인 과제를 풀게 한 집단에서 적합도가 낮은 확장제품을 어떻게 평가하는지를 보는 것이었다. 결과는 어땠을까? 예측대로 창의적인 과제를 푼 집단에서는 적합도가 낮은 확장제품에 대해서도 평가가 매우 긍정적으로 나타났다. 다른 한 연구(Hagtvedt & Patrick, 2008)에서는 한 집단에게는 예술작품을 적용한 광고를, 다른 한 집단에게는 일반적인 광고를 제시하고 적합도가 높은 확장제품과 적합도가 낮은 확장제품을 제시한 뒤에 평가를 하게 하였다. 역시, 이 연구에서도 일반적인 광고에 비해 독특한 예술작품을 적용한 광고를 본 집단에서 적합도가 낮은 확장제품에 대한 평가가 더 긍정적이었다. 우석봉과 이성수(2015)는 광고의 창의성을 직접적으로 다룬 연구를 했는데 확장제품에 대해 평범한 광고를 본 집단에 비해 창의적인 광고를 본 집단에서 비록 확장제품이 모 브랜드와 적합도가 낮더라도 확장제품에 대한 평가가 더욱 긍정적이었다. 창의적인 광고 크리에이티브는 브랜드 확장에서도 강력한 효과를 발휘할 수 있다.

5. 브랜드 에센스에 주목하라

다양한 제품이나 사업영역으로 브랜드가 확장되면서 모 브랜드 의미가 추상화되면 핵심적인 브랜드 의미가 약화되는 것일까? 이러한 질문에 있어서는 브랜드 관리자의 역할을 무시할 수 없다. 브랜드 관리자가 얼마나 명확하게 브랜드의 나아갈 방향과 지침을 가지느냐의 여부에 따라 소비자 인식 속에 응집되어 강력한 브랜드로 남을 수도 있고 아무런 의미 없는 산만한 제품 나열로 끝나는 브랜드가 될 수도 있다. 앞서 살펴본 '브랜드 의미'를 중심으로 하여 브랜드 확장을 하고자 할 때 가장 중요한 것은 장기적인 브랜드가 나아갈 명확한 방향이다.

브랜드가 나아갈 명확한 방향과 지침역할을 하는 중요한 개념은 바로 브랜드 에센스(brand essence)다. 브랜드 에센스는 브랜드 아이덴티티의 결정체다(우리는 2장에서 브랜드 아이덴티티에 대해 알아보았다). 브랜드 에센스는 궁극적으로 소비자에게 브랜드가 전하고자 하는 그 무엇, 즉 브랜드가 제안하는 핵심 가치(core value)다. 물론 브랜드 에센스의 차원은 브랜드마다 같을 수

[그림 4-6] ◑═ 베네통의 아이덴티티와 브랜드 에센스

는 없다. 어떤 브랜드는 상징적, 심리적 가치를, 어떤 브랜드는 기능적 가치를 브랜드 에센스로 한다. [그림 4-6]의 베네통 예를 보라.

니베아의 브랜드 에센스는 무엇인가? 이 질문에 답하려면 우선 니베아의 브랜드 아이덴티티가 구체화되어야 한다. 첫 단계로 니베아의 원형제품이 무엇인지 들여다봐야 한다. 이는 브랜드의 핵심가치를 추출하기 위한 첫걸음이다. 니베아의 원형제품은 바로 니베아 크림이며 푸른색의 용기가 특징이다. 니베아 크림과 둥근 용기는 단순한 제품 차원을 넘어 아기에 대한 엄마의 사랑과 보호를 상징한다. 누구나 니베아의 전형적인 향과 느낌, 부드러움 그리고 하얀색 크림이 가져다주는 감각을 기억한다. 니베아의 경우 푸른색의 용기는 브랜드의 진정한 토대라 할 수 있다. 니베아 푸른색과 원형제품인 보습 크림은 어떤 중요성이 있는 것일까? 푸른색은 서양인의 절반 이상이 선호하는 색이다. 푸른색은 꿈(하늘), 고요(밤), 신의 순수한 사랑, 평화를 상징한다. 니베아 크림의 하얀색은 순수, 건강, 신중함, 간결함과 평화를 상징한다. 크림 그 자체는 피부에 수분을 제공하고 개인의 자연환경에 인간성이라는 본질을 주입하는 것이다.

이런 것이 한데 모여 니베아의 가치를 표방한다. 니베아의 철학은 브랜드에 충만하다. 인간의 공존에 기초한 생에 대한 관점 그리고 신뢰, 관용, 책임, 정직, 평화와 사랑과 같은 강력한 도덕적 가치를 담게 되는 것이다. 유능감에 관한 한 니베아는 안전, 자연, 부드러움, 혁신을 나타낸다. 마지막으로 제품 그 자체는 공정한 가격에 무한, 간결함, 혁신을 판다. 그리고 이것이 니베아라는 브랜드가 전 세계인에 의해 인식되는 방식이다. 니베아는 본질적으로 무엇을 파는가? 니베아의 브랜드 에센스는 무엇인가? 순수한 사랑과 보살핌이다. 다음 브랜드의 에센스를 보자.

- 엑스(Axe): 남성적 매력
- 잭 다니엘: 길들여지지 않은 야성
- 코닥: 가족 보존
- 네슬레: 사랑과 영양
- 아멕스: 개인의 성공
- 할리데이비슨: 우월감

향후 브랜드 확장 관리에서 브랜드 에센스의 중요성은 점차 높아질 것이다. 주된 배경은 '경계 넘나들기' 현상이다. 앞으로는(현재도 그렇지만) 브랜드의 경쟁자나 경쟁의 장(field of competition)이 점차 넓어진다는 것이다. 예컨대, 롯데리아의 경쟁자는 누구인가? 우리 대부분은 맥도날드나 버거킹 등 동종의 패스트푸드 브랜드가 롯데리아의 경쟁자라고 말할 것이다. 스타벅스의 경쟁자는 누구인가? 역시 카페베네나 커피빈이라고 말할 것이다. 과연 그럴까? 아마 아닐 것이다.

패스트푸드 브랜드는 더 이상 패스트푸드 브랜드끼리 경쟁하지 않는다. 파리바게트나 던킨과 경쟁한다. 직장인의 아침용 먹을거리 선택대안을 보자. 직장인의 머릿속에서는 햄버거와 유기농 샌드위치 또는 도너츠가 서로 경쟁한다. 커피는 더 이상 스타벅스의 전유물이 아니다. 맥도날드와 버거킹에서도 카푸치노와 라떼를 판매한다. 던킨에서는 녹차까지 판매한다. 이처럼 경쟁의 경계가 모호해질수록 브랜드 전략가는 브랜드 관리의 틀을 확장하고 수정할 필요가 있다. 특히 시장에서 리더의 위치에 있는 브랜드일수록 경쟁의 경계를 유연하게 보는 관점의 전환이 더욱 필요하다. 롯데리아는 더 이상 맥도날드만을 경쟁자로 볼 수 없다. 켈로그 역시 더 이상 포스트(Post)만을 경쟁자로 볼 수 없다.

　이런 환경에서 브랜드가 우위를 점하기 위해서는 브랜드가 제안하는 핵심 가치를 가다듬고, 브랜드 관리의 초점을 브랜드 에센스에 집중해야 한다. 브랜드 에센스는 여러 차원의 가치를 기반으로 할 수 있지만 모 브랜드의 에센스가 기능적 가치에 비해 추상적 가치를 표방할수록 브랜드 확장을 하기는 더욱 용이하다. 시계 브랜드인 로렉스와 타이맥스를 예로 들어 보자. 로렉스는 위신, 고급과 같은 상징적(symbolic) 가치가 강하지만 타이맥스는 시간 정확성, 내구성 등의 기능적(functional) 가치와 강하게 결합된다. 만약 팔찌나 목걸이와 같이 모 브랜드와 적합도가 떨어지는 제품으로 확장한다면 타이맥스보다는 로렉스가 성공할 가능성이 더 높다(그림 4-7 참조). 왜 그럴까? 타이맥스와 같은 기능적 콘셉트의 브랜드에 비해 로렉스와 같은 상징적 콘셉트의 브랜드는 적합도가 낮은 확장 제품을 동화하는 능력에서 앞서기 때문이다. 상징적 브랜드 콘셉트의 경우 소비자는 비록 확장 제품의 적합도가 낮

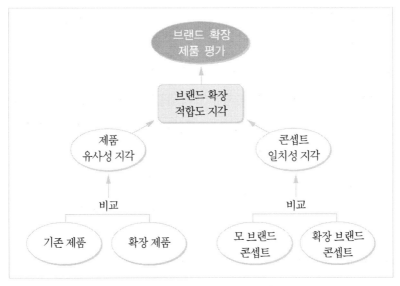

[그림 4-7]　브랜드 확장 평가 과정

더라도 모 브랜드 의미 연결망이 더 넓게 형성되어 있기 때문에 적합도가 낮은 확장 제품이더라도 '그럴 수 있음'에 대해 손쉽게 확인하고 수용할 수 있다. 다시 말해, 상징적인 브랜드 콘셉트는 기능적 브랜드 콘셉트에 비해 품격이나 명성과 같은 추상적 의미로 전달되기 때문에 이질적 정보를 흡수하기에 더욱 용이하다(Park, Milberg, & Lawson, 1991). 예컨대, 모 브랜드와 적합도가 떨어지는 확장 제품(예, 몽블랑 만년필–몽블랑 서류 가방)에 대해 소비자는 이를 평가하기 위해 상위의 추상성 수준을 모색하고 이를 기준으로 제품을 평가한다(Johnson, 1984). 이럴 때 기능적인 콘셉트의 브랜드에 비해 상징적인 콘셉트의 브랜드가 좀 더 유리한 위치에 있게 된다.

브랜드 에센스에 기초한 브랜드 확장의 심리기제

만약 소비자가 확장 제품을 평가할 때 브랜드 에센스와 같은 모 브랜드의 추상적 의미를 동원한다면 속성 유사성이 떨어지는 여러 확장 제품으로 확장한다고 하여 반드시 브랜드 자산이 약화되리라고 단정할 필요는 없다. 확장 제품이 브랜드 에센스를 공유한다면 복수 제품으로의 확장도 성공적일 수 있다. 그러면 소비자가 복수 확장 브랜드에서 브랜드 에센스를 추출하는 데 중요한 역할을 하는 심리기제는 무엇일까? 그것은 바로 목적성 범주화(goal-derived categorization)다.

앞서 살펴본 가족 유사성은 전통적인 브랜드 확장 시 확장 제품의 전형성 정도를 예측하는 데는 유용하다. 하지만 캐터필러나 네슬레와 같이 추상적 브랜드 에센스에 토대한 브랜드 확장 평가에는 적합하지 않다. 목적성 범주란 '생일 선물을 줄 때 받는 사람을 기쁘게 하는 것'이나 '집에 불이 났을 때 제일 먼저 밖으로 옮겨야 할 것' 등과 같이 어떤 특정의 목적을 충족시키는 성원으로 구성되는 것을 말한다. 생일 선물이라는 목적성 범주의 보기로는 옷, 이벤트, 보석, 저녁식사, 케이크 등이 있다. 이들 간에는 물리적 속성이나 외형이 비슷하지도 않고 공유하는 속성이 많지도 않다는 점을 주목하라. 다시 말해 이들의 가족 유사성은 매우 낮다.

목적성 범주에 속하는 성원은 물리적 특징이나 속성이 아니라 표면에 드러나지 않는 기저원리에서 유사성을 공유한다(Murphy & Medin, 1985). 주말에 할 가족 활동을 정할 때에는 우리가 즐기는 일을 생각하고, 집에 화재가 발생해 들고 나가야 할 물건을 선택할 때는 두 번 다시 구입할 수 없거나 돈으로 환산되지 않는 값진 물건, 즉 가족 앨범이나 특별한 날의 기념품 또는 중요한 서류를 생각한다. 모 브랜드와 확장 제품 간 속성의 적합도나 유사성에 따라 범주가 형성되는 방식 및 범주에 속하는 성원들에 대한 판단이 영향을 받지만 브랜드 확장에서의 범주화를 완전히 이해하기 위해서는 저변에 깔린 법칙을 간파하는 것이 무엇보다 중요하다.

목적성 범주의 경우, 범주에 속한 구성원이 목적을 어느 정도 충족하는지가 핵심 원리로 작용한다. 목적성 범주는 '이상적인 것(ideal)'을 중심으로 조직되며, 목적을 가장 잘 충족시키는 구성원이 그 범주의 가장 전형적인 구성원이 된다. 다이어트 음료라는 범주의 경우, 열량의 이상적 수치는 제로이기 때문에 열량이 적은 제품일수록 체중 감량이라는 목적을 더 잘 충족시킨다. 아마 다이어트를 시도해 본 사람이라면 누구나 한 가지 이상의 목적을 충족시키고자 한다는 것을 알고 있을 것이다. 따라서 우리는 체중 감량, 건강 유지, 식도락이라는 여러 가지 목적을 달성하기 위해 열량은 최저이고 영양과 맛은 최고인 음식을 찾게 된다.

6. 연상의 방향이 중요하다

우리는 '브랜드 활성화'에서 브랜드 연상이라는 것에 대해 알아보았다. 그런데 브랜드 연상은 브랜드 확장을 할 것인지의 여부를 판단할 때도 매우 중요한 역할을 한다. 그러한 역할은 바로 브랜드 연상의 '양방향성'과 관련이 있다. 대부분의 경우에는 브랜드 확장관리를 하고자 할 때 모 브랜드의 연상 내용만을 고려하는데 그것과 함께 확장하고자 하는 제품에서 활성화되는 연상도 동시에 고려해야 한다. 왜 브랜드 확장 관리를 할 때 방향을 고려해야 하는지 다음 모형을 통해 알아보자. [그림 4-8]은 브랜드 연상의 '방향성' 모형이다(Farquhar & Herr, 1993).

연상 내용은 제품범주, 편익, 사용 상황 등 우리가 앞에서 살펴본 브랜드의 다양한 지식 내용이다. 이제 브랜드 확장 장면에서 우리는 다음과 같은 두 가지 질문을 할 수 있다.

[그림 4-8] ◦━ 브랜드 연상의 방향성 모형

- 브랜드와 연상 내용은 일방향성인가? 즉, 연상 내용은 언제나 브랜드에서 출발하는 것인가? 특정 속성에서 브랜드로 연상이 진행되지는 않는가?
- 브랜드와 연상 내용 간에 양방향성이 존재한다면 방향에 따른 연상 강도는 브랜드 확장에 어떤 영향을 미치는 것일까?

만약 브랜드 관리자가 연상 내용과 브랜드 간의 방향성 강도는 동일하지 않을 것이라고 가정한다면 이 둘 간의 연결 방향의 강도에 대해서도 숙고해야 한다. 연상 내용과 브랜드 간의 방향과 연결 강도가 다르다면 일방향성을 전제하여 수립하는 브랜드 확장과는 다른 전략적 접근이 필요하다.

심리학자인 콜린스와 로프투스(Collins & Loftus, 1975)는 범주화 연구 과제의 예를 들면서(예, 울새는 새다. 참인가 거짓인가?) 이런 과제를 풀 때 우리의 기억 탐색 과정은 반드시 울새(사례)에서 새(범주)로 진행되지는 않는다고 한다. 기억 탐색은 울새와 새의 어느 방향에서든 진행될 수 있다. 하지만 중요한 것은 처음에 어떤 자극이 먼저 활성화되느냐는 것이다. 무엇이 먼저 촉발되느냐에 따라 활성화의 방향이 달라진다. 우리가 기억탐색을 할 때 어떤 노드가 먼저 활성화되느냐에 따라서 노드와 연결된 연상의 방향이 결정된다. 연상의 방향성 개념을 브랜드 확장 관리에 적용하면 다음과 같은 두 가지 유형의 방향을 생각할 수 있다(그림 4-8 참조).

- 브랜드 노드에서 출발하여 연상 내용으로 확산되는 것(brand-to-associate)
- 연상 내용 노드에서 출발하여 브랜드로 확산되는 것(associate-to-brand)

소비자가 브랜드 확장을 탐색하는 과정은 (1) 브랜드에서 출발하여, (2) 브랜드가 일으키는 내용을 떠올리고, (3) 확장 가능한 제품인지를 확인하는 세 단계로 묘사할 수 있다. 이 모형은 브랜드 관리자가 어떤 확장 제품이 모 브랜드에 잘 어울리며, 소비자가 적합한 것으로 인식하는지 판단하고 결정하는 데 많은 도움이 된다.

'브랜드에서 연상 내용으로' 방향은 이미 앞서 살펴본 범주 전형성 연구에서 자세히 다루었다. 심리학자는 한 범주의 성원이 그 범주를 대표하는 정도를 지칭할 때 전형성이란 용어를 사용한다는 것도 이야기하였다. 의자, 소파, 탁자가 가구의 '좋은' 성원이다. 차, 트럭, 버스는 운송도구의 좋은 성원이며, 오렌지, 사과는 과일의 좋은 성원이라는 점에 우리는 대개 수긍한다. 이와 같이 '좋은 보기'의 성원, 즉 전형적인 성원은 그들이 속하는 범주에 있는 다른 성원과는 공유하는 속성이 많은 것이 특징이다. 따라서 전형성이란 범주의 성원이 그 범주를 대표하는 정도로 정의할 수 있다. 전형성은 범주의 성원으로서 얼마나 좋은 보기인가에 대한 평가로 측정할 수 있다는 것도 앞서 논의하였다.

이 같은 관점은 브랜드 연상이 일방향인 것으로 전제함으로써 브랜드 확장전략 수립 시에 잘못된 결정에 이르게 할 수 있다. 예컨대, 제품에 대한 지식이 별로 없기 때문에 브랜드 간의 차이에 대해 잘 모르는 어떤 소비자가 특정 제품을 구입한다고 가정해 보자(와인). 이 경우 소비자는 그 범주의 가장 전형적이라고 생각하는 브랜드를 구입할 가능성이 가장 높을 것으로 예측하게 된다. 왜냐하면 전형적인 것은 회상이 용이하기 때문이다.

하지만 이상과 같은 소비자 행동예측이 지닌 첫 번째 문제는 '브랜드에서 연상 내용으로'의 연결 방향은 고려되지 않았다는 점이다. 이미 구매목표(와인을 사야겠다)가 결정되었기 때문에 이 경우에는 특정 브랜드가 아니라 제품범주인 와인이 먼저 활성화된다(와인으로 어떤 브랜드를 살까?). 그리고 브랜드와 제품범주 간에는 연상 방향의 비대칭성이 만들어진다. '브랜드에서 연상 내용으로'가 아니라 '제품범주/연상 내용에서 브랜드' 방향으로의 연결이 브랜드 회상을 더 잘 예측하게 된다.

두 번째 문제는 브랜드 연상의 방향성을 잘못 해석하는 것이다. 토버 (Tauber, 1993)는 다음과 같이 말했다. "브랜드 레버리지(leverage)란 브랜드 네임만을 이용하여 새로운 확장 제품이 경쟁 제품보다 더 낫다는 인식을 제공하는 것이다." 비록 브랜드-연상 방향이 확장 제품과 브랜드 간의 적합성을 측정하는 적절한 방법이긴 하지만 이는 실제 브랜드 레버리지 개념과는 반대 방향을 가정한 것이다. 이후에 토버는 브랜드 레버리지의 개념을 좀 더 구체화했다. 브랜드 레버리지란 특정 브랜드가 '소유하는 것'에 의해 결정된다고 하였다. 어떤 연합 내용을 떠올렸을 때(식사에 어울리는 와인) 특정 브랜드가 생각난다면 이때 그 연합 내용은 비로소 그 브랜드에 의해 '소유'되는 것이라고 말할 수 있다. '사진'은 코닥에 의해 소유된다. 그리고 '표백'은 옥시크린에 의해 소유된다. 브랜드가 소유하는 것이 무엇인지를 결정하는 것은 '브랜드-연상' 방향이 아니라 '연상-브랜드' 방향 강도인 것이다.

이상의 논의는 브랜드 확장의 관리에서 브랜드와 연상 내용의 이중구조 (dual structure), 즉 연상의 방향을 고려하는 것이 매우 중요함을 보여 준다. 그러면 연상의 방향성을 어떻게 측정하고 관리할 수 있을까? 이제 이에 대해 구체적으로 살펴보자.

범주 우월성

범주 우월성(category dominance)은 특정 제품범주에서 활성화되어 특정 브랜드로 연상이 확산되는 강도로 정의할 수 있다. 예컨대, 케토톱과 트라스트는 둘 다 관절염 치료제 범주에 속하는 사례다. 이 경우 범주 우월성은 관절염 치료제라는 제품범주가 거기에 속한 브랜드를 불러일으키는 정도로 측정할 수 있다. 범주 우월성을 통해 브랜드 연합 강도를 측정하는 데는 세 가지 방법이 있다.

명명법

명명법(naming methods)은 소비자에게 특정 제품범주를 제시한다(예, 맥주). 그리고 그 제품범주에 속하는 브랜드를 회상(recall)하게 한다. 먼저 회상된 브랜드가 이후의 브랜드 회상에 미치는 영향을 줄이기 위해 최대 회상 브랜드의 수를 알려 주거나(예, 최초 3개 브랜드를 말하시오), 회상 시간에 제한을 둔다(예, 20 또는 30초 내로 말하시오). 이 방법은 면접조사의 브랜드 회상질문과는 다르다. 면접조사에서는 회상시간에 제한을 두지 않기 때문에 명명법

[그림 4-9] 순간노출기

이 브랜드의 결합 강도를 알아내는 더욱 정확한 방법이다.

반응잠재법

반응잠재법(latency methods)은 순간노출기(tachistoscope)를 이용하는 것이다. 제품범주를 매우 짧은 시간(대략 750ms 정도) 보여 준다. 그다음 제시한 제품범주에 속하거나 또는 속하지 않는 브랜드를 섞어서 순간노출기에 제시한다. 이때 소비자는 순간노출기에 제시된 브랜드가 해당 제품범주에 속하는 브랜드인지 아닌지 '예, 아니요' 버튼을 통해 가능한 한 빨리 판단해야 한다. 소비자의 '예, 아니요' 반응은 컴퓨터에 의해 자동으로 기록된다. 잠재반응법에 의한 범주 우월성은 브랜드를 정확하게 분류하는 데 소요된 속도(반응시간)로 측정된다.

촉진법

촉진법(facilitation methods)은 제품범주를 컴퓨터 스크린에 보여 준 뒤 곧이어 부분적으로 가려져서 알아보기 모호한 브랜드명을 제시한다([그림 4-10] 참조). 시간이 지나면서 가려진 부분이 무선적으로 조금씩 제거되면서 마침내 온전히 알아볼 수 있는 브랜드가 된다. 소비자는 점들이 제거되는 과정에서 가능한 한 빨리 브랜드를 알아맞히면 된다. 촉진법에서 범주 우월성은 가려진 브랜드를 정확하게 알아채는 데 소요된 시간으로 측정된다.

명명법과 반응잠재법은 특정 브랜드의 범주 우월성을 측정하는 매우 효과

[그림 4-10]   촉진법에 사용되는 브랜드 자극 예

적인 방법이다. 이 두 방법은 특정 제품범주와 브랜드 간의 연결강도를 측정함으로써 현재 자사 브랜드의 위상 및 경쟁관계를 추론할 수 있는 강력한 자료를 제공한다. 한편, 촉진법은 앞의 두 방법과 달리 '점화 재인과제'를 사용한다는 차이점이 있다(점화에 대해서는 3장에서 상세하게 논의하였다). 촉진법에서 소비자는 단지 브랜드가 무엇인지 맞힐 뿐이지 그 브랜드가 속한 제품범주를 결정하는 것은 아니다. 촉진법이 제품범주−브랜드 방향의 연합을 측정하는 좀 더 엄격한 방법이긴 하나 실제 사용이 어렵다는 문제가 있다.

범주 우월성이 높은 브랜드는 그렇지 않은 브랜드에 비해 회상이 더욱 빨리 되며 좀 더 자주 회상되고 나아가 특정 제품범주를 예상하고 브랜드를 보았을 때 특정 브랜드를 더욱 빨리 알아차릴 수 있다. 따라서 범주 우월성이 높은 브랜드는 분명 경쟁우위에 있을 수 있다. 여기서 우리는 '범주'를 좀 더 유연하게 해석할 필요가 있다. 맥주, 라면 등과 같은 제품 분류상의 범주는 물론 '가볍게 먹을 점심' 또는 '부모님께 선물할 것'이나 '가족과 함께 즐길 오락' 등과 같은 사용목적이나 편익도 범주로 사용할 수 있다. 용도나 편익을 범주자극으로 사용할 경우에는 브랜드의 포지셔닝 강도나 성과의 측정으로도 활용할 수 있다.

브랜드 우월성

브랜드 우월성은 앞서 살펴본 범주 우월성과는 반대로 브랜드에서 제품범주 방향으로의 연결 강도로 정의된다. 브랜드 우월성은 브랜드 네임이 특정 제품범주를 불러일으키는 정도로 측정된다. 범주 우월성 측정에 사용하는 세 가지 측정 방법이 동일하게 적용되지만 브랜드 우월성을 측정할 때는 약간의 변화가 필요하다.

명명법을 적용할 경우, 제품범주 대신 브랜드를 소비자에게 보여 준 다음 떠오르는 제품범주를 회상하도록 한다. 예컨대, 미닛메이드(Minute Maid)를 불러 주고 떠오르는 제품유형을 회상하도록 하는 것이다. 특히 모 브랜드나 기업 브랜드와 같이 여러 제품을 거느린 브랜드일 경우에 브랜드 우월성에서 명명법을 적용하면 브랜드의 원형제품이나 플래그십 제품을 파악하는 데 매우 유용하다. 약간 변형을 한다면 공통 브랜드명[1] 만을 보여 주고 제품범주를 떠올리게 할 수도 있다. 그러면 이 공통 브랜드 부분이 어떤 브랜드에 더 강하게 귀속되며, 또 어떤 제품범주와 강력하게 연합되어 있는지 알 수 있다.

브랜드 우월성은 특히 브랜드 확장 관리를 위한 효과적인 방법이다. 어떤 브랜드의 확장 가능한 제품은 무엇일까? 소비자에게 브랜드를 제시한 뒤 그럴싸한 제품의 이름을 모두 말하도록 한다고 하자. 이 경우 브랜드 우월성은 (1) 응답한 제품범주의 순서, (2) 제품범주의 응답 빈도의 두 가지로 측정할 수 있다. 이 방법은 특정 브랜드의 확장 잠재범위인 범주 적합도를 측정하는 데 효과적으로 사용될 수 있다.

잠재반응법을 적용하는 것은 범주 우월성에서와 동일하다. 순간노출기로 브랜드를 제시한다. 이어서 제품범주 목록을 제시한다. 이 제품범주 목록에는 제시한 브랜드가 속한 것과 아닌 것이 섞여 있다. 소비자는 그 브랜드가 제시한 제품범주의 성원인지 아닌지 실수 없이 가능한 한 빨리 판단해야 한다. 촉진법도 마찬가지다. 다만 범주 우월성 측정과 순서가 바뀔 뿐이다. 브랜드를 먼저 제시한다. 그리고 점으로 가려진 모호한 제품범주명을 보여 주

---

1) common brand name: 다른 기업이 공통적으로 사용하는 브랜드 명의 한 부분. 예를 들면, United~, Life~ 또는 자연의~, 가족건강~ 등과 같이 브랜드를 수식하는 단어나 문구

고 가능한 한 빨리 인식하도록 하고는 제품범주를 알아차리는 속도를 측정한다.

7. 위·아래, 어디로 확장할 것인가

때로는 소비자 욕구나 시장상황 변화로 인해, 때로는 경쟁 환경의 압력으로 인해 기업은 현재의 제품보다 낮거나 혹은 높은 가격대의 제품을 시장에 도입하게 된다.. 이럴 경우 기업은 기존 브랜드의 이점을 최대한 활용하고자 하여 신제품에 브랜드를 확장하게 된다. 이때 낮은 가격대의 제품에 브랜드를 확장하는 것을 하향식(top-down) 브랜드 확장이라 한다. 메르세데스 벤츠의 이코노미 클래스 출시를 예로 들 수 있다. 물론 그 반대의 경우도 있다. 좀 더 높은 가격대를 출시하면서 기존 브랜드를 활용하는 것이다. 좀 더 높은 가격의 제품에 대해 브랜드를 확장하는 것을 상향식(bottom-up) 브랜드 확장이라 한다. 조니워커 블루라벨을 예로 들 수 있다.

누구나 예상하듯이 하향식 브랜드 확장을 구사할 경우에는 모 브랜드의 이미지나 위상이 손상당할 위험이 있다. 이런 위험은 주로 모 브랜드의 연상이 희석된다는 것이다. 마치 붉은색이 흰색을 만나면 분홍으로 바뀌듯이 모 브랜드 이미지의 강도가 약화되는 것이다. 이런 잠재 위험을 방지하기 위해서 하향 브랜드 확장을 할 때는 하위 브랜드(sub-branding) 전략을 적용하는 것이 효과적이다. 예컨대, 질레트의 'Good News'처럼 모 브랜드 노출을 최소화하거나 또는 유나이티드 항공의 'Shuttle by United'나 메리어트 호텔의 'Courtyard by Marriott'와 같이 모 브랜드가 전면에 나서기보다는 단지 보증 역할을 할 수 있다. 이렇게 하면 모 브랜드는 자신의 이미지를 하향 확장 브랜드로부터 일정 거리를 유지하며 보존할 수 있게 된다.

상향식 브랜드 확장은 하향식 브랜드 확장에 비해 좀 더 미묘한 문제가 있다. 이 경우 가장 골칫거리는 기존 브랜드에 대한 소비자의 '첫인상 효과'를 어떻게 변화시키느냐는 것이다. 예컨대, 갈로(Gallo) 와인은 좀 더 양질의 고가 신제품 와인에 새로운 브랜드를 부여하기보다는 고집스럽게 갈로를 사용했다. 와인은 우수했지만 갈로 확장 제품의 판매는 지지 부진했다. 소비자는 갈로에 대한 첫인상 효과를 바꾸지 않았던 것이다. 조니워커도 유사한 상황에 직면했는데 기존 조니워커의 연상 때문에 조니워커 블루에 대한 소비자 인식을 바꾸기가 쉽지 않았다.

상향 확장에서 이러한 문제를 해결하는 효과적인 전략은 별도의 독립 브랜드를 적용하는 것이다. 기존 브랜드 지식이 활성화되는 것을 근원적으로 차단하는 것이다. 닛산의 인피니티나 도요타의 렉서스 그리고 우리나라 가

[그림 4-11] 브랜드 확장 방향에 따른 고려사항 및 대응전략

전 하우젠이나 디오스는 모두 독립 브랜드를 사용한 브랜드 분리전략의 전형이다. 물론 도요타나 닛산, 삼성전자 모두 기술이나 하드웨어적 측면에서 별다른 문제가 없다. 하지만 고가 제품은 기능적 편익보다는 상징적, 사회적 편익이 중요한 요소로 작용한다. 따라서 브랜드를 분리하는 것이 효과적인 것이다. 만약 기능적 편익이 중요하게 작용하는 제품이라면 브랜드를 분리하기보다는 브랜드 수식어(modifier)를 사용하는 것도 효과적이다. 가장 흔한 예는 제약에서 찾을 수 있다. 판피린 허브, 하벤 골드, 초강력(extra strength) 타이레놀 등이 그런 예가 된다(이런 것을 슈퍼 브랜딩이라 한다).

통합 브랜드
커뮤니케이션의 심리학

BRAND PSYCHOLOGY

05

　　현대에서 소비자와 성공적인 커뮤니케이션을 통한 브랜드 구축은 이제 더 이상 전통적인 대중매체 광고 또는 광고와 세일즈 프로모션 등의 단순 조합만으로 달성될 수 없다. 기업이 광고대행사에 전통적인 4대 매체 중심의 광고 커뮤니케이션 이외에 독창적이며 창의적인 다양한 커뮤니케이션 아이디어를 요구하는 것도 흔한 일이 되었다. 언젠가 간간이 입에 오르내리던 통합 마케팅 커뮤니케이션(Integrated Marketing Communication: IMC)은 이제 더욱 강력한 브랜드 구축을 위한 필수 용어가 되어 버렸다.

　　미디어는 계속 다양해지고 있고 정보통신 기술의 발달로 기업은 시간과 공간의 제약을 받지 않고 소비자에게 접근할 수 있게 되었다. 뿐만 아니라 극세분화하는 소비자의 취향이나 라이프스타일로 인해 미디어 개념에도 변화가 일어나고 있다. 커뮤니케이션 비용을 어떻게 하면 더욱 효율적으로 사용할 것인가에 대한 욕구에서 출발한 통합 커뮤니케이션은 비용 효율성의 차원을 넘어 강력한 브랜드 구축을 위한 브랜드 커뮤니케이션의 중심 축으로 진화하고 있다. 이제 통합 커뮤니케이션의 전략적인 계획수립과 실행능력은 현대 브랜드 전략가나 관리자가 갖추어야 할 선택요소가 아니라 필수요소가 되었다. 이 장에서는 통합 마케팅 커뮤니케이션을 4P(제품, 가격, 유통, 촉진) 중에서 제품, 가격, 유통을 제외한 촉진 커뮤니케이션 중심으로 브랜드 구축의 관점에서 살펴볼 것이다.

1. 왜 통합 마케팅 커뮤니케이션인가

어떤 학자는 마케팅 커뮤니케이션의 통합적인 접근이 최근의 현상이라고 하고 또 다른 학자는 용어는 새롭지만 접근방식은 이미 오래전부터 현장에서 실행되어 왔다고도 한다. 모든 마케팅 기능과 촉진 행위를 효과적으로 통합하는 것의 중요성이 마케팅 문헌에 등장한 것도 최근의 일은 아니라는 것이다. 하지만 통합 마케팅 커뮤니케이션 개념의 본격적인 사용은 1980년대에 미국 비즈니스 실무에서 시작되었으며 돈 슐츠(Don Schultz)에 의해 촉진되고 그 후로 학계에서 주요 연구주제로 다루기 시작하였다.

내이크(Naik, 2007)는 현대 광고 커뮤니케이션은 지난 100년간 4개의 빅 아이디어를 거쳐 왔는데 통합 마케팅 커뮤니케이션은 가장 최근의 네 번째 빅 아이디어라고 할 만큼 중요한 이슈임을 강조한 바 있다. 광고 커뮤니케이션에 영향을 미친 첫 번째 아이디어는 홉킨스(Hopkins)의 '과학적 광고' 틀이다. 인쇄매체 광고와 다이렉트 메일이 활성화되면서 비용대비 광고효과에 대한 관심이 증가하자 홉킨스는 소비자 반응을 정확히 분석할 필요가 있음을 인식하고 이를 어떻게 측정할 것인지에 주목하였다. 인쇄광고의 쿠폰 회수율을 통한 광고효과의 객관적이고 과학적인 측정법이 주목을 받았다. 두 번째 아이디어는 리버스(Reeves)의 'USP(Unique Selling Proposition)'다. 교통의 발달과 대량생산으로 인해 소비자가 여러 브랜드를 경험할 기회가 증가하면서 자사 브랜드만의 차별적 기능이나 편익이 시장에서 경쟁우위를 점하는 데 그 무엇보다 중요하다는 인식이 높아진 것이다. 이에 경쟁사가 가지지 못하는 자사만의 독특한 판매 제안의 중요성이 부각되었다. 세 번째 아이디어는 오길비(Ogilvy)의 '브랜드 이미지'다. 영상매체의 발달로 제품에 대한 문자 형태의 정보 대신에 비주얼이 가져다줄 수 있는 이점에 눈을 돌리게 되었는데 다른 한편으로는 브랜드 간에 독특한 판매 제안을 차별화하는 것이 점차 어려워졌다는 점이 결정적 계기가 되었다. 즉, 경쟁자가 제품의 기능이나 특징을 손쉽게 모방할 수 있다는 문제가 불거졌다. '독특한' 판매 제안의 가치가 점차 감소하기 시작한 것이다. 따라서 모방 가능한 기능중심의 편익 대신에 상대적으로 모방이 어려운 브랜드 개성의 중요성이 부각되었다(현대의 포지셔닝은 USP와 브랜드 이미지가 포함된 개념이라 할 수 있다).

그 이후로 대중매체와 매체 비어클의 분화, 인터넷의 등장 등으로 인해 소비자가 광고를 접할 수 있는 경로가 점차 다양해지면서 광고효과를 높이는 것이 어려워지자 어떻게 하면 광고비용을 더욱 효율적으로 사용할 수 있는지에 대한 관심이 고조되었다. 이전에는 광고매체의 효과를 각기 독립적인 것으로 취급하는 환원주의적 입장을 가졌다. 하지만 광고매체가 다양화되면서 매체 간의 결합효과나 매체 간 보완효과를 무엇보다 중요하게 인식하기 시작했다. 커뮤니케이션의 효과를 매체별로 독립적이 아닌 '총체적' 효과로 보아야 하며 그로 인한 커뮤니케이션의 '시너지'가 중요하다고 인식하기 시작한 것이다. 네 번째 아이디어인 통합 커뮤니케이션의 본격적인 등장은 이상과 같은 환경에서 비롯되었다. 통합 커뮤니케이션이 중요한 아이디어로 부상하는 데 영향을 미친 환경요인에 대해 좀 더 구체적으로 살펴보자.

무엇이 통합 마케팅 커뮤니케이션의 본격 부상을 가져왔는가

우선 정보기술의 발달을 한 가지 영향 요인으로 꼽을 수 있다. 정보기술의 급격한 발달로 인해 기업은 시간과 공간의 제약을 받지 않고 소비자에 대한 정보에 접근 가능하게 되었다. 컴퓨터 기술의 발달로 방대한 고객 정보를 수집하고 그 정보에 자유자재로 접근하는 것도 가능하게 되었다. 이제 기업은 성별이나 연령, 소득과 같은 인구통계자료뿐만 아니라 생활양식이나 매체 이용 행동까지 포함하는 좀 더 심층적인 라이프스타일 자료를 얻고 이를 정교하게 분석함으로써 고객의 실체를 더욱 구체적으로 파악하고 분류하여 고객 유형별로 차별적인 전략을 구사하는 것이 가능해졌다. 이는 당연히 고객 유형에 따른 차별적인 커뮤니케이션이 더욱 효과적이라고 인식하게 만들었다.

두 번째 영향 요인으로 유통채널의 변화도 무관하지 않다. 과거 전형적인 유통경로는 생산자(기업)에서 대리점 그리고 소매점과 소비자로 이어지는 오프라인 중심의 구조였다. 그러나 인터넷과 정보기술의 발전으로 '파워'는 기업이 아니라 소비자 쪽으로 이동하고 있다. 기업이나 제품의 정보에 대한 소비자의 접근성이 획기적으로 높아졌다. 이제 '고전적인' 소비자 정보 탐색 모형도 변화를 맞이할 때가 되었다. 고전적인 소비자 의사결정 모형은 '선형적인' 과정을 전제로 한다(예, 욕구→탐색→수집→분석→평가 등). 하지만 인터넷은 정보탐색과 다양한 브랜드(대안)에 대한 병렬적인 평가를 가능하게 만들었다. 나아가 인터넷은 브랜드에 대한 정보의 부재라는 문제를 말끔히 해소하였다. 검색어만 입력하면 특정 브랜드에 대해 원하는 정보를 무제한으로, 그것도 중요도에 따라 분류된 상태로 입수 가능하게 되었다. 광고는 기껏해야 브랜드 존재를 알리고, 좀 더 잘하면 브랜드에 대한 긍정적인 이미지 형성에 기여하는 상황이 전개되고 있다.

세 번째 영향 요인으로 정보의 통합 용이성의 영향도 간과할 수 없다. 현대의 소비자는 기업이 보내는 메시지를 수집하고 해석하는 다양한 수단으로 무장하고 있다. 즉, 기업이 내보내는 브랜드에 대한 메시지를 통합하는 다양한 방법을 갖고 있는 것이다. 기업의 홈페이지나 웹사이트, 블로그, 게시판, 소셜 네트워크 등을 통해 소비자는 원하는 정보를 언제든, 어디서든 수집할 수 있다. 그뿐만 아니라 다른 소비자가 가공한 정보에도 거의 무제한으로 노출된다. 이는 무엇을 말하는가? 소비자가 다양한 루트를 통해 정보를 통합한다면 기업도 커뮤니케이션 채널을 다변화하고 그에 적합한 커뮤니케이션 방식을 강구해야 한다는 것이다.

네 번째 영향 요인으로 경쟁 상황의 변화를 들 수 있다. 기업의 경쟁은 이제 더 이상 매장의 물리적 공간이나 전통적인 대중매체의 광고에서만 이루어지지 않는다. 대중매체 광고효과의 감소는 어제 오늘의 이야기가 아니다. 물류 시스템의 발달로 인해 오프라인상의 유통공간이나 판매장소만을 중심으로 소비자 접근성에서 경쟁우위를 점하는 것이 중요하다는 인식도 변하고 있다. 이제 인터넷 공간은 물론이고 소비자 라이프스타일의 다양화로 소비자가 이동하는 모든 시간과 공간에서 소비자와 기업(브랜드)이 만나는 '접점(contact point)'이 경쟁의 장으로 변하고 있는 것이다. 접점은 소비자가 브랜드에 대한 부가 정보를 획득하는 매체로 진화하고 있다. 나아가 포장지의 바코드를 읽어 낸 스캔 데이터로 무장한 판매점이 브랜드들이 집행하는 소비자 프로모션의 효과를 산정하여 효과가 낮은 브랜드의 매장 내 프로모션 활동을 중지시켜 버리는 데는 하루도 걸리지 않는다. 이는 무엇을 말하는가? 이제는 과거와 같이 세일즈 프로모션과 같은 단순한 형태의 커뮤니케이션 조합으로는 더 이상 브랜드 목표를 달성하기 어렵게 된 것이다.

마지막으로 반드시 거론되어야 하는 영향 요인은 바로 브랜드 동위(parity), 즉 브랜드 간의 실질적인 차이가 감소하는 현상이다. 시장은 수많은 브랜드로 넘쳐 난다. 하지만 이들 브랜드는 제품의 속성이나 기능에서 별다른 차이가 없다. 이제 소비자는 비슷한 수준의 브랜드로 가득 찬 쇼핑 목록을 운영해야 하는 처지에 놓였다. 브랜드 간의 품질 차이를 감지할 수 있는 역치는 점차 높아지고 품질은 더 이상 결정적인 구매결정의 이슈가 아니다. 브랜드 충성도 역시 지속적으로 하락하고 있다. 보다 임팩트 있는 경쟁적 차별을 제시하는 목소리로 무장해야만 브랜드는 생존이 가능하게 되었다. 무엇보다 '지각된' 브랜드 우월성을 토대로 하여 '우리는 경쟁자와 다르다'는 것을 지속적으로 제시해야 생존이 가능하게 된 것이다. 그것도 이전의 방식과는 다르게 말이다.

2. 통합 마케팅 커뮤니케이션의 실체

통합 마케팅 커뮤니케이션은 무엇인가? 기업은 통합 마케팅 커뮤니케이션을 어떻게 규정하고 운영할까? 이런 점들에 대해 구체적으로 논의를 해 봄으로써 통합 커뮤니케이션을 더욱 효과적으로 운영하는 시각을 가질 수 있을 것이다.

통합 마케팅 커뮤니케이션에 대한 정의는 매우 다양하기 때문에 딱 부러지게 한 가지로 정의하기는 쉽지 않고 지금도 정의는 계속 진화하고 있다고 봐야 한다. 초기에는 주로 마케팅 기능 및 수단의 통합과 이들의 시너지 효과에 초점을 맞추었지만 최근 들어서는 브랜드가 중시되면서 브랜드 구축의 관점에서 통합 커뮤니케이션에 관심이 쏠리고 있다. 통합 마케팅 커뮤니케이션의 중심에는 제품이 아니라 브랜드가 있는 것이다. 따라서 통합 마케팅 커뮤니케이션 대신에 '통합 브랜드 커뮤니케이션'이란 용어가 많이 사용되고 있다. 예컨대, '브랜드를 위한 다양한 커뮤니케이션 도구의 조정' 또는 '전략적인 브랜드 목표를 성취하기 위해 다양한 마케팅 커뮤니케이션을 독립적이 아니라 총체적 방식으로 관리하는 것' 등의 정의가 주목을 받고 있다. 브랜드 성과는 브랜드 구축을 위해 기업이 집행하는 통합된 행위에 의한 노력의 결과인 것이다.

내이크(Naik, 2006)는 통합 마케팅 커뮤니케이션의 목적을 다음과 같이 정의한 바 있다. "통합 마케팅 커뮤니케이션은 다양한 마케팅 활동을 일관성 있게 계획하고 실행하는 것이며 그 결과로 각 활동의 총체적인 효과는 개별 활동의 효과를 합한 것을 능가하는 것이다." 이 정의는 우리가 앞서 브랜드 인식에서 살펴본 바 있는 지각심리학자들이 즐겨 사용하는 '게슈탈트'에 대한 정의와 일치한다(게슈탈트는 '전체는 부분들의 단순 합 그 이상'을 강조한다). 내이크가 주장한 것처럼 통합 브랜드 커뮤니케이션의 핵심은 브랜드 커뮤니케이션을 위한 다양한 활동의 전체적 관점과 그로 인한 시너지 효과에 있다. 전체적 관점에서는 명료성, 일관성, 임팩트의 세 가지 요인이 중심을 이룬다. 이 세 가지 요인을 통해 시너지 효과를 추구하게 된다.

그러면 이런 개념이 통합 브랜드 커뮤니케이션 실무에서는 어떻게 규정되고 또 적용되는 것일까? 대략 세 가지 차원으로 구분할 수 있다. 메시지 일관성 차원, 단일표적 대비 복수표적 여부에 따른 의사결정 단계별 커뮤니케이션 차별화 차원 그리고 고객과 브랜드 간의 관계 증진의 세 가지 차원이다. 각 차원을 구체적으로 알아보자.

첫째, 일관된 메시지 차원에서의 통합 커뮤니케이션은 '하나의 목소리, 하나의 메시지'에 의한 일관된 브랜드 이미지 구축을 목표로 한다. 일관성은 연속성과 관련이 있다. 서지(Sirgy, 1998)는 커뮤니케이션에서 연속성(continuity)을 반드시 고려해야 한다고 했으며 이를 물리적 연속성과 심리적 연속성으로 구분하였다. 물리적 연속성은 미디어 유형별로 동일한 크리에이티브와 슬로건 그리고 로고 등의 물리적 요소를 일관되게 사용하는 것이며, 심리적 연속성은 미디어 유형별로 테마나 콘셉트, 이미지 톤 등 질적으로 동일한 메시지를 사용하는 것이다. 어떤 경우이든지 간에 시너지가 매우 중요하다. 아마 대부분의 실무자는 통합 마케팅 커뮤니케이션이라고 하면 바로 이 차원을 생각할 것이다. TV광고와 신문광고를 동시집행할 때 슬로건이 같은 것인지, 로고는 일관되게 적용되었는지 점검한다. 물론 광고매체가 무엇이든지 간에 복수광고를 집행할 때는 전체적인 이미지 톤이 같은지도 점검한다. 대부분의 통합 커뮤니케이션은 주로 이 접근을 지향하며 통합 커뮤니케이션의 가장 기본적 차원이라 할 수 있다.

둘째, 단일표적 대비 복수표적에 따른 의사결정 단계별 커뮤니케이션 차별화 차원에서는 통합 커뮤니케이션을 전개할 때 소비자나 표적 집단의 의사결정 단계를 중시한다. 특히 이 접근에서는 하나의 표적만이 아니라 복수의 표적 집단을 고려할 필요가 있음을 강조한다. 핵심 소비자의 구매 의사결정 과정(예, 브랜드 인지-구매 고려 브랜드 목록 작성-정보 탐색-구매 대상 브랜드의 축소-주위 사람으로부터 정보입수 등의 단계. 구매 의사결정 단계는 제품이나 브랜드에 따라 다를 것이다)의 어떤 단계에서 결정적으로 긍정적 또는 부정적 영향을 미치는 사람이 있다면 그들도 커뮤니케이션 표적에 포함한다. 핵심 소비자의 욕구 발생에서 최종 선택에 이르는 의사결정 흐름을 면밀하게 파악하는 것이 매우 중요하며 이 경우에 통합 커뮤니케이션의 임무는 특정 단계에서 브랜드 선택을 가로막는 장애, 즉 병목(bottleneck)을 해소하는 것이다. 병목을 해소하여 원하는 목표에 도달하기 위해 다양한 커뮤니케이션 수단을 통합하는 것이 핵심이다(이 차원에 따른 심리학적 기제와 구체적 논의는 이 장의 후반부에서 한다).

복수표적을 포함하는 이 차원에서 한 가지 더 고려해야 할 것이 있다. 그것은 포지셔닝의 일관성 문제다. 복수의 표적을 대상으로 통합 커뮤니케이션을 계획하고 집행할 때 과연 하나의 포지셔닝을 운영해야 하는가, 아니면 표적소비자 집단별로 복수의 포지셔닝을 허용할 것인가를 고심해야 한다.

셋째, 소비자와 브랜드와의 관계 증진 차원에서의 통합 커뮤니케이션은 브랜드 이미지나 태도보다는 직접적인 구매행위를 유발하는 데 관심을 둔다. 정보기술의 발달로 소비자 데이터베이스의 구축이 더욱 용이해졌다. 소비자의 구매빈도나 금액뿐만 아니라 보다 다양한 소비자 정보를 구축하고 이를 토대로 하여 소비자를 분류하는 것이 가능해진 것이다. 소비자 정보의 구축과 효과적인 분류 덕택에 소비자와의 쌍방향 커뮤니케이션 촉진도 가능해진 것이다. 이 차원의 접근은 특히 항공, 호텔, 금융, 백화점 등과 같은 서비스 산업에서 널리 적용되고 있다. 최근에는 통신이나 심지어 아기 기저귀, 화장품과 같은 다양한 분야에서도 활발하게 적용되고 있다. 통신의 경우, 소비자의 이용 패턴에 맞춘 요금제를 수시로 고객에게 제안하고 있으며, 대부분의 화장품 브랜드는 특정 고객이 언제, 어떤 종류를 구입했으며 어느 기간 동안 사용했는지, 피부유형은 어떠한지가 모두 데이터베이스화되어 있어서 신제품 판매를 더욱 효과적으로 촉진할 수 있을 뿐만 아니라 재구매를 할 때 고객에게 적합한 제품을 즉각 추천해 줌으로써 고객만족과 판매제고라는 두 마리 토끼를 동시에 잡을 수 있다.

이상에서 살펴본 세 가지의 통합 커뮤니케이션 차원에 대해 어느 것이 진정한 통합 커뮤니케이션 접근이며 또 어느 것이 더 바람직한 접근인지를 평가하는 것은 무의미하다. 세 가지 차원 모두 최근 집행되는 통합 브랜드 커뮤니케이션의 특성을 고루 잘 보여 주고 있다. 브랜드의 현재 시장 위치, 추구하는 목표 등에 따라 브랜드 관리자는 적절한 차원의 통합 커뮤니케이션을 적용할 수 있다.

3. 통합 마케팅 커뮤니케이션과 브랜드 자산

통합 마케팅 커뮤니케이션은 브랜드 자산 구축에 어떤 기여를 하는 것인가? 브랜드 자산의 관리에서 통합 커뮤니케이션은 어떤 역할을 하는 것인가?

브랜드 자산의 구축과 관리는 현대 모든 기업의 주된 관심사다. 이와 관련해 켈러(Keller, 1993)는 "브랜드 자산의 구축은 브랜드 아이덴티티를 지속적으로 정교화하는 노력을 요하며, 이를 위해서는 브랜드 아이덴티티를 전체 커뮤니케이션 프로그램에 통합할 필요가 있다."라고 하였다. 브랜드 자산의 효과적인 구축 여부는 브랜드 아이덴티티가 전반적인 마케팅 프로그램에 얼마나 잘 통합되는가에 의존한다는 것이다(브랜드 아이덴티티는 2장에서 상세히 다루고 있다). 특히 최근 들어서는 가격이나 유통과 같은 요소보다는 촉진 커뮤니케이션의 중요성이 점차 커지고 있다. 이런 추세는 앞에서도 여러 차례 강조했듯이 제품이나 가격 등에서 '브랜드 동위'가 전개되기 때문이다.

그러면 통합 커뮤니케이션은 브랜드 자산의 구축에 어떻게 기여하는지 좀 더 구체적으로 살펴보자. 슐츠, 탄넨바움, 라우터본(Schultz, Tannenbaum & Lauterborn, 1993)은 통합 커뮤니케이션을 '소비자 접점' 중심으로 개념화해야 한다고 주장한다. 접점은 소비자가 브랜드에 대해 가지게 되는 모든 형태의 경험으로 볼 수 있다. 결국 브랜드 커뮤니케이션이란, 브랜드 관리자가 설계하고 집행하는 브랜드 접점의 관리를 통해 브랜드 자산을 구축하는 과정이자 행위다.[1]

---

1) 브랜드 접점을 어떻게 찾아내고 이를 비용 효율적으로 어떻게 조합할 것인지 잘 정리한 연구가 있다. 이 연구는 구체적이고 실용적이긴 하지만 좀 더 전문적이라 이 책에서는 다루지

이와 관련해 통합 커뮤니케이션이 브랜드 자산의 구축에서 어떤 역할을 하는지를 제시한 '브랜드 자산의 접점 모형'을 살펴보자(Madhavaram et al., 2005). 먼저, 이 모형을 구성하는 요소 중 하나인 '브랜드 아이덴티티 접점'이란 개념에 주목할 필요가 있다. 브랜드 아이덴티티 접점은 브랜드 전략가와 브랜드 전략을 실제 집행하는 실무자 간에 이루어지는 브랜드 메시지에 대한 이해 공유와 원활한 의사소통이 이루어지는 상호작용이다. 브랜드 전략가와 브랜드 전략을 현장에서 실행하는 실무자(여기에는 PR 회사나 광고대행사도 포함된다) 간에 명확한 브랜드 아이덴티티 메시지가 공유되지 않으면 통합 커뮤니케이션을 통해 브랜드를 구축하는 데 문제가 발생한다. 즉, 브랜드 아이덴티티 접점은 통합 브랜드 커뮤니케이션을 실행할 때 브랜드 전략가와 현장 실무자 간에 발생할 수 있는 브랜드 메시지의 비일관성을 조율하는 역할을 한다.

'브랜드 자산 접점'이라는 개념 역시 중요한데 브랜드 자산 접점은 브랜드 전략을 집행하는 실무자와 소비자 간에 브랜드 메시지의 일관된 전달과 수용이 이루어지는 상호작용이다. 브랜드 아이덴티티 접점과 마찬가지로 브랜드 자산 접점에서 실무자(기업)와 소비자 간에 일관된 메시지의 공유가 이루어지지 않으면 브랜드 자산의 구축에도 문제가 발생할 수 있다. 브랜드 자산 접점은 통합 커뮤니케이션을 실행할 때 발생할 수 있는 브랜드 메시지의 비일관성을 점검하고 통제하는 역할을 한다.

않았다. 관심이 있다면 Chattopadhyay와 Laborie의 *Managing Brand Experience: The Market Contact Audit, Journal of Advertising Research*(March, 2005)를 읽기 바란다. 좀 더 실무적 관점의 브랜드 접점모형을 원한다면 TBWA의 *Brand Audit Wheel/touch points*, Dentsu의 *Contact Point Management* 그리고 Hakuhodo의 *Brand Cycle Management*를 참고하기 바란다.

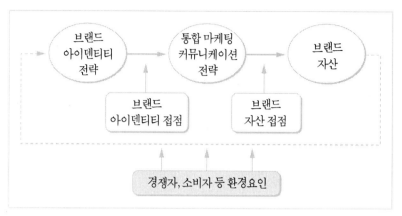

[그림 5-1] 브랜드 자산의 접점 모형
출처: Madhavaram, Badrinarayanan, & McDonald(2005).

　브랜드 아이덴티티, 통합 마케팅 커뮤니케이션 그리고 브랜드 자산으로 이어지는 '접점' 모형이 시사하는 것은 무엇일까? 효과적으로 통합 브랜드 커뮤니케이션을 실행하고 브랜드 자산을 관리하려면 첫째, 명확한 브랜드 아이덴티티가 먼저 정리되어야 하며, 둘째, 이를 중심으로 하여 브랜드 관리자 이외에 내외부의 모든 실무자가 일관된 지침을 가지고 개별 활동이 아닌 통합된 커뮤니케이션을 통해 브랜드 메시지를 소비자에게 전달할 때 강력한 브랜드 자산의 구축이 가능하다([그림 5-1] 참조).

4. 통합 브랜드 커뮤니케이션의 심리기제

　지금까지 통합 마케팅 커뮤니케이션의 등장 배경과 실체 그리고 브랜드 관리와의 관계에 대해 살펴보았다. 이제는 효과적인 통합 브랜드 커뮤니케이션을 위한 심리기제에 대해 알아볼 것이다. 심리기제에 대한 이해를 높이기 위해 통합 브랜드 커뮤니케이션의 핵심 특징을 먼저 정리할 필요가 있다.

모든 것이 소비자 접점이다

브랜드 메시지를 전달하는 경로에 고정관념을 가져서는 안 된다. '모든 것이 접점'이라는 사고로 접근해야 한다. 소비자가 브랜드 메시지와 만날 수 있는 것이라면 그 어떤 것이라도 커뮤니케이션 경로다. 브랜드 메시지로 고객이나 잠재고객의 접점을 에워싸서 언제, 어디에서건 그들이 브랜드 메시지를 만날 수 있게 해야 한다. 예컨대, '360도 커뮤니케이션 모형'은 표적청중을 브랜드 접점으로 둘러싸야 한다는 것을 골자로 하는 통합 커뮤니케이션 접근이다. 이 접근의 목표는 브랜드 전략을 지원하기 위해 표적청중에 대한 모든 브랜드 경험이 함께 작동하도록 하는 것이다. 물론, 모든 접점에서 표적청중이 만나고 경험하는 브랜드의 전략적 본질은 '하나'여야 한다.

브랜드의 목소리는 통일되어야 한다

통합 마케팅 커뮤니케이션의 기본 취지는 '하나의 목소리'다. 메시지와 미디어를 조화시키는 것은 강력하고 통일된 브랜드 이미지를 얻고 소비자를 움직이는 데 매우 중요하다. 모든 브랜드 커뮤니케이션 요소를 조화롭게 통일하지 않으면 혼란스러운 브랜드 메시지로 커뮤니케이션 비용의 손실뿐만 아니라 브랜드 이미지의 시너지를 얻기도 힘들다. 브랜드의 목소리를 통일하는 노력은 브랜드 포지셔닝과 밀접한 관련이 있다. 포지셔닝의 핵심은 표적고객의 마음속에 경쟁자와의 상대적인 그 무엇을 심어 주고자 하는 것이며, 모든 경로를 통해 포지셔닝 메시지를 일관되게 전달하는 것이다.

'통합'은 모든 브랜드 메시지와 브랜드 행위가 일치할 때 발생한다. 소비자는 브랜드의 다양한 행위를 개별적으로 받아들이지 않는다. 소비자는 다양한 브랜드 행위를 의미 있고 조화로운 하나의 형태로 파악한다. 브랜드가 전개하는 광고, 판매촉진 그리고 매장의 인테리어, 심지어 전화응대 등 다양한 행위는 조화로운 전체로 조직화되어야 한다.

통일에서 시너지가 창출된다

전략의 일관성과 통합이 시너지를 가져오며 시너지는 응집된 브랜드 지각을 창출하기 위해 모든 브랜드 메시지가 함께 작동할 때 발생한다. 표적청중과의 모든 접점에서 브랜드는 일관된 메시지를 전해야 한다. 일관된 메시지란 단지 메시지가 물리적으로 하나여야 한다는 것은 아니다. 하나의 목소리, 하나의 모습을 넘어선 전략의 일관성이 시너지를 창출한다. 시너지는 응집된 브랜드 지각을 창출하기 위해 접점에서의 모든 브랜드 메시지가 조화를 이룰 때 발생한다.

행동변화가 핵심이다

성공적인 마케팅 커뮤니케이션이란 브랜드와 고객 간에 관계를 잘 구축하는 것이다. 관계란 지속적인 연결이다. 일회성이나 불연속적인 것이 아니라는 말이다. 브랜드와 고객 간의 관계가 좋으면 반복구매와 브랜드 충성행동으로 발전한다. 결국 통합 브랜드 커뮤니케이션은 표적청중의 행동에 영향을 미치려는 것이다. 물론 언제나 그런 것은 아니지만, 광고가 브랜드 인지도나 태도에 영향을 미치는 것을 주목적으로 한다면 통합 브랜드 커뮤니케이션은 거기에서 나아가 어떤 행동 반응을 일으키고자 한다. 즉, 표적청중을 원하는 어떠한 방향으로 움직이게 하려는 것이다. 지구 온난화 방지 캠페인을 위한 통합 마케팅 커뮤니케이션은 지구 온난화의 심각성을 알리는 데 그치기보다는 지구 온난화를 방지하기 위해 차량운행을 자제하거나 전기를 절약하는 등의 행동을 하도록 해야 한다. 물론, 상품이나 서비스의 경우에는 경품 응모나 구매 등의 어떤 행위를 하려면 브랜드를 먼저 알아야 하고 또 브랜드의 편익에 대해서도 알아야 한다. 행위에 이르게 하는 중간과정의 중요성을 무시하는 것이 아니다. 하지만 통합 브랜드 커뮤니케이션은 행동의 변화에 초점을 맞춘다.

이제 '어떻게'를 해결하면서 더욱 창의적이며 효과적인 통합 브랜드 커뮤니케이션 아이디어를 만들어 내는 데 도움이 될 핵심 기제를 알아보자.

수용 틈

우리는 어떤 공간이나 시간대에 있을 때는 다른 것에 비해 특정의 생각이나 행동을 더 많이 하는 경향이 있다. 비즈니스 미팅을 위해 승용차로 이동 중일 때 꽉 막힌 도로에서는 어떻게 하면 제시간에 약속장소에 도착할 수 있는지 생각한다. 제시간에 도착하지 못한다고 판단되면 상대방에게 연락을 취할 방법에 대해 생각한다. 회식에서 술을 너무 많이 마셔 속이 거북할 때는 어떻게 하면 술을 빨리 깰 것이며, 불쾌한 상태에서 회복할 수 있는지 생각한다. 어제 처음으로 주식에 투자한 사람은 투자한 기업에 대해 더 많이 생각하며, 겨울 아침에 기온이 급속히 떨어지면 엔진시동 소리에 더 민감해지고 엔진에 대해 더 많이 생각하게 된다. 하루 중 다른 시간에는 전혀 생각하지 않지만 아침에 머리를 감을 때는 샴푸에 대해 더 많이 생각한다. 이런 예는 아마 수도 없이 많이 열거할 수 있을 것이다. 이처럼 특정 공간이나 시간에 있을 때 우리는 특정한 생각이나 행동을 하도록 동기 부여가 된다.

'수용 틈(aperture)'은 특정 공간이나 시간에 소비자가 자사의 브랜드 메시지를 받아들일 동기가 높게 부여된 상태, 즉 브랜드 메시지를 받아들일 수용도가 높은 상태다. 다시 말해, 자사 브랜드의 메시지를 받아들일 확률이 가장 높은 특정 시간이나 공간에서의 마음 상태인 것이다. '수용 틈'을 이용한 통합 브랜드 커뮤니케이션에서는 바로 이러한 시공간을 찾아서 적절한 브랜드 메시지를 제시하는 것이다. 표적 집단이 직장인이라 하자. 비즈니스 파트너에게 이메일을 발송해야 할 시간이 다가오는데 막힌 도로에 갇혀 있는 경우라면 라디오에서 들려오는 스마트폰의 문서 전송 기능의 광고 메시지가 더 절실하게 다가올 것이다. 또한 상습 정체구간의 도로 입간판에 적힌 문서 전송 기능의 스마트폰 광고가 눈에 더 잘 들어올 것이다. 술이 약한 사람이 거북한 속을 참아 가며 동료에게 이끌려 마지못해 바에 들렀을 때 바의 컵받침대에 숙취해소 약 광고가 있다면 그는 그 광고에 눈길을 주지 않을 수 없을 것이다.

이처럼 수용 틈은 통합 브랜드 커뮤니케이션에서 자사 브랜드의 메시지에 대한 수용 확률이 가장 높은 시간과 공간에 대한 소비자 통찰을 얻는 매우 강력한 도구다. 수용 틈에 대한 시각을 가지게 되면 위의 숙취해소 약의 경우처럼, 전통적 미디어만을 통합 커뮤니케이션 전달도구로 생각할 필요가 없다. 플레이스테이션은 버스 정류장을 그리고 나이키

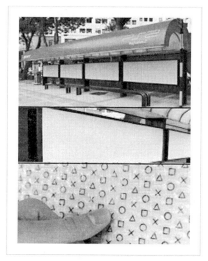

[그림 5-2] 소비자 수용 틈을 활용한 플레이스테이션 옥외 광고

는 에스컬레이터를 커뮤니케이션 전달도구로 이용하지 않았는가! 버스 정류장에서 버스가 오기를 기다리는 것은 언제나 지루한 일이다. 지루할 때는 시간을 때울 수 있는 재미난 것에 마음이 열린다. 플레이스테이션은 자사 제품의 오락성을 시공간에 맞게 배치한 것이다(그림 5-2] 참조). 에스컬레이터를 탈 때는 편안하긴 하지만 운동의 필요성에 대해 생각하기 쉽다. 나이키는 바로 이러한 수용 틀을 이용하여 나이키 로고가 새겨진 에스컬레이터 차단막을 이용한 옥외광고를 집행했다.

'수용 틀'을 좀 더 기발하게 적용한 '모빌 1' 엔진오일의 커뮤니케이션 예를 보자. 모빌은 어떻게 하면 자사 엔진오일의 품질에 대한 인식을 강화할 것인지 고심하였다. 해결책은 바로 '소비자가 엔진오일에 가장 관심이 고조되는 때는 언제일까?'에 대한 통찰에 있었다. 수용 틀은 바로 기온이 떨어지는 날 아침에 출근을 위해 차에 시동을 거는 순간임을 알았다. 기온이 내려가면 시동을 거는 순간에 엔진 소리에 가장 민감해진다는 점을 알아낸 것이다. 이에 모빌은 기발한 라디오 광고 매체 집행 계획을 세웠다. 기온이 특정 온도 이하로 내려가는 날의 아침 출근시간에는 언제나 자사의 엔진오일 라디오 광고가 방송되도록 매체계획을 입안한 것이다(물론 우리나라의 경우는 이 같은 매체구매가 불가능하다). 소비자에 대한 통찰에 기초해 수용 틀을 제대로 찾아낸 아이디어 입안자는 창의적인 매체플래너에게 수여하는 상을 받았다.

매체 수용 틀

시공간의 조합 이외에 '매체가 유발하는 수용 틀'도 생각해 볼 수 있다. 매체의 수용 틀은 우리가 특정 매체(또는 비어클)를 접할 때의 생각의 틀은 모두 같지 않다는 것과 관련이 있다. 시사 잡지를 볼 때와 영화나 연예정보 잡지를 볼 때 우리 마음의 수용 틀은 같지 않다. 시사 잡지를 볼 때는 정치나 사회 문제 등에 대해 좀 더 비판적으로 볼 '준비'가 되어 있지만 영화나 오락에 관한 매체를 볼 때는 조금 느슨한 마음으로 재밋거리에 대해 생각할 '준비'가 되어 있지 않겠는가! 아침 출근 때 사람들로 북적이는 지하철을 탄다면 자신이나 아니면 다른 사람의 머리 냄새나 체취에 대해 생각할 가능성이 더 많다. 이런 경우, 만약 지하철 내부에 샴푸광고를 한다면 '부드러운 머릿결'과 '좋은 향' 중에서 어떤 속성이나 편익을 강조하는 광고가 더 눈길을 끌겠는가? 아마 '향'일 것이다. 준비된 마음의 상태에 맞는 메시지가 더 수월하게 수용될 것이다.

개인 매체망

시공간과 매체를 중심으로 하여 수용 틈이라는 개념을 조합해 한 걸음 더 나아가 생각해 보자. 이제 '개인 매체망'이라는 개념을 생각해 낼 수 있다. 개인 매체망은 소비자(전형적인 한 명의 표적 소비자를 가정하자)의 하루를, 예컨대 아침에 일어나서 저녁 잠자리에 들기까지에서 이동 경로와 시간대별로 접촉하는 접점으로 구성한 것이다. 물론 접점에는 전통적인 4대 매체만 포함되는 것은 아니다. 교통수단, 옥외, 엘리베이터 그리고 인터넷, 휴대폰이나 각종 디지털 기기에 이르기까지 이동 경로에서 만나는 모든 형태의 접점 아이디어에 주목할 수 있다. 개인 매체망을 좀 더 정교화한다면 평일과 주말로 구분할 수 있다. 평일과 주말의 하루 접점은 다를 것이기 때문이다. 접점을

[그림 5-3] 개인 매체망과 수용 틈을 중심으로 한 통합 브랜드 커뮤니케이션의 틀

찾아낸다면 각 접점에서의 마음의 수용 틈을 이용하여 자사 브랜드가 전달하고자 하는 기능이나 편익의 메시지를 접점에 맞게 고안하면 된다. [그림 5-3]과 같은 틀을 생각하자.

수용 틈을 이용해 우리는 브랜드의 포지셔닝이나 브랜드의 핵심 편익을 더욱 통합된 형태로 구성할 수 있다. 예를 보자. 미국에서 복권 '로또'는 개인 매체망과 수용 틈을 활용해 아주 기발한 통합 커뮤니케이션을 뉴욕에서 전개하였다. 로또의 핵심 브랜드 주제는 '1달러로 당신의 꿈을 이루라'였다. 가능한 공간과 매체로는 버스 정류장과 지하철, 타임 스퀘어 광장 그리고 엔터테인먼트 전문 신문을 통합 커뮤니케이션 접점으로 정했다. 버스 정류장에서 버스를 기다리는 동안 표적 소비자는 버스 대신에 다른 사람이 부러워할 멋진 승용차로 이동하는 꿈을 꿀 것이다. 지하철에서는 많은 군중에 섞인 나가 아니라 여유 있는 나만의 공간을 꿈꿀 것이다. 타임 스퀘어 광장에서는 전광판에 등장하는 유명 스포츠 경기의 중계를 보면서 구단을 소유하는 꿈을 그리고 연예신문을 볼 때는 내가 주인공이 되는 꿈을 꿀 것이다. 이런 수용 틈에 대한 통찰을 가지고 버스 정류장에는 '1달러로 버스 대신 리무진'을 주제로, 연예신문에는 '1달러로 당신이 주인공인 브로드웨이 쇼'를, 타임 스퀘어 광장에는 '1달러로 나만의 위성 안테나로 야구중계 관람'을 주제로 하는 통합 커뮤니케이션을 집행하였다. 로또 사례는 하나의 브랜드 메시지를 중심으로 최적의 시너지를 얻을 수 있는 기발하고 효과적인 통합 브랜드 커뮤니케이션 전략이 어떤 것인지 잘 보여 준다.

브랜드와 접점 동화

우리는 3장 '브랜드 활성의 심리학'에서 점화라는 현상을 알아보았다. 점화란 사전정보 또는 자극에 후속하거나 인접한 자극의 탐지나 확인능력이 촉진되는 것이다. 점화는 특정 브랜드의 회상을 촉진할 뿐만 아니라 브랜드 행위를 해석하는 데도 영향을 미치며 매체 그 자체가 맥락점화를 유발할 수 있다는 것도 알아보았다. 매체의 점화효과는 매체 자체가 활성화하는 지식에 의해 유발된다. 예를 들어, KTX 열차는 빠르다는 것을, 체중계는 다이어트나 비만을 활성화할 수 있다.

점화자극은 그와 관련된 지식으로 구성된 네트워크를 활성화하고 특정 자극에 더 주의를 기울이게 하며 해석에도 영향을 미친다. 즉, 점화자극은 네트워크상의 특정 지식에 대한 접근성을 더욱 높인다. 어떤 가격대의 자동차를 점화시킨 뒤에 새로이 출시된 차의 가격을 매겨 보라고 하면 사람들은 점화된 가격 범위에서 그 자동차의 가격을 판단하는 경향을 보인다. 이처럼 어떤 자극에 대한 해석이나 평가가 점화 맥락에 흡수되는 현상을 '동화(assimilation)'라 한다. 어떤 장소에 새로운 레스토랑이 개업했다고 하자. 소비자에게 이 레스토랑 분위기를 평가하라고 했을 때 이전에 이곳에서 영업을 했던 레스토랑의 분위기가 세련되고 우아하였다는 정보를 주면 그러한 정보를 받지 않은 소비자에 비해 새로 개업한 레스토랑을 더 세련되고 우아한 것으로 평가한다(Meyers-Levy & Sternthal, 1993). 이 역시 동화현상 때문이다.

소비자 접점과 브랜드 메시지에 동화현상을 적용해 보자. 소비자가 어떤 매체에서 구체적인 메시지가 없는 단지 브랜드 로고나 심벌만 있는 광고를

[그림 5-4] 동화효과

보았다고 하자. 소비자는 이 광고를 보고 브랜드를 어떤 식으로 해석할까? 이 경우 소비자는 광고매체가 활성화하는 내용을 사용할 가능성이 매우 높게 된다. 광고매체가 활성화하는 내용을 토대로 하여 브랜드가 전하고자 하는 메시지를 추론할 것이다. 브랜드의 연상이나 의미가 광고매체가 활성화하는 내용에 동화되기 때문이다(그림 5-4 참조).[2]

　프린팅 속도가 매우 빠른 컴퓨터용 프린터 광고를 한다면 신문이 광고매체로 효과적일까? 아니면 놀이공원의 자이로드롭이 광고매체로 더 효과적일까? 자이로드롭이 더 효과적일 것이다. 자이로드롭은 눈 깜짝하는 사이에 엄청난 속도로 떨어진다는 것을 안다. 이런 연상에 브랜드는 동화되고 자이로드롭을 통해 광고한 프린터는 프린팅 속도가 빠름을 전달하려고 함을 짐작할 수 있다. 하지만 신문은 동화효과를 발휘하지 못한다. 물론 많은 소비자에게 광고가 노출될 확률인 도달률(reach) 측면에서만 보자면 신문이 더 효과적이다. 그렇다면, 신문과 자이로드롭에 동시에 광고하면 어떨까?(표적 소비자의 휴일의 개인 매체망에 놀이공원이 포함된다고 가정하자.) 신문광고만 집행하는 것보다는 자이로드롭을 광고매체로 함께 사용하면 제품의 특징을 알리는 데 더욱 효과적일 것이다. 매운맛을 특징으로 하는 핫 소스 브랜드는 어디에 광고하면 효과적일까? 전통매체보다는 불을 끄는 소화기를 광고매체로 활용

---

2) 통합 커뮤니케이션 관점에서 접점과 브랜드 메시지의 동화효과를 이용한 유용한 도구 중의 하나로 PPL(Product Placement)을 들 수 있다. PPL은 방송프로그램 내에서 제품을 자연스럽게 노출시켜 해당 제품에 대한 관심과 인지도를 제고하려는 간접광고를 말한다. 방송법 개정안 시행으로 PPL이 정식 허용되면서 PPL은 활성화되고 있다. 전통적인 TV의 드라마, 예능, 교양 프로의 PPL에서 벗어나 웹툰 PPL이나 모바일 콘텐츠, 스마트폰 애플리케이션으로까지 다양하게 확대된다. 이러한 상황에서 PPL은 'BPL(Brand Placement)'로 진화하고 있다. 즉, 단순히 브랜드를 간접 노출하는 것이 아니라 프로그램이나 미디어 맥락과 브랜드 메시지(포지셔닝이나 이미지 등) 간의 시너지를 더욱 중시하게 된 것이다.

하면 브랜드 특징을 전달하는 데 더 효과적일 것이다. 물론 이러한 접근은 인터넷의 특정 사이트나 블로그 등에도 동일하게 적용된다.

동화효과는 브랜드가 전달하고자 하는 특정 메시지를 중심으로 하여 그러한 메시지와 연상이 중복되는 미디어, 특히 소비자가 기대하지 못한 독창적인 미디어 아이디어를 고안하는 데 매우 유용하다. 위에서 예로 든 자이로드롭이나 소화기 같은 독창적인 사물을 통합 커뮤니케이션의 광고매체로 활용하면 어떤 추가적인 이점이 있을까? 소비자가 기대하지 못한 독창적인 자극은 소비자의 주의를 더 끌어서 광고 메시지를 더 정교하게 처리하도록 만들 뿐만 아니라 메시지에 대해 발생할 수 있는 반박주장을 억제하는 이점도 지닌다(Dahlen, Granlund, & Grenros, 2008).

구매결정 과정과 병목

충동적으로 구매를 하는 경우도 있지만 많은 경우 구매를 할 때는 일정한 과정을 거친다. 구매결정 과정은 계열적으로 전개되기도 하고 또 과정의 특정 단계는 병렬적으로 전개되기도 한다. 하지만 최종 브랜드 결정에 이르는 과정이 언제나 순탄한 것은 아니다. 구매과정의 어떤 단계에서는 구매를 방해하는 일이 발생한다. 예컨대, 특정 브랜드의 승용차를 구입하려고 할 때 대리점에서 영업사원과의 세일즈 토크에서 문제가 발생하여 그 브랜드 구입을 다시 생각하게 되거나 심지어 다른 브랜드로 전환하는 일도 발생할 수 있다. 통합 브랜드 커뮤니케이션을 효과적으로 전개하기 위한 세 번째 기제는 바로 구매의사 결정과정을 면밀하게 들여다보고 어느 단계에서 문제가 발생하며, 누가 또는 어떤 매개체가 그러한 문제를 일으키는지 찾아내는 것이다. 문제가 발생하는 단계를 병목(bottleneck)이라 하고 그 단계에서 영향을 미치는 사람을 영향인(influencer)이라 부르기로 한다. 병목이나 영향인을 확인할 수 있다면 통합 브랜드 커뮤니케이션을 더욱 효과적으로 설계할 수 있다.

제품의 유형에 따라 과정의 단순함과 복잡함 그리고 진행단계상의 차이는 있지만 구매결정과정은 통상 인지-탐색-선호-선택-사용의 단계를 밟는다. 어떤 경우는 이런 단계를 별 문제 없이 무난히 통과해 구매에 이르기도 하지만 대부분은 어떤 단계에서 병목이 발생한다. 새로운 브랜드의 경우 최대의 병목지점은 '브랜드를 모른다'는 인지 단계일 것이며, 엇비슷한 경쟁 브랜드가 많은 경우는 수용 또는 탐색의 단계가 주요 병목지점일 수 있다. 브랜드 인지 단계가 병목지점일 때에는 주 영향인은 광고나 퍼블리시티일 수 있고, 수용의 단계가 병목지점인 경우에는 오프라인뿐만 아니라 온라인에서 이루어지는 주위 사람의 구전이 주 영향인으로 작용할 수 있다. 통합 브랜드 커뮤니케이션이 효과적으로 집행되려면 병목지점과 영향인을 찾아내어 이를 해소하는 방안을 강구하여야 한다. 앞서 이야기한 두 가지의 기제('수용 틈'과 '접점 동화')와 세 번째 기제와의 차이는, 세 번째 기제는 첫째, 복수의 표적 집단을 대상으로 통합 브랜드 커뮤니케이션 전략을 입안하거나 둘째, 하나의 표적집단에 대해 복수의 커뮤니케이션 전략을 입안하는 데 유용한 도구가 될 수 있다.

복수의 표적집단에 대해 통합 커뮤니케이션 전략을 적용한 구체적 예를 들어 보자. 어떤 소비자가 중형 승용차를 구입하려 한다고 하자. 승용차의 구매과정은 인지-고려-고려군 형성-대리점 방문-시험주행-선택결정-사용의 단계를 거친다(단계의 확인은 소비자 또는 대리점 영업사원 조사를 통해 알아낼 수 있다). 우리의 브랜드는 X라 하자. 따라서 승용차 브랜드 X의 통합 커뮤니케이션을 수립하는 것이다. 브랜드 X의 구매에 심각한 문제를 일으키는 병목지점과 영향인을 탐색하였더니 하나는 '고려' 단계이며 이 단계에서 소

〈표 5-1〉 복수 표적을 대상으로 하는 통합 커뮤니케이션 매트릭스

	병목지점	영향인	병목유발 요인	커뮤니케이션 수단	메시지
1.					
2.					
3.					

비자의 아내가 주 영향인이고, 또 하나의 병목은 '대리점 방문'이며 이 단계에서는 영업사원이 주 영향인이다. 다음으로는 영향인이 어떤 병목을 일으키는지 규명해야 한다. 1차 병목에서 아내는 브랜드에 대해 부정적인 평판으로 영향을 미치고, 대리점 방문 단계에서는 영업사원이 소비자 욕구와 무관한 기업의 일방적인 세일즈 메시지로 부정적인 영향을 미친다고 하자. 이 경우 브랜드 X가 구매라는 성공적인 목표지점에 도달하려면 핵심 표적인 남자 소비자 외에 소비자의 부인 그리고 대리점의 영업사원 모두를 커뮤니케이션 표적으로 설정해야 한다. 다음으로는 각 병목지점의 영향인에게 메시지를 전달하는 수단(광고나 사내보 등)을 강구하고 수단별로 병목을 해소하는 맞춤 메시지를 강구하면 된다. 〈표 5-1〉을 참고하라. 만약 영향인이 존재하지 않지만 여러 곳에서 병목이 발생할 때는 복수 표적이 아니라 단일 표적을 중심으로 병목구간과 병목요인을 고려한 통합 커뮤니케이션을 수립하면 된다(〈표 5-2〉 참조).

〈표 5-2〉 단일 표적을 대상으로 하는 통합 커뮤니케이션 매트릭스

	병목지점	병목유발 요인	커뮤니케이션 수단	메시지
1.				
2.				
3.				

'병목' 접근은 하나의 집단뿐만 아니라 여러 집단을 동시에 고려하여 통합 커뮤니케이션을 수립할 때에도 유용한 틀이 된다. 특히 이 접근은 소비자나 외주처와 같은 외부 고객뿐만 아니라 사내직원이나 주주 등 다양한 영향집단을 고려할 때에도 이점이 있다. 인터넷과 이동통신기술의 발달로 소비자의 구매결정 과정에는 다양한 병목이 발생할 가능성이 높은 상황에서 더욱 가치를 발휘할 수 있는 접근이 된다.

지금까지 통합 브랜드 커뮤니케이션 아이디어를 입안하고 실행하는 데 유용한 세 가지의 기제에 대해 알아보았다. 마지막으로 한 가지 더 고려해야 할 것이 있다. 복수집단이건 또는 하나의 집단이건 통합 브랜드 커뮤니케이션은 다양한 접점을 대상으로 커뮤니케이션을 동시 집행하게 되는데 이때 브랜드 관리자는 이들 접점을 흔히 폭(breadth)의 측면에서만 다루게 될 가능성이 높다. 폭은 곧 양의 문제다. 물론 위에서 예를 든 미국의 로또 복권 사례와 같이 하나의 브랜드 포지셔닝이나 주제를 모든 접점에 일관되게 적용하는 것은 너무나 당연하다. 하지만 통합 브랜드 커뮤니케이션의 효과를 더욱 높

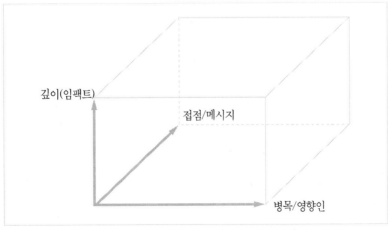

[그림 5-5] 접점별 메시지의 깊이(임팩트)를 고려한 통합 브랜드 커뮤니케이션 고안 틀

이려면 접점의 양적인 다양성, 즉 폭뿐만 아니라 '깊이(depth)'의 문제도 고려해야만 한다.

깊이는 통합 커뮤니케이션에서 집행하는 각 접점이 유발하는 커뮤니케이션의 '상대적인 임팩트'다. 만약 다섯 가지의 접점을 집행한다면 각 접점이 표적 소비자에게 미치는 임팩트는 아마 같지 않을 것이다. 어떤 브랜드는 PR의 임팩트가 더 클 것이지만 어떤 브랜드는 인터넷을 통한 광고나 트위터(twitter)를 통한 구전의 임팩트가 더 클 수 있다. SONY의 브라비아(Bravia)처럼 도심 한가운데서 컬러 풍선을 날려 보내는 이벤트에 초점을 맞추어 집행하고 이를 언론에 기사화하여 구전효과를 얻은 사례도 있다. 이처럼 접점의 깊이는 곧 통합 커뮤니케이션의 집행 비용과 비용대비 효과와 직결된다. 안타깝지만 접점의 상대적 깊이나 임팩트를 과학적으로 측정할 수 있는 방법은 아직 없다. 그럼에도 브랜드 관리자는 통합 브랜드 커뮤니케이션을 집행할 때 접점의 폭과 깊이를 동시에 고려하는 사고의 틀을 가져야 한다(그림 5-5] 참고).

통합 메시지 종류와 양의 결정

하나의 브랜드 메시지를 사용할 것인지, 또는 복수의 메시지를 사용할 것인지는 통합 브랜드 커뮤니케이션을 집행하면서 맞닥뜨리는 고민 중의 하나다. 앞서 강조했듯이 통합 브랜드 커뮤니케이션 효과의 핵심은 시너지에 있다. 시너지 효과를 극대화하기 위해서는 전략적으로 결정된 브랜드의 콘셉트나 포지셔닝을 중심으로 접점별 메시지의 일관성과 통합성을 유지하는 것이 무엇보다 중요하다. '하나' 또는 '복수'에 관한 의사결정은 단지 메시지의 양적인 수가 아니라 질적 종류의 다양성에 기초한 것이다. 만약 접점 미디어별로 모두 다른 메시지를 집행하더라도 그것들이 하나의 포지셔닝 주제 하에 묶인다면 이는 복수가 아니라 하나의 단일 메시지라고 봐야 한다. 단일 집약 제안(single-minded proposition: SMP)도 바로 이 점에 기초한 메시지 전략 틀이다.

하지만 통합 브랜드 커뮤니케이션을 하다 보면 의도적으로든 또는 비의도 적으로든 양이 아니라 질의 측면에서 메시지 일관성이 깨지는 경우가 발생 한다. 특히 여러 표적을 대상으로 하여 통합 커뮤니케이션을 전개하다 보면 표적 집단별로 브랜드 포지셔닝이나 브랜드 콘셉트에서 벗어나는 메시지를 사용할 수 있다. 예컨대, 핵심 표적을 대상으로는 브랜드의 상징적인 이미지 에 초점을 맞추고 이차 표적에는 브랜드의 가격이나 성능에 대한 기능적인 메시지를 전달하는 경우를 생각할 수 있다. 하나의 표적에 대한 통합 커뮤니 케이션에서도 유사한 상황이 발생한다. 접점별로 동일한 메시지가 아니라 '복수'의 메시지를 운용하게 될 때도 있다. 광고의 경우를 보더라도 과거에 는 하나의 포지셔닝 주제나 콘셉트를 중심으로 하여 동일한 메시지의 광고 제작물을 개발하여 여러 광고매체에 동시 집행하는 것이 일반적 현상이었지 만, 최근 들어서는 이질적인 콘셉트의 메시지를 적용한 광고제작물을 집행 하는 경향이 점차 증가하고 있다. 필자는 국내 10위권에 속하는 광고대행사 의 브랜드 담당 A.E와 어카운트 플래너(AP)를 대상으로 하여 복수의 광고제 작물을 집행하는 브랜드의 광고메시지 운용 실태를 파악한 적이 있는데, 조 사대상으로 삼았던 31개 브랜드의 약 29%는 브랜드 콘셉트나 포지셔닝 주제 와는 이질적인 메시지를 사용하여 복수 광고를 집행한 경험이 있는 것으로 나타났다.

이처럼 통합 커뮤니케이션의 필요성에 대한 인식이 높아지면서 포지셔닝 이나 브랜드 콘셉트를 중심으로 하나의 광고제작물을 개발하여 여러 광고매체에 동시 집행하는 대신 접점별로 광고 콘셉트를 변형하거나 또는 광고 콘셉트와는 이질적인 메시지를 집행하는 경향이 점차 증가하고 있다. 이 때문에 복수의 메시지를 운용할 때 메시지 간의 불일치가 전반적인 브랜드에 대한 소비자의 반응에 어떤 영향을 미치는지는 브랜드 관리자의 관심 대상이 아닐 수 없다. 그렇다면 통합 브랜드 커뮤니케이션에서 메시지가 불일치하는 상이한 복수의 메시지를 운용하는 것이 과연 어떤 효과를 가져올지에 대해 살펴볼 필요가 있다.

사회심리학의 인상 형성에 관한 축적된 연구는 통합 브랜드 커뮤니케이션에서 접점 간의 불일치 메시지 효과에 대한 통찰을 얻는 데 많은 도움이 된다. 인상 형성 연구는 불일치 메시지가 가져오는 효과를 인지정교화로 설명한다. 인지정교화는 어떤 정보를 처리할 때 이미 기억 속에 보유하고 있는 기존 지식을 끌어와 사용하는 정신활동을 말한다. 그렇기 때문에 인지정교화를 하게 되면 그렇지 않은 경우에 비해 정보 처리를 위해 더 많은 주의와 노력을 기울이게 된다(Edell & Keller, 1999; Fiske & Taylor, 1991). 우리가 다양한 접점별로 단일의 메시지가 아니라 브랜드 포지셔닝이나 또는 브랜드 콘셉트와 일치하거나 불일치하는 메시지를 동시에 접하게 되었다고 가정해 보자. 이 때 우리는 이질적인 메시지 간의 차이를 조정하기 위해 인지적인 노력을 기울이게 된다. 리폰 등(Rifon et al, 2004)에 따르면, 우리는 불일치 정보에 대해 더욱 정교화된 처리를 하기 때문에 그 정보를 더 잘 기억할 뿐만 아니라 이후에 회상도 더 잘할 수 있다고 한다.

기억효과에서 나아가 불일치 메시지는 태도에도 영향을 미친다. 불일치 메시지를 제공하는 대상(예컨대, 상이한 브랜드 콘셉트 메시지를 운용하는 브랜드)에 대해 전반적인 평가를 내리기 위해 불일치 메시지를 통합하려고 노력하는 과정에서 형성된 태도는 그렇지 않은 경우의 태도에 비해 그 강도에서 차이가 있다. 불일치 메시지는 메시지에 대한 관여도를 바꿀 수도 있다는 흥미로운 연구결과도 있다. 저관여 상황이더라도 메시지가 불일치할 때는 메시지를 보는 사람의 관여를 높여 정보를 더욱 체계적으로 처리하게 할 수 있다(Maheswaran & Chaiken, 1991). 이 결과는 특히 식품이나 일상용품과 같이 대체로 구매를 할 때 많은 시간이나 노력을 기울이지 않는 제품의 브랜드 관리자에게는 어떻게 메시지를 운영하는 것이 더 효과적인지 지침을 제공하기에 충분하다.

광고와 퍼블리시티의 조합과 같이 접점이 다를 때 메시지 일치, 불일치는 메시지 자체에 대한 신뢰에서도 차이를 가져올 수 있다. 신문기사와 같이 신뢰가 높은 접점이 광고와 함께 사용될 경우에는 비록 접점 간에 메시지가 불일치하더라도 전반적인 메시지 신뢰는 오히려 증가한다. 공신력 있는 기사와 같이 신뢰가 높은 접점이 제공하는 불일치 메시지는 브랜드에 대한 부가적 편익이나 부가가치로 받아들여지기 때문에 구매의도에도 긍정적 영향을 미친다. 예컨대, 패션성을 포지셔닝 주제로 하는 가구 브랜드의 경우에 광고는 패션성에 초점을 맞추고 퍼블리시티는 포지셔닝과 불일치하는 실용성에 초점을 맞춘 메시지를 전달한다면 실용성은 브랜드 전체 이미지에 손상을 입히기보다는 부가가치로 작용할 수 있다. 왕과 넬슨(Wang & Nelson, 2006)은 테니스 라켓 브랜드의 제품속성을 각각 광고와 기사에 배치하여 두 접점에 동일한 메시지를 배치했을 때에 비해 상이한 메시지를 배치했을 때 구매의도가 더욱 긍정적임을 알아내었는데, 이 연구도 접점의 특성에 따라 상이한 메시지가 오히려 더 도움이 될 수도 있음을 보여 준다.

이상에서 살펴본 연구들은 비록 광고 중심이거나 또는 광고와 기사의 조합과 같이 덜 복잡한 접점의 조합에 기초한 것이기는 하지만 통합 브랜드 커뮤니케이션에서의 메시지 운영에 대해 상당한 통찰을 제공한다. 즉, 통합 브랜드 커뮤니케이션을 집행할 때 접점별로 반드시 동일한 메시지를 운영해야 한다는 고정관념 대신에 좀 더 유연하게 사고할 필요가 있다는 것이다. 동일한 메시지를 운영하면 소비자의 관심을 낮추고 주의나 노력을 덜 기울이게 하기 때문에 통합 커뮤니케이션 전체의 효과가 떨어질 수 있다. 그리고 이는 시너지 개념과도 거리가 있다. 동일한 메시지보다는 불일치하는 메시지를 운영하는 것이 득이 될 수 있지만 메시지의 불일치 '정도'에 대해서는 신중을 기할 필요가 있다. 이는 어느 정도의 불일치가 더욱 효과적인지를 판단하는 기준에 대해서는 신중해야 한다는 말이다. 딱 부러지는 답은 없지만 '정도'의 운영에 관한 몇 가지 조건을 생각해 볼 수 있다.

메시지 운영의 운신 폭은 브랜드 포지셔닝에서 브랜드 에센스로 올라갈수록 넓어질 수 있다(브랜드 포지셔닝과 브랜드 에센스 간의 차이에 대해서는 2장에서 상세히 다루었다). 다시 말해, 브랜드 포지셔닝보다는 브랜드 에센스를 중심으로 하여 통합 커뮤니케이션을 집행할 때 접점별로 상이한 메시지를 더욱 탄력적으로 운영할 수 있으며 그에 따른 효과도 기대할 수 있다. 브랜드 포지셔닝은 제한된 특정의 표적 및 구체적인 기능이나 편익을 중심으로 한다. 30대 기혼 여성을 표적으로 한 '잡티 제거를 통한 젊은 피부 유지'라는 구체적 편익의 기능성 화장품 브랜드 포지셔닝을 예로 들 수 있다. 한편, 브랜드 에센스는 포지셔닝보다 좀 더 추상적인 브랜드의 지향점으로 표적의 범위나 편익의 영역도 포지셔닝에 비해 더 확장성이 있다. 확장성이 있다는 것은 이질적인 메시지를 더 잘 흡수하는 상위의 개념이라는 것이다. 포지셔닝이 우산의 살이라면 브랜드 에센스는 여러 개의 우산의 살이 수렴되는 우산의 꼭지라고 볼 수 있다. 라코스테의 'chic(멋)'라는 브랜드 에센스는 바로 우산의 꼭지와 같은 것이다. '멋'이라는 브랜드 에센스를 중심으로 통합 커뮤니케이션을 운영한다면 접점별 메시지가 디자인, 라이프스타일, 소재 등 이

질적이며 불일치하는 것이라 하더라도 소비자가 이들을 '멋'이라는 상위 개념으로 흡수, 해석하게 하는 데 큰 무리가 없으며 오히려 메시지의 시너지 효과도 극대화할 수 있다. 이 장의 앞에서 예로 든 미국 '로또' 복권의 통합 커뮤니케이션 사례도 이와 유사한 효과를 가진다고 할 수 있다.

종합해 보면, 브랜드 관리자는 먼저 통합 브랜드 커뮤니케이션의 운영 수준(포지셔닝 수준인가 아니면 브랜드 에센스 수준인가)을 결정해야 한다. 그런 다음에야 운영할 메시지의 유형에 대해서도 감을 잡을 수 있을 것이다. 이제 메시지 유형, 즉 내용이 결정되면 '수용 틈'과 '개인 매체망' 그리고 '병목' 개념을 중심으로 하여 접점을 결정하고 이에 기초해 접점별 깊이(임팩트)를 고려하면서 통합 브랜드 커뮤니케이션 전략의 밑그림을 완성할 수 있다.

브랜드 관계의 심리학

BRAND PSYCHOLOGY

06

　전통적인 4P 마케팅 믹스 중심의 마케팅 개념에서 소비자와의 관계의 중요성에 본격적으로 눈을 돌리기 시작한 것은 최근에 들어서다. 물론 브랜드 관리에서 전통적 마케팅 개념은 여전히 중요한 역할을 하지만 현대 브랜드 전략가는 점차 소비자와 자사 브랜드 간의 관계유지와 강화에 더 많은 주의를 기울이고 있다. 브랜드 관리에서 '관계'가 중요한 전략요소로 부각되는 배경을 살펴보자.

　고객정보를 더욱 체계적이고 과학적으로 다룰 수 있는 정보 시스템의 발전이다. 구매빈도나 구매금액 등을 기준으로 자사 고객을 유형별로 분류하는 것은 매우 손쉬운 일이 되었다. 예컨대, 신용카드를 사용하고 있다면 정기적으로 당신이 어떤 등급의 고객이며 그에 따라 어떤 추가 혜택이 주어지는지 알 것이다. 이는 현재의 고객이 기업에 어느 정도 기여하며 또한 기존 고객을 잃게 되었을 때 얼마나 손실을 입을 것인지 분명하게 인식시키는 역할을 한다. 과거 주먹구구식으로 고객 역할이나 기여도를 추정하는 차원을 넘어 이제는 그 영향력을 피부로 느끼게 된 것이다. 특히 신규 고객을 창출하는 것이 점차 어려워지고 신규 고객을 개척하는 데 드는 비용이 기존 고객을 잘 유지하는 것보다 훨씬 많은 노력이 소요되는 시장 환경 변화도 관계의 중요성을 높이 인식하는 데 큰 영향을 미쳤다.

　기업 간 기술격차가 거의 없어짐으로써 자사 고객을 유지하거나 또는 새로운 소비자를 끌어들이기 위해 무엇이 더 중요한가에 대한 기업 인식의 변화도 무관하지 않다. 진정 중요한 것은 제품이나 가격과 같은 하드웨어 요소보다는 자사 브랜드에 대한 소비자의 느낌이나 정서 그리고 구매결과로 얻게 되는 심리적 편익 등과 같은 소프트웨어 요소가 더욱 중요함을 인식하게된 것이다. 시장에는 기능이나 품질 면에서 엇비슷한 브랜드가 넘쳐 나는 게현실이다. 제대로 된 제품 또는 더 나은 제품이라는 게 이제 소비자에게는 별다른 의미가 없는 것이다. 더 나은 제품, 좀 더 경제적인 가격 전략보다는 소비자를 자사의 고객으로 '더 오래' 머물게 하는 전략이 생존의 필수요건이된 것이다.

그런데 '관계'라는 말을 들으면 대체로 고객관계 관리(Customer Relationship Management: CRM)나 '고객관계 마케팅' 또는 '관계 마케팅'을 떠올린다. 계속 읽어 나가기 전에 이번 장에서 다루게 될 '브랜드 관계'란 무엇인지 구체화할 필요가 있다. 마케팅에는 '파레토 원리(Pareto principle)'라는 80:20의 법칙이 있다. 이 원리는 20%의 고객이 전체 수입의 80%에 기여한다는 것이다. 예컨대, 카스 맥주의 경우 카스 소비자 중의 20%가 카스의 80%를 팔아 준다는 것이다. 그런데 파레토 원리의 핵심은 80%, 20%와 같은 숫자가 아니라 '모든 고객은 같지 않다'는 것이다. 즉, 모든 고객을 동일하게 다루어서는 안된다는 의미다. CRM, 즉 고객관계 관리(고객관계 마케팅 또는 관계 마케팅)는 판매에서 기업에 대한 실제 기여도 혹은 미래의 잠재 기여도에 따라 고객을 세분하고, 기여도가 높은 고객에게는 별도의 인센티브 프로그램을 제공함으로써 자사의 고객으로 오랫동안 남아 있도록 하는 것이 핵심 목적이다. 빈도 마케팅 프로그램[1]이 한 예다.

---

1) frequency marketing program: 자사 제품을 자주 구입하는 소비자에게 차별적인 혜택을 주는 마케팅 프로그램의 일종

그런데 이번 장에서 다루고자 하는 '브랜드 관계'는 CRM의 고객관계 관리나 전통적인 마케팅에서 전제로 하는 판매 중심 그리고 재무 기여도 중심에서 바라보는 '관계'가 아니다. 고객관계 마케팅은 고객의 현재 또는 잠재적인 판매기여도를 관계 관리의 핵심으로 간주한다. 하지만 고객관계 관리전략도 점차 차별화가 어려워지고 있다. 어떤 기업이 고객관리 프로그램을 가동하면 한 달도 채 되지 않아 경쟁사가 모방하는 일이 비일비재하다. 앞으로 물리적인 편익(포인트나 쿠폰 등)의 차별화는 점차 어려워지거나 그 자체가 전략요소로서 별다른 역할을 하지 못할 것이다.

그렇다면 이러한 환경에서 무엇이 진정 더 중요한 것일까? 예를 들어 보자. 왜 폭스바겐의 구형 비틀(Beetle)은 이미 단종되었지만 아직도 수많은 애호가의 입에 오르내리는 걸까? 왜 할리(Harley)를 그토록 가지고 싶어 할까? 왜 나이키 운동화를 가지기 위해 살인을 서슴지 않을까?(실제로 미국에서 일어난 사건이다.) 왜 중년의 사람들은 새우깡을 보면 다른 스낵 브랜드에서 느끼지 못하는 남다른 향수를 가지는 것일까? 왜 성인이 다 되어서도 존슨앤드존슨 베이비 로션의 향을 맡으면 다른 로션 브랜드에서는 느낄 수 없는 어린 시절의 정서를 느끼는 것일까?

제품이나 기술 그리고 가격 중심의 전략 또는 CRM 프로그램조차 점차 차별화가 무의미해지면서 소비자의 기능적, 실리적 욕구나 원망의 충족에서 이제는 어떻게 하면 자사 브랜드에 대한 소비자의 심리적 경험의 질을 더욱 심화할 것인지가 무엇보다 중요한 요소로 부각된다. 그동안 다양한 전략적 개념으로 소개된 체험마케팅, 감성마케팅, 문화마케팅 등도 바로 이 같은 맥락에서 다룰 수 있다. 이제 자사 브랜드의 자산을 강화하고 브랜드 가치를 높이려면 소비자와 브랜드 간의 관계를 바라보는 시각도 심리학적 관점에서 더욱 심층적으로 바뀔 필요가 있다. 나아가 소비자와 브랜드 관계를 관리하는 데 어떤 심리학적 기제와 과정이 개입하는지 이해하는 것은 필수가 되고 있다.

1. 소비자와 브랜드 상호작용

소비자와 브랜드 관계는 상호작용 관점에서 다루어야 한다. 소비자와 브랜드 간의 관계를 이해하는 데 무엇보다 중요한 점은 소비자와 브랜드 관계는 일방적이 아닌 상호작용 과정에 토대한다는 인식을 가지는 것이다. 그렇다면 소비자와 브랜드는 어떻게 상호작용하며, 상호작용에는 어떤 심리기제가 개입하는 것일까?

먼저, 소비자가 브랜드와 상호작용하는 첫 번째 조건은 소비자가 브랜드를 상호작용의 대상으로 취급하기 위해 브랜드에 가치를 부여하는 것이다. 마치 우리가 타인과 인간관계를 형성하는 과정과 유사하다. 우리가 어떤 사람을 알게 되고 점진적으로 관계를 형성하려면 상대방에 대해 어떤 형태로든 가치를 부여하는 과정이 있어야 한다. 두 번째 조건으로는, 소비자가 브랜드를 상호작용의 대상으로 보려면 브랜드 역시 소비자가 추구하는 가치를 제공해야 하는데 이는 브랜드가 지닌 의미체계(meaning system)를 통해 가능

[그림 6-1] ◦━ 소비자, 브랜드 관계의 상호작용 관점과 기제

하다. 이와 같은 소비자와 브랜드 간의 상호작용에 개입하는 기제를 구체적으로 살펴보자.

브랜드에 가치 부여하기

'왜 소비자는 브랜드에 가치를 부여하는 것일까?' 여기서 가치라 함은 갈증해소나 우수한 주행성능, 저장용량 등과 같은 물리적인 성능이나 기능에 토대한 제품 본연 그 이상의 편익을 획득함으로써 브랜드로부터 얻게 되는 심리적, 상징적 또는 사회적 가치를 말한다. 소비자가 브랜드에 심리적, 상징적 가치를 부여한다는 것은 소비자가 브랜드를 단순히 기능적인 편익만을 제공하는 수단 그 이상의 대상으로 간주함을 의미한다. 소비자가 브랜드에 가치를 부여하는 데는 다음과 같은 두 가지 심리기제가 관여한다.

- 브랜드를 소비자의 자기(self)에 통합
- 소비자와 브랜드 소통

브랜드는 자기의 일부다

인간이 물질 대상을 자기 자신의 일부로 여긴다는 가정은 이미 오래전부터 제기되어 왔다. 일찍이 심리학자인 윌리엄 제임스(William James)는 한 인간의 자기는 그가 '내 것'이라고 부를 수 있는 것의 총합이라고 정의하였다. '내 것'에는 신체를 비롯해서 옷, 집, 토지 등 다양한 물질 대상이 포함된다고 하였다. 브랜드 역시 물질 대상임은 두말할 필요가 없다. 물질 대상으로서 브랜드가 우리에게 어떤 의미를 지니기 위해서는 물질 대상이 바로 우리 자신의 일부가 될 수 있음을 인식해야만 한다.

　장 폴 사르트르(Jean Paul Sartre)는 인간이 물질 대상을 자기의 일부로 간주하는 것을 학습하는 데는 세 가지 방식이 있다고 하였다. 첫째는 한 개인이 개인적인 목적을 위해 대상을 통제하는 과정에서 그 대상이 자신의 일부가 되는 것이다. 예를 들면, 최초로 인라인 스케이트 타기를 배운다든지 혹은 새로 구입한 디지털 카메라 조작법을 배운다든지 하는 것이 이에 해당된다. 두 번째 방식은 한 개인이 대상을 직접 창조하는 것이다. 시를 짓는다든지 혹은 UCC나 개인 블로그를 제작한다든지 하는 것이 이에 해당된다. 마지막 방식은 어떤 대상을 알게 됨으로써 그 대상이 개인의 일부가 되는 것이다. 한 개인이 제품이나 가게, 심지어 타인에 대해서도 깊이 있고 친밀한 지식을 가짐으로써 이들은 그의 일부가 될 수 있다. 어떤 제품을 매우 능숙하게 다룬다든지 또는 어떤 가게의 단골이 된다든지 함으로써 제품이나 가게가 개인의 일부가 될 수 있다는 것이다. 아마 세 가지 방식 중 적어도 한 가지 방식에는 고개가 끄덕여질 것이다. 하지만 현대에서는 물질 대상이 우리의 일부가 되는 더욱 손쉬운 방법이 있다. 현대에서 물질 대상이 자기의 일부로 통합되는 가장 강력하면서 광범하게 사용되는 방법은 자동차, 보석, 의류 등과 같은 상업 제품, 더 구체적으로 말하자면 바로 브랜드를 소유하는 것이다.

　벨크(Belk, 1988)는 어떤 물질 대상이 한 개인의 일부처럼 되는 과정을 자기확장(self-extension)이라고 하였다. 자기 확장을 통해 한 개인의 일부가 된 물질 대상을 확장된 자기(extended-self)라고 한다. 오래도록 간직해 온 어머니가 주신 목걸이를 잃어버렸을 때, 어린 시절의 추억이 담겨 있는 사진앨범을 잃어버렸을 때 그리고 등하굣길을 언제나 함께하던 자전거를 잃어버렸을 때의 느낌은 어떠할까? 마치 자기의 소중한 한쪽을 잃어버린 것 같은 상실감을 경험한다. 왜 그럴까? 목걸이, 앨범 그리고 자전거는 단순한 물질로서의 액세서리, 사진첩, 등하교 수단을 넘어 확장된 자기이기 때문이다. 현대와 같이 극단의 물질문명 시대에서는 상업제품이야말로 가장 강력한 자기 확장의 수단이자 동시에 확장된 자기의 기능을 한다. 이제는 바로 '브랜드'가 그런 기능을 떠맡는 것이다. 그렇다면 왜 우리는 브랜드와 같은 물질 대상을 우리 자신의 일부로 여기게 되는 것일까?

브랜드는 어떻게 자기의 일부가 되는 것일까

우리의 자기는 손상당하기 쉽다. 그래서 우리는 어떤 형태로든 우리의 자기를 보호하려고 한다. 자기가 손상당하게 되면 심리적으로 매우 불편한 상태가 야기되고 우리는 이를 어떻게든 극복하려고 노력하게 된다. 과연 그런가? 우리가 평소 소중히 여기는 물건을 잃어버렸을 때를 되돌아보면 된다. 소중히 여기는 물건을 의도치 않게 상실했을 때 우리는 경제적 손실을 넘어 자기 손상감까지 경험한다. 또는 주위 사람과의 비교에서 비롯되는 열등감이나 좌절의 경험도 자기 손상을 초래할 수 있다. 이처럼 자기가 손상당하는 것을 극복하고 안정된 상태로 유지하기 위한 가장 효과적인 방법 중의 하나는 바로 어떤 대상을 '소유'하는 것이다. 우리는 소유물에 대해 정신적인 노력을 가하게 되는데 소유물에 대해 투입하는 정신적인 에너지는 그 소유물이 우리 자기의 일부가 되는 데 중요한 작용을 한다.

칙센트미하이와 로츠버그 홀턴(Csikszentmihalyi & Rochberg-Halton, 1981)은 어떤 대상이 자기의 일부가 되는 과정을 심리학적으로 설명한 바 있다. 우리는 주의와 관심을 기울이는 대상에 대해 노력과 시간, 나아가 정신적 에너지를 투입하게 되는데 우리가 투입한 시간이나 노력 그리고 정신적 에너지 역시 바로 우리 것이기 때문에 그 대상도 우리 일부와 동등하게 취급한다. 브랜드도 예외가 아니다. 누구나 자신이 좋아하는 브랜드에 대해 더 자주 그리고 더 많이 생각한다. 소비자가 어떤 브랜드에 대해 더욱 몰입하고 애착을 많이 가지면 가질수록, 즉 정신적인 에너지를 많이 투입할수록 그 브랜드는 소비자 자기의 일부가 되는 경향이 있다. 그 결과로 소비자가 브랜드를 자기의 일부로 통합할 때 브랜드는 단순한 물질의 차원을 넘어 확장된 자기로 발전한다. 어린 여아가 인형을 가지고 노는 것을 본 적이 있는가? 인형을 목욕시키고, 머리를 빗겨 주고, 정성스레 옷을 갈아입힌다. 그리고 뭔가 열심히 대화를 하기도 한다. 그야말로 정신적 에너지의 투입은 대단하다. 자동차를 정성스럽게 닦고 실내나 외부 치장을 한다든지 수집한 애장품을 매일 들여다보고 관리하는 것도 마찬가지다. 인형, 자동차, 소장품은 바로 확장된 자기인 것이다. 이렇게 소비자가 정신적 에너지를 투입하고 애착을 가지는 브랜드에 심리적 가치를 부여하는 것은 당연한 일 아니겠는가?

브랜드 의인화: 소통의 원천

소비자가 브랜드를 관계의 대상으로 본다는 것은 소비자가 브랜드에 대해 제품의 본질적인 기능 그 이상의 가치를 부여함을 시사한다. 그런데 여기서 한 걸음 더 나아가 생각할 것이 있다. 앞의 '브랜드 인식'에서 이야기한 것과 같이 소비자는 브랜드를 마치 인격체와 같이 다루어서 브랜드를 의인화할 수 있다. 브랜드를 의인화한다는 것은 소비자가 브랜드를 사람과 같이 대한다면 거기에는 일방적 관계가 아니라 대인관계와 같이 상호소통의 과정이 개입할 수 있음을 의미한다. 소비자와 브랜드의 소통에는 브랜드 의인화가 중요한 역할을 한다.

인류학 연구에 따르면 사람은 물리적인 대상을 의인화하여 사물에 대해서도 대인관계를 형성하는 것처럼 어떤 식으로든 관계를 형성하는 경향이 있다. 인간이 무생물체를 의인화하는 행위는 보편적 현상이며 이는 비물질적인 세계와 상호작용하려는 인간의 내재된 욕구 때문에 더욱 촉진된다(Brown,

1991). 소비자 역시 생명이 없는 브랜드라는 물질 대상에 개성(personality)을 부여하고 마치 브랜드를 사람인 양 여기는 데 별다른 어려움을 느끼지 않는다. 하버드대학교 경영대학원 교수인 수전 포니어(Fournier, 1998)는 소비자가 브랜드와도 대인관계와 유사한 형태의 관계를 가진다는 사실을 발견하였다. 2015년에 독일 로이파나대학교의 실험비즈니스 심리학과 연구팀은 브랜드에 대해 느끼는 감정이 사람에 대해 느끼는 감정과 그 패턴이 유사하다는 사실을 발표하기도 했다.

삼성이 사람이라면 어떤 개성의 사람일까? 현대는? SK는? 삼성은 이지적인 사람인가? 현대는 저돌적인 사람인가? SK는 보수적인 사람인가 아니면 개방적인 사람인가? 아이보리(Ivory)는 어떤 사람인가? 롯데백화점은 어떤 개성의 소유자일까? 이들 브랜드를 사람으로 표현하는 것이 어려운가? 아마 그다지 어렵지 않을 것이다. 브랜드 관리자도 자사나 경쟁사의 브랜드를 의인화한 브랜드 개성에 관한 소비자 조사 자료를 매우 자연스럽게 받아들이지 않는가! 그러면 소비자가 브랜드를 의인화하는 데는 어떤 요인이 영향을 미치는 것일까?

• 광고에 등장하는 모델과 같이 구체적인 인물과 굳이 결합되지 않더라도 브랜드 스스로 어떤 인간적 특성을 소유할 수 있다. 광고를 하지 않더라도, 또는 광고를 하더라도 광고의 모델과 브랜드가 결합하지 않아도 브랜드는 인간적인 특성을 가질 수 있다. 반드시 광고가 브랜드에 인격을 불어넣는 핵심요인은 아니라는 것이다. 스타벅스 광고를 본 적이 있는가? 아마 없을 것이다. 그러면 스타벅스를 의인화하는 것이 불가능한가? 아니다. 우리는 스타벅스를 의인화할 수 있다! 광고가 아니더라도 매장의 인테리어, 매장 직원의 행동 그리고 제품을 다루는 방식 등을 통해서

도 브랜드는 개성을 부여받는다.

• 브랜드가 특정 인물과 지속적으로 결합되면 그 특정 인물의 개성이 브
  랜드에 전이된다. 특정 인물의 가장 전형적인 예는 광고모델이다. 광고
  에 등장하는 모델은 일정 기간 브랜드와 반복적으로 결합된다. 그러다
  어느 시점에 가면 결국 광고모델의 특성(이미지나 느낌, 개성 등)은 브랜
  드에 이식된다. 결합의 빈도와 강도가 높아지면서 브랜드는 마침내 광
  고모델과 동등한 지위를 갖는다.[2]

  브랜드가 광고모델과 같은 특정 인물과의 결합을 통해 그 인물의 개성을
획득하는 현상은 굳이 광고가 아닌 일상생활에서도 상당히 보편적이다. 앞
서 수전 포니어가 제시한 것처럼 소비자와 깊은 유대를 가진 사람이 사용하
던 브랜드는 그 사람과 강력하게 결합된다. 나아가 그 사람의 자기가 브랜드
에 내재하기 때문에 소비자는 그 브랜드를 접하거나 사용할 때마다 특정 인
물을 떠올리게 되는 것이다. 미국에서 실시된 한 연구에 따르면 세대에 걸쳐
지속적으로 구입하는 가전 브랜드는 그것을 사용한 부모나 조부모와 매우
강력하게 결합되는 것으로 나타났다.

  브랜드가 실행하는 다양한 행위도 브랜드에 개성을 불어넣는 데 중요한
역할을 한다. 사회심리학의 인상 형성(impression formation) 이론에 따르면, 우
리가 타인에 대해 인상을 형성하는 데는 타인의 다양한 행위가 영향을 미친
다. 스럴과 와이어(Srull & Wyer, 1989)에 따르면, 사람들은 타인의 행위를 통해

---

2) 특정 광고모델을 장기에 걸쳐 지속적으로 사용하여 결합의 강도가 도를 넘어서게 되면 브랜
   드가 모델을 소유하는 것이 아니라 모델이 브랜드를 소유하는 역설이 일어날 수도 있다. 브
   랜드 개성은 진화를 해야 한다. 따라서 브랜드 개성에 관해 장기플랜을 가지지 않고 당장의
   효과에 매달릴 경우에는 역설에 발목을 잡힐 수도 있다.

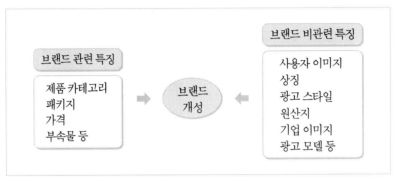

[그림 6-2] 브랜드 의인화의 재료
소비자는 다양한 브랜드 관련, 비관련 요소를 통해 브랜드를 의인화한다.

그 사람의 특성을 추론한다. 어떤 사람을 처음으로 만나 악수할 때 손아귀의
힘, 앉아 있는 자세, 옷차림새 등을 통해 우리는 아주 자연스럽게 그 사람의
특성을 추론한다. 이런 현상은 소비자와 브랜드 간에도 적용된다. 소비자는
브랜드의 광고나 프로모션, 이벤트, 포장 디자인 등과 같은 다양한 브랜드 행
위를 마치 대인관계에서 상대의 행위처럼 받아들이며, 이를 토대로 하여 브
랜드에 대한 인상을 형성한다. 브랜드의 광고나 프로모션과 같은 일상적 촉
진 행위는 바로 하나의 인격체로서 그 브랜드의 행위에 비유되며, 소비자는
이를 통해 브랜드에 개성을 부여한다.[3] 우리는 새로 출시된 브랜드가 기발한
아이디어의 이벤트나 프로모션을 하는 것을 보면 그 브랜드도 왠지 참신하

3) 디지털 정보 통신의 발전으로 '소셜 네트워크(social network)'가 커뮤니케이션과 정보의 흐
름을 주도하는 현상으로 부각되고 있다. 소셜 네트워크란 웹(web)상에서 개인 또는 집단이
하나의 노드(node)가 되어 각 노드 간의 상호의존적인 관계(tie)에 의해 만들어지는 사회적
관계 구조를 말한다. 이러한 소셜 네트워크의 형성과 촉진의 핵심에 있는 것이 소셜 미디어
(social media)다. 소셜 미디어는 생각을 공유하고 참여하기 위해 사용하는 개방화된 온라인
툴과 미디어 플랫폼으로 브랜드와 소비자 간의 관계를 형성하고 심화하는 중요한 도구다.

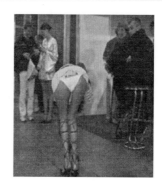

[그림 6-3] 맨홀을 이용한 '폴저스' 커피전문점 광고와 신체를 이용한 '코닥' 광고
기발한 아이디어의 브랜드 행위는 브랜드에 대한 인상에도 영향을 미친다.

고 독특하다는 인상을 가지게 된다. 하지만 평범하고 틀에 박힌 방식의 광고
나 이벤트, 프로모션을 하는 브랜드에 대해서는 지루하고 융통성이 없어서
별로 친하고 싶지 않은 그런 인상을 가지게 된다. 비단 신규 브랜드가 아니라
하더라도 유사한 영향을 받을 수 있다.

관계의 동등성

우리가 브랜드를 의인화하고 그 결과로 브랜드가 개성을 지닌다면 브랜드
역시 우리를 이렇게 또는 저렇게 바라볼 것이라고 가정할 수 있다. 적어도 소
비자가 그렇게 생각할 수 있다는 가정을 할 수 있다. 우리는 '더바디샵'에 대
해 사려 깊고 친절하며 진보적인 사람으로 바라볼 수 있다. 자, 그렇다면 '더
바디샵'은 우리를 어떤 사람으로 바라볼까? 과연 소비자는 자신과 브랜드 간
의 상호작용을 인식하고 표현할 수 있을까?

블랙스턴(Blackston, 1993)은 소비자가 자신과 브랜드 간의 상호작용을 인
식하고 표현하는 데 무리가 없음을 보여 주는 흥미 있는 연구를 실시하였다.

그는 신용카드를 가지고 소비자가 신용카드를 어떻게 의인화하며, 신용카드가 소비자 자신을 어떻게 바라보리라 생각하는지 탐색하였다. 결과는 매우 흥미롭다. 소비자는 신용카드를 의인화하는 것은 물론, 신용카드도 관계의 대상으로서 소비자 자신을 어떤 식으로 바라보는지 진술하는 데 별다른 어려움이 없었다. 또 한 가지 흥미로운 점은 서로가 바라보는 인식의 양상을 파악해 본 결과, 소비자가 브랜드를 바라보는 인식과 브랜드가 소비자를 바라보리라고 생각하는 인식은 반드시 일치하지 않았다는 점이다. [그림 6-4]의

세분 시장A: 존중

소비자가 카드를 바라보는 인식	카드가 소비자를 바라보는 인식
• 공정한 일 처리의 전형적인 회계원 • 그를 아는 것은 기쁜 일 • 학력이 높은 현명한 사람 • 매우 전문적이며 나는 그를 신뢰하고 존경함 • 키가 크고 정장을 차려 입은 비즈니스맨	• 나는 당신을 도와드릴 수 있어요. • 나의 일은 당신이 원하는 것을 해결해 주는 것이에요. • 당신에게 좋은 경험을 선사합니다. • 나는 당신을 특별하게 만들겠습니다. • 나는 당신을 위해 문을 열어 놓겠어요.

세분 시장B: 위협

소비자가 카드를 바라보는 인식	카드가 소비자를 바라보는 인식
• 겉으로는 좋아 보이나 속물의 • 냉정하며 생색내기 좋아하는 • 표준적인 비즈니스맨, 그러나 나와는 다른 • 유명한 사람, 그러나 나와는 동떨어진 • 나를 깔보는 완고한 사람 • 많은 돈을 써 대는 노인	• 준비되었어요? 나는 당신이 지불할 수 있는 능력보다 훨씬 더 써 댈 수 있어요. • 당신의 상태를 살펴보세요. 만약 당신이 준비가 안 되었다면 다른 카드를 사용하세요. • 나는 당신의 돈을 원해요. • 나는 당신과 저녁을 같이 했으면 해요. 그러나 나는 선약이 있습니다.

[그림 6-4] 신용카드-소비자 양방향 관계인식

결과를 보라.

소비자가 브랜드를 바라보는 측면만 가지고 접근한다면 아마 광고에서 신용카드의 브랜드 개성은 '도움을 주는' '전문적인' '신뢰할 수 있는' 등으로 표현될 수밖에 없을 것이다.(지금도 대부분의 금융이나 신용카드 광고가 그렇지 않은가?) 그러나 대부분의 브랜드 관리자가 가정하는 이런 관계는 소비자가 일방향으로 바라보는 브랜드 개성일 뿐이다. 과연 신용카드도 소비자를 '도움을 주는' '전문적인' 또는 '신뢰할 수 있는' 사람으로 볼까? 이런 점에 의문을 가지는 관점은 브랜드 관리자에게는 매우 중요하다. 어떤 관점에서 브랜드 관리자가 커뮤니케이션 전략을 구사하느냐에 따라 소비자와 브랜드와의 관계를 관리하는 전략에도 많은 차이를 가져다줄 것이다.

하지만 양방향 관계의 균형에 대해서도 융통성 있는 사고가 필요하다. 소비자와 브랜드 간의 관계가 무조건 동등해야만 바람직한가에 대해서 좀 더 유연하게 판단할 필요가 있다. 이는 전적으로 브랜드의 전략적 지향점에 달려 있다. 예컨대, 고가의 명품 패션이나 액세서리 또는 자동차 등 소비자의 지위를 나타내는 배지(badge) 브랜드라면 소비자와 브랜드 관계는 오히려 불균형 상태가 바람직할 수도 있다. 소비자가 브랜드를 바라보는 것에 비해 브랜드가 자신을 좀 더 낮게 바라보는 경우를 생각해 보자. 현재 자신의 지위나 수입에 비해 '상향 구매'를 하는 대부분의 경우가 이에 속할 것이다. 이런 경우에는 소비자와 브랜드 간에는 복종이나 추종 또는 흠모와 같은 관계가 형성될 가능성이 높다. 이때는 소비자와 동등한 관계를 유지하려는 전략은 오히려 브랜드에 대한 소비자의 관심과 존경을 떨어트릴 수 있다. 브랜드가 소비자를 존중하고 열망하는 정반대의 관계도 있을 수 있다. 이때는 소비자를 우월한 위치에 서게 하는 전략이 더욱 효과적이다.

브랜드 카리스마

어떤 브랜드는 단순히 인격화됨을 뛰어넘어 소비자를 압도하고 끌어당기는 강력한 카리스마를 가지는 것 같다. 카리스마는 다른 사람을 매료시키고 영향을 끼치는 능력을 가리킨다. 카리스마를 뜻하는 영어인 charisma는 재능, 신의 축복을 뜻하는 그리스어의 kharisma에서 유래하였다. 막스 베버(Max Weber)는 "카리스마란 사람들 사이에 널리 인식되지만 그러나 결코 평범하지 않으며 현실을 뛰어넘는 그 어떤 것"으로 정의하였다. 그렇다면 브랜드와 같이 사람이 만든 인공물에도 과연 카리스마가 존재할 수 있을까?

스타워즈(Star Wars)   1970년대 후반 전 세계적으로 스타워즈는 돌풍을 일으켰다. 사람들은 영화 속 주인공인 스카이워커(Sky Walker)에 열광하였다. 아이들은 그 기사의 레이저 검을 흉내 낸 플래시 라이트 장난감 칼로 영화 장면을 흉내 내었고, 청소년도 스타워즈 배지를 가슴에 달고 그들끼리의 동질감을 확인하였다. 당시 스타워즈 배지와 플래시 라이트 장난감 칼의 인기는 너무나 선풍적이어서 공급물량이 달릴 정도였다. 플래시 라이트 장난감 칼, 스타워즈 배지는 모두 인공품이다. 그러나 사람들은 플래시 라이트 장난감 칼과 배지를 통해 영화의 판타지에 빠져들었고 주인공인 스카이워크를 흉내 내고 동경하며 열광하였다.

군기   전쟁에서 군기를 사수하라는 이야기를 들어 본 적이 있는가? 군기라는 것은 단지 적군과 아군을 구분하기 위한 표식이며 깃발일 뿐이다. 그러나 전쟁터에서 많은 군인이 군기를 지키기 위해 혹은 군기의 지시에 따라 적진으로 돌격하고 맹렬히 전사하기도 한다. 군인에게 군기란 과연 무엇일까? 단지 깃발에 지나지 않는 걸까? 군인에게 군기란 자신의 국가나 자신이 목숨

을 걸고 지켜야 할 모든 것 혹은 그것을 지키기 위해 명령을 내리는, 그래서
기꺼이 명령에 따라 죽을 수 있는 상징이다.

이상의 예에서 보듯이 카리스마는 비단 사람뿐만 아니라 사람이 만든 인
공물에도 나타날 수 있다. 열광적인 추종자는 카리스마 있는 리더를 위해 기
꺼이 죽을 수도 있고 극단적 행동도 서슴지 않는다. 브랜드가 카리스마를 지
닐 때 소비자는 그 브랜드에 대해 맹목적인 사랑과 소비로 충성을 맹세한다.

우리는 동일한 제품이라 하더라도 어떤 브랜드에는 더 많은 돈을 기꺼이
지불한다. 만약 그 브랜드가 정서적으로 소비자를 몰입시킬 수 있는 뚜렷한
이미지 혹은 상징을 가지게 되면 소비자는 그 브랜드에서 카리스마를 느껴
더 많은 돈을 쓸 것이다. 브랜드가 카리스마를 가진다는 것은 소비자의 기대
를 넘어선 강력한 소비욕구를 창조하는 능력을 보유함을 의미한다. 1960년
대의 말보로, 1970년대의 캘빈 클라인, 1980년대의 앱솔루트 보드카, 1990년
대의 나이키 등이 시대적 카리스마를 지닌 브랜드가 아닐까?

브랜드 카리스마는 브랜드 이미지, 상징, 지위 등과 같은 개념과도 연결되
어 있다. 모든 브랜드는 정도나 유형의 차이는 있지만 이미지와 상징, 지위,
등급을 가진다. 그러나 카리스마 있는 브랜드는 상식적인 예상 수준을 넘어
서는 높은 강도의 소비자 구매 욕구와 동기를 이끌어 내는 이미지, 상징, 지
위를 보유한다.

브랜드의 의미 획득과 제공

소비자가 브랜드에 심리적 가치를 부여하려면 브랜드는 브랜드 나름대로
제품 본질적인 기능 그 이상의 무엇을 지니고 있어야만 한다. 다시 말해 브랜

드는 제품의 본질적인 기능 이외의 의미를 획득하고 이를 소비자에게 전달할 수 있어야만 한다. 소비자가 브랜드로부터 어떤 유형의 상징적, 심리적 가치를 획득하느냐는 바로 브랜드가 지닌 의미에 의해 영향을 받는다. 그렇다면 브랜드가 전달하는 의미는 어디에서 오는 것일까?

브랜드로의 문화의미 전이

의미란 우리의 인지구조에 저장된 정신적 표상, 즉 일종의 상징 형태의 정보라 할 수 있다. 의미는 인식에서부터 태도, 신념, 의견에 이르기까지 매우 다양한 내용을 포함한다. 따라서 의미는 인지적 의미, 심상 의미, 정서적 또는 사회적 의미 등과 같이 여러 유형으로 나뉜다. 여러 유형의 의미 중에서도 소비자가 브랜드에서 심리적 가치를 획득하는 데 무엇보다 중요한 역할을 하는 것은 바로 문화의미(cultural meaning)다(McCracken, 1988).

현대에서 브랜드를 둘러싸고 있는 시장 환경을 고려할 때 브랜드가 지닌 문화 의미는 그 중요성을 더해 가고 있다. 과거와 달리 현대에 와서 소비자가 인식하는 브랜드 간 제품의 물리적인 질이나 기능의 차이는 거의 없어지고 있다. 이런 경향은 식품이나 생활용품으로 갈수록 더욱 심화되고 있으며, 소위 고 관여의 기술제품인 전자나 가전으로도 확산추세에 있다. 앞으로는 심지어 자동차까지도 기능이나 성능의 차이는 급격히 감소하리라 본다. 때문에 브랜드 커뮤니케이션 행위도 제품의 물리적 특징이나 기능, 편익보다는 브랜드 사용자의 자기, 사용 상황, 라이프스타일 등과 같은 브랜드 상징성에 초점을 두는 경향이 강해지고 있다. 그런데 브랜드의 상징성이란 것은 바로 한 브랜드가 속한 문화에 내재된 문화의미와 깊은 관계에 있다(Mick & Buhl, 1992).

문화의미는 문화적으로 구성된 세계로부터 형성된다. 문화적으로 구성된

세계란 소비자가 매일매일 경험하는 문화에 대해 가지는 가정(assumption)
과 신념(belief)으로 구성된 세계다. 문화에 대한 가정과 신념에서 형성되는
문화의미는 문화범주(cultural categories)와 문화원리(cultural principles)로 구성
된다.

문화범주란 우리의 현상세계를 분류하기 위해 적용하는 일종의 구분체계
로 볼 수 있다. 문화범주는 시공간적인 것에서부터 성, 연령, 사회적 지위 그
리고 직업에 이르기까지 우리가 속한 문화에서 사물이나 대상을 분류할 때
동원하는 다양한 요소다. 이런 문화범주는 1318세대, N세대 또는 딩크(double
income no kids: DINK)족과 같은 하위문화에 따라 다를 수도 있다. 예컨대, 40대
를 넘어선 중장년층과 1318 세대는 사회적 지위나 직업, 패션이나 음악, 영화
의 장르를 분류하는 구분체계가 다를 것이다.

한편, 문화원리는 소비자가 문화현상을 조직하고 평가하며 추론하는 데
영향을 미치는 사상이나 가치관이다. 문화범주가 어떤 문화를 세분하는 기
준이라면 문화원리는 세분화를 수행하기 위해 동원되는 조직화된 사상이라
할 수 있다. 마치 특정 사상이 우리의 생각과 행위에 영향을 미치는 것처럼
문화원리는 우리 생활은 물론 브랜드와 같은 소비재를 통해 우리를 둘러싸
고 있는 세계를 이해하는 데 중요한 역할을 한다.

문화범주와 문화원리로 구성되는 문화의미는 매우 다양하다. 문화의미
에는 남성 혹은 여성에 대한 성 의미 및 사회적 신분이나 위치에 대한 지위
의미에서부터 고향이 어디냐는 출신지역의 의미에 이르기까지 너무나도 다
양하여 이를 구체적으로 열거하기조차 어렵다. 현대에서는 브랜드도 결국
문화의미의 집합체다. 우리가 조금만 관심을 기울이면 특정 브랜드에 내재
하는 독특한 문화의미가 무엇인지 쉽게 알아낼 수 있다. 그렇다면 브랜드는
어떻게 특정한 문화의미를 가지게 될까? 브랜드가 문화의미를 획득하는 과

[그림 6-5] ◦⎯ 브랜드의 문화의미 획득과 전이 과정

정을 이해한다면 특정 브랜드에 내재하는 문화의미를 파악하는 것은 좀 더 용이할 것이다. 맥크래켄(McCracken, 1988)은 '의미전이모형(meaning transfer model)'을 통해 한 브랜드가 문화의미를 획득하는 과정을 설명하였다([그림 6-5] 참조).

의미전이모형은 브랜드에 문화의미를 전이하는 핵심 매개체를 광고를 포함한 다양한 브랜드 행위로 간주한다. 광고제작자이든 브랜드 전략가이든 이들도 역시 특정 문화에서 태어나 그 문화의 의미를 흡수하면서 성장한 사람들이다. 그렇기 때문에 이들은 의식적이든 무의식적이든 그들이 속한 문화에 내재한 문화의미를 광고나 브랜드 행위에 투영시키게 된다. 특히 브랜드에 문화의미를 전이하는 데 있어 광고의 영향력은 더욱 강하다. 광고는 문화상징의 집합체이자 문화의미의 덩어리이기 때문이다. 광고가 전환광고[4]의 형태를 취할수록 그러한 경향은 더욱 강해진다. 광고에 내재된 문화의미가 브랜드와 반복적으로 결합되면 마침내 브랜드는 고유한 문화의미를 획득한다.

브랜드 전략적 관점에서 볼 때, 브랜드가 문화의미를 가지느냐 가지지 않

---

4) transformation advertising: 브랜드 사용 결과로 얻게 되는 심리적 경험에 초점을 맞춘 광고

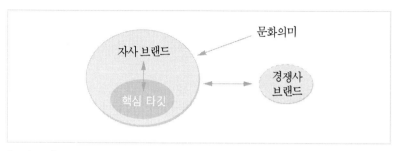

문화의미

자사 브랜드

경쟁사
브랜드

핵심 타깃

[그림 6-6] 브랜드 의미의 차별화
한 브랜드의 문화의미는 경쟁 브랜드 문화의미와 달라야 한다.

느냐는 것은 그다지 중요하지 않다. 정작 중요한 것은 한 브랜드가 문화의미를 지닌다고 할 때 그 문화의미가 경쟁 브랜드의 문화의미와 차별적인가 하는 것이다. 코크와 펩시의 문화의미는 같은가? 아마 다를 것이다. 1980년대 미국에서 버드와이저는 남성다움의 회복과 다른 한편으로는 생산기술의 발달이 주로 남성 인력을 대체하면서 야기한 노동력의 상실감이라는 복합적 문화의미를 내재한 브랜드다. 이는 분명히 밀러 맥주가 가진 문화의미와는 다르다.

우리나라의 경우, 네이버는 '검색'과 강력하게 결합되어 있다. 그런데 구글(Google)이 검색의 인식 영역을 빠른 속도로 잠식할 가능성이 있다. 물론 네이버는 검색 이외의 서비스 영역을 강화함으로써 고객관계를 강화시킬 수 있다. 하지만 이는 '브랜드 기능'의 강화이지 '브랜드 상징'의 강화는 아니다. 구글이라고 그렇게 하지 못하랴? 해결책은 네이버 브랜드의 문화의미를 차별화하는 것에서 찾을 수 있다.

브랜드와 문화 아이콘의 결합

문화 아이콘(cultural icon)이란 단순히 문화상징과는 다르다. 문화 아이콘은 한 문화의 상징적 존재로 자리 잡은 사람이나 대상(지역, 조직, 기관, 기업 등)이 사람들의 존경과 동경의 대상인 것을 일컫는다. 문화 아이콘은 우리 주위에 산재하는 일반적인 문화의미와 어떤 차이가 있을까?

문화 아이콘은 사람들이 내재된 욕망과 불안을 처리하기 위해 사용하는 특정 이야기, 즉 정체성 신화(identity myth)를 간직한다는 점에서 문화의미와는 차이가 있다. 문화 아이콘은 어떤 문화에 내재한 정체성 신화를 상징한다는 점 때문에 브랜드 관리 측면에서도 문화의미에 비해 더욱 특별한 가치가 있다. 문화 아이콘은 어떤 문화적, 역사적 시점에서 사회가 절실하게 필요로 하는 특정 신화를 통해 사람들의 불안과 욕망을 해소하는 기능을 하기 때문에 이것이 브랜드로 전이될 때 소비자와 브랜드 관계의 깊이를 심화하는 폭발력을 가진다. 제임스 딘은 문화 아이콘인가? 미국에서는 그렇다. 제임스 딘의 영화 작품, 사생활 그리고 자동차 사고에 의한 갑작스러운 죽음은 당시 미국 사회의 관습에 대한 저항 분위기와 절묘하게 맞아떨어지면서 그는 문화 아이콘이 된 것이다.

브랜드가 특정한 문화 아이콘과의 결합을 통해 구축될 때 우리는 이를 아이콘 브랜드(iconic brand)라 한다(Holt, 2004).[5] 브랜드와 문화 아이콘 간의 결합이 강해지면 아이콘 브랜드는 마침내 문화 아이콘 그 자체가 되어 버린다. 문화 아이콘은 독특한 정체성 신화를 보유하기 때문에 소비자가 그 브랜드를 통해 자신의 불안과 욕망을 해소하고 표현하는 데 무엇보다 훌륭한 수단

---

5) 필립 코틀러(kotler)는 그의 저서 *Market 3.0*에서 문화를 기반으로 하는 아이콘 브랜드가 미래 기업의 성공을 좌우하는 주요 트렌드로 부상할 것임을 예견한다. 현대에서 기업의 성공은 '지속성' '연결' 그리고 '방향성'에 달려 있는데, 제품 자체보다는 사회가 지닌 갈등의 해소와 바람직한 가치의 표방과 제공을 통해 소비자와 소통하는 것이 무엇보다 중요하다.

이다. 그렇기에 한 브랜드가 아이콘 브랜드가 됨으로써 그 브랜드는 소비자와 깊은 유대의 관계를 형성할 수 있는 것이다. 홀트는 한 브랜드가 문화 아이콘과 결합하여 아이콘 브랜드가 되는 과정을 다음과 같이 설명한다.

- 아이콘 브랜드는 한 사회나 시대의 첨예한 갈등구조를 해결한다. 아이콘 브랜드는 한 사회에 내재한 집단 욕망을 해결하는 역할을 하기 때문에 개인의 자기 가치 표현에 상당히 도움이 된다. 예컨대, 1980년대에 버드와이저는 그 당시 미국 사회가 안고 있던 갈등구조를 해결하는 데 일조함으로써 문화적인 역할을 한 브랜드가 되었다. 그 당시 직업 남성은 국가 경제를 재건하자는 레이건 대통령의 미국 개척신화에 자극받았다. 1970년대 미국의 정치, 경제적 침체와 여성의 주권 향상은 미국 남성을 무기력에 빠지게 했다. 레이건의 정책은 미국 남성이 곧 그들의 남성다움을 회복할 수 있으리라는 희망에 젖게 한 것이다. 하지만 기술 발달과 타국으로의 외주 증가 때문에 그들의 일은 단순 노동에 지나지 않으며 남성이라는 정체감의 주 원천도 구시대적이라는 것을 깨닫게 되었다. 버드와이저는 남성성의 회복을 불능 상태로 몰고 가는 경제 현실과 미국의 이상적 남성성 사이에 야기되는 첨예한 긴장을 파고든 것이다.

- 아이콘 브랜드는 사회의 욕망과 불안을 해결하는 정체성 신화를 수행한다. 소비자가 일상적으로 매일 부딪히는 실제 세계가 아니라 상상의 세계를 통해 문화적 불안을 해결하는 허구적 스토리를 수행함으로써 한 브랜드는 마침내 아이콘이 된다. 신화는 사람들의 긴장을 느슨하게 하며, 인생의 목적을 세우게 도와주고, 어려움 속에서도 그들의 정체감을 더욱 공고하게 해 준다. 아널드 슈워제네거나 실베스터 스탤론 등은

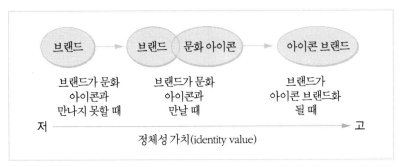

[그림 6-7] ◉━ 브랜드의 진화 과정

모두 그런 역할을 수행하였다. 아이콘 브랜드도 동일한 역할을 한다.

• 정체성 신화는 브랜드에 내재하며, 소비자는 의례행위(ritual action)를 통해 브랜드를 경험하고 공유한다. 브랜드가 신화를 수행해 감에 따라 소비자는 마침내 신화가 브랜드(브랜드명, 로고, 디자인 등)에 내재하는 것으로 인식한다. 브랜드는 상징이자 신화의 물질적인 구현이 되는 것이다. 소비자가 신화가 내재한 브랜드를 사용한다는 것은 결국 신화를 경험하는 것과 같다. 그런데 현대사회에서 신화를 구성하는 핵심은 바로 소비자 개인의 정체성이다. 소비자는 자신의 정체성 가치를 높이는 브랜드 신화를 지속적으로 수행함으로써 마침내 그 브랜드와 끈끈한 정서적 유대를 형성한다.

2. 다차원적 자기와 브랜드 관계

브랜드가 문화의미를 획득하거나 또는 아이콘 브랜드가 되면 브랜드는 우리가 누구이며, 지위는 어떠한지, 인생의 주기에서 어디에 있는지 그리고 우리의 이상과 포부는 무엇인지를 알려 주는 강력한 상징의 역할을 한다. 이렇게 되면 우리는 브랜드 의미를 자기와 연결함으로써 우리가 브랜드에 부여하는 가치는 극대화된다. 우리는 지금까지 자기개념에 대해 간헐적으로 이야기하였다. 이제 자기개념을 구체적으로 살펴볼 차례가 되었다. 자기개념이란 무엇이며, 브랜드와의 상호작용과 관계 형성에서 어떤 역할을 하는 것일까?

자기개념(self-concept)이란 마치 우리가 자신의 외부에 있는 사물을 바라보는 것처럼 자기 자신에 대해 가지는 사고와 느낌의 총체이자 태도이며 자기 자신에 대해 가지는 이미지다(Sirgy, 1982). 이러한 자기개념은 단일 차원이 아니라 다음과 같은 다차원으로 구성된다.

- 실제적 자기
- 이상적 자기
- 사회적 자기

실제적 자기(actual self)는 개인이 실제의 나라고 믿는 자기이고, 이상적 자기(ideal self)는 자신이 되고자 바라는 자기이며, 사회적 자기(social self)는 타인에게 보여 주고 싶은, 타인이 그렇게 봐 주기를 바라는 자기다. 우리는 누구나 실제 자기 자신은 누구인지, 다른 한편으로는 실제 자신이 어떤 사람인지에 관계없이 미래에 그렇게 되고자 열망하는 또 다른 자신이 존재함을 인식한다. 나 혼자 공부를 할 때, 친구와 만날 때 그리고 회사에서 일할 때를 생각해 보자. 상황에 따라 부각되는 자기가 다르지 않은가? 그렇다면 왜 우리는 하나가 아닌 다차원적인 자기를 가지는 것일까? 다차원적 자기가 존재하는 것에는 두 가지 유형의 동기가 작용한다. 한 가지 동기는 자기일관성이며 다른 한 가지 동기는 자기 향상이다(Epstein, 1980).

　자기일관성은 실제 자기에 대한 인식과 일치하는 방식으로 행동하려는 동기다. 자기일관성이 작용하는 경우에 소비자는 실제 자기와 일치하는 개성을 지닌 브랜드에 대해 좀 더 긍정적인 태도와 구매 의향을 가지는 경향이 있다(Hong & Zinkhan, 1995). 자동차를 대상으로 한 연구에서 자기상을 측정하고 그 결과에 따라 소비자를 두 집단으로 분류하였다. 한 집단은 신중하고 보수적인 자기개념을 그리고 다른 한 집단은 자신감 있고 모험을 추구하는 자기개념을 가진 소비자였다. 이들 두 집단의 소비자에게 자동차를 구입한다면 어떤 유형의 차를 구입할 것인지 질문하였다. 그 결과 신중하고 보수적인 자기개념의 소비자는 편리하고 경제적인 소형차를 선호하였지만 자신감 있고 모험적인 자기개념의 소비자는 대형차를 선호하는 것으로 나타났다. 두 집단의 소득 수준이나 사회적 지위는 아무런 영향을 미치지 못하였다. 이 외에도 다양한 제품을 대상으로 실시한 연구에서 소비자는 대체로 자신들의 실제 자기와 일치하는 브랜드를 더 선호하는 것으로 나타났다. 더욱 흥미로운 것은, 자신이 선호하는 것과 동일한 브랜드를 구입하는 사람들도 심지어 자신과 유사한 동류의 사람으로 보는 경향이 있다(Grubb & Hupp, 1968).

　한편, 자기 향상은 개인이 이상적인 자아를 성취하려는 동기로서, 자기 향상이 동기화되면 소비자는 실제 자기가 아니라 이상적 자기와 일치하는 브랜드에 대해 긍정적 태도와 구매 의향을 가지는 경향이 있다. 필자는 수년 전에 어떤 패션기업으로부터 브랜드 포지션을 설정해 달라는 프로젝트를 의뢰받은 적이 있었다. 이를 위해 표적 소비자를 대상으로 하여 캐주얼과 정장의류의 브랜드 개성이 소비자의 자기개념과 어떤 관계가 있는지 그리고 자기개념 중에서 특히 어떤 요소가 관계의 핵심을 차지하는지 분석하였다. 흥미로운 결과가 나왔다. 캐주얼 브랜드는 실제적 자기와 일치하는 경향이 있었지만 정장 브랜드는 이상적 자기와 일치하는 경향을 보이며 이들에 일치하는 브랜드를 더욱 긍정적으로 평가하였다. 이처럼 소비자는 제품유형에 따라 또는 같은 제품범주라도 브랜드에 따라 강화하고자 하는 자기의 유형이 다를 수 있다.

자기 향상 동기가 작용하는 브랜드일 경우에 브랜드 관리자는 이상적 자기와 실제적 자기 간 차이의 정도에 관심을 기울여야 한다. 이때 고려해야 할 점이 있다. 소비자가 자기 향상 동기로 인해 이상적 자기를 충족하려는 경우에 브랜드의 개성이나 이미지와 실제적 자기 또는 이상적 자기 간에 괴리가 '지나치게 크면' 소비자는 브랜드에 대해 부정적인 태도를 보이거나 구매의향도 오히려 낮을 수 있다. 이는 무엇을 말하는가? 소비자는 브랜드와의 상호작용에서 실제적 자기와 이상적 자기 간에 최적의 조화를 이루려는 경향이 있음을 브랜드 관리자는 염두에 두어야 한다.

자기일관성과 자기 향상은 브랜드에 대한 태도나 구매 의도뿐만 아니라 소비자와 브랜드 간의 관계 형성에도 지대한 영향을 미친다. 사회심리학 연구에 따르면, 우리가 타인에게 매력을 느낄 때 그 사람과의 '유사성'이 결정적인 역할을 한다. 우리는 자신과 태도나 가치관 그리고 성격이 유사한 사람을 더욱 좋아하는 경향이 있다. 다른 한편으로는, 우리 자신과 유사하지는 않지만 자기가 가지지 못한 호의적 특징을 가진 사람에게 매력을 느끼기도 한다. 자신과의 유사성, 자신이 가지지 못한 호의적 특징이 제공하는 보완성, 이 두 가지는 타인과의 관계를 진전시키는 중요한 요소다. 그것이 실제적이건 아니면 이상적 또는 사회적 자기이건 간에 우리는 자기와 일치하거나 또는 자기를 보완해 주는 브랜드에 더 몰입한다. 브랜드의 개성이나 이미지와 소비자 자신의 실제적 자기나 이상적 또는 사회적 자기 간에 관련성이 강하다고 느낄수록 소비자와 브랜드 간의 관계는 더욱 심화된다.

　　브랜드 관리자가 표적 소비자와 자사 브랜드 간의 관계를 손쉽게 알아볼 수 있는 방법이 있다. 먼저, 표적 소비자의 자기개념을 측정하기 위한 항목을 척도의 형태로 만든다. 그런 다음 소비자의 실제적 자기나 이상적 자기를 평가하게 하고 다음으로 브랜드를 사람이라고 가정하게 한 뒤, 그 브랜드의 자기개념(개성)을 평가하게 한다. 이렇게 하면 소비자의 자기개념과 브랜드의 자기개념(브랜드 개성)이 어떤 연관성이 있으며, 괴리가 있는 요소는 무엇인지 파악할 수 있다. [그림 6-8]을 보라.

　　브랜드 개성과 소비자 자기를 비교하는 데 어떤 정해진 패턴이 있는 것은 아니다. 자사 브랜드가 속한 제품성격은 이러저러하기 때문에 브랜드 개성은 소비자의 실제적 자기와 일치해야 한다는 식의 정형화된 생각은 할 필요가 없다. 제품 유형에 따라 브랜드 개성의 일치효과는 달라진다. 소비자는 제품범주에 따라서 브랜드 개성을 다르게 사용하는 경향이 있기 때문이다. 식품, 음료와 같이 구매주기가 짧은 제품일 때에는 브랜드 개성과 소비자 자기가 일치해야 효과적인 것으로 보는 경향이 있는데 반드시 그런 것도 아니다. 그 이유는 다음과 같다. 첫째, 소비자는 브랜드의 레퍼토리를 구입하려 한다.

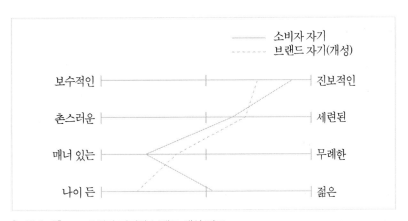

[그림 6-8] 소비자 자기와 브랜드 개성 비교

즉, 단 하나의 브랜드만을 계속 구입하는 것이 아니라 몇 개의 브랜드를 정해 놓고 번갈아 가며 구입한다는 것이다. 둘째, 소비자는 상황에 따라 브랜드를 바꾸어 구입한다. 예를 들어, 가격할인이나 끼워 주기 판촉과 같은 행사가 전개되면 기존에 구입하던 브랜드를 계속 고집하기보다는 브랜드를 손쉽게 전환해 버린다. 습관적으로 구매하는 세제, 휴지, 가정용품 등과 같은 제품일 경우에는 굳이 자기를 표현하기 위해 경제적 희생을 감수하지는 않는다는 것이다. 하지만 구매 주기가 짧은 제품이라도 브랜드 개성은 제품의 기능적인 편익과 속성을 간접적으로 알려 주는 도구임에는 분명하다. 브랜드 개성은 무수히 많은 제품 속에서 선택을 해야 하는 복잡하고 불확실한 쇼핑 상황을 단순하게 만들어 주는 기능을 하기 때문이다.

소비자의 자기와 브랜드 간 상호작용을 이해하는 데 있어 고려해야 할 또 다른 사실은 소비자는 고립된 존재가 아니라 타인과 함께하는 사회적인 맥락 속에서 살아간다는 점이다. 소비자의 자기는 소비자를 둘러싸고 있는 환경과 독립적으로 존재하고 기능하는 것이 아니다. 소비자를 제대로 이해하려면 소비자가 놓인 사회적 맥락을 고려해야 하는 것이다. 이런 관점은 상징적 상호작용주의(symbolic interactionism)를 토대로 한다.

상징적 상호작용주의는 사회를 기본적으로 대인 간 의사소통과 상호작용 체계로 보며 한 개인의 자기는 이런 사회의 산물로 간주한다. 소비자는 타인과의 관계에서 자신이 어떤 위치에 있으며, 위치에 따라 자신이 어떤 사회적역할을 하는지가 소비자의 자기에 중요한 영향을 미친다. 다른 사람이 자신을 지각하는 방식대로 자기 자신을 지각하는 '거울에 비친 자기(looking-glass self)'의 산물이 바로 자기이며, 자기는 지속적인 사회적 상호작용을 통해 형성된다. 소비자는 브랜드 의미와 상호작용하는 과정에서 나는 누구이며, 상대방은 누구인지를 사회적 맥락 속에서 확인하려 하는 것이다.

우리가 특정 브랜드를 사용하면 다른 사람이 어떤 반응을 보일지 때론 염두에 두기도 한다. 이때 우리는 상징적 상호작용 과정을 통해 다른 사람의 반응을 예견하는데 이런 과정에서 활성화되는 자기를 상황적 자기(situational self)라 부르기도 한다. 상황적 자기는 브랜드 관계 관리에서 소비자의 자기 그리고 브랜드 의미와 브랜드가 사용되는 사회적 맥락을 역동적으로 고려하는 것이 무엇보다 중요함을 시사한다.

3. 소비행위를 통한 관계 형성

소비자가 브랜드를 자기의 일부로 통합하고 관계의 대상으로 취급함으로써 마침내 브랜드에 가치를 부여하게 되는데 이런 상호작용은 브랜드가 획득한 의미를 소비자가 적극적으로 취할 때 얻게 되는 다양한 이점 때문에 극대화된다. 하지만 소비자가 브랜드의 의미를 취하는 데는 더욱 적극적이고 능동적인 참여과정이 개입한다. 브랜드가 획득한 의미가 소비자에게 전달되고 소비자가 이를 획득하는 과정에 개입하는 중요한 요소는 바로 소비행위다.

소비행위와 소비자-브랜드 관계

소비자가 브랜드와 상호작용하는 과정에서 브랜드가 지닌 의미체계도 중요한 역할을 하지만 소비행위 역시 지대한 영향을 미친다(Halle, 1992). 우리는 브랜드 유형에 따라 사용목적과 사용 상황을 구분하는 경향이 있기 때문이다. 우리는 동일한 제품이라 하더라도 브랜드에 따라 어떨 때, 어떤 경우에 사용하느냐를 구분한다. 이는 무엇을 말하는 것일까?

소비행위란 소비자가 다양한 소비목적을 달성하기 위해 브랜드의 의미를 이용하는 일종의 사회행위다. 홀트(Holt, 1995)는 상징적 상호작용주의(symbolic interactionism)에 기초한 소비행위유형(typology of consumption practice)을 제시했다. 소비행위유형에서는 소비행위를 행위목적과 행위구조의 두 차원으로 구분하고 행위목적은 자기목적 행위와 도구적 행위의 두 가지로, 행위구조는 대상행위와 대인 간 행위의 두 가지로 구분한다.

행위목적은 소비의 목적과 관계가 있는데, 자기목적 행위는 소비행위 그 자체가 목적인 것이다. 예컨대, 갈증이 나서 음료를 마신다거나 지루함을 달래기 위해 영화를 보는 것 등이다. 한편, 도구적 행위는 자기목적 행위와는 달리 소비가 다른 어떤 목적을 위한 도구가 되는 것이다. 도구적 행위에서 브랜드는 제품 본연의 기능(예, 갈증해소, 식품의 신선한 보관 등)을 제공하는 도구가 아니라 제품 본연의 기능 이외의 어떤 다른 목적을 성취하기 위한 도구다. 사회적 지위를 과시하기 위해 명품 시계나 의류를 구입한다든지 혹은 안정된 자신의 정체성을 가지기 위해 자기 자신과 일치하는 개성을 가진 브랜드를 구입하는 것 등이 도구적 소비행위의 예라 할 수 있다.

행위구조에서 대상행위는 브랜드의 소비가 사회적 상황보다는 개인 수준

행위목적		
	자기목적 행위	도구적 행위
대상행위	'체험'으로서의 소비	'통합'으로서의 소비
대인 간 행위	'유희'로서의 소비	'분류'로서의 소비

[그림 6-9] 소비행위유형

에서 이루어진다. 설사 소비 상황에 타인이 개입한다 하더라도 소비자가 이를 의식하지 않는다면 이는 대상행위에 속한다. 한편, 대인 간 행위는 대상행위와는 달리 사회적 맥락에서 타인의 존재를 의식하여 소비가 이루어지는 경우다. 이런 홀트의 분류는 네 가지 소비행위로 유형화될 수 있다(그림 6-9 참조).

- 체험으로서의 소비
- 분류로서의 소비
- 유희로서의 소비
- 통합으로서의 소비

브랜드는 소비행위와 불가분의 관계다. 홀트의 분류는 브랜드 관리자가 소비행위를 토대로 하여 소비자가 브랜드와 관계를 형성하는 맥락을 체계적으로 정리함으로써 전략적 통찰을 얻는 데 매우 큰 도움이 된다. 이제 홀트의 네 가지 소비유형에 기초해 각 유형에 따른 브랜드 관계 형성 메커니즘을 구체적으로 알아보자.

체험으로서의 소비와 브랜드

체험으로서의 소비는 소비목적이 자신에게 향해 있고 브랜드를 소비하는 상황도 다른 사람을 의식한 사회적 상황이 아니라 개인 수준에서 일어나는 것이다. 이런 소비행위에서는 소비상황에서 발생하는 소비자의 주관적인 정서 반응이 매우 중요한 역할을 한다(브랜드 관계에서 정서의 역할에 대해서는 다음 절에서 심도 있게 다룰 것이다). 체험으로서의 소비에서는 특정 브랜드를 소비하는 동안에 소비자가 경험하는 주관적 심리현상이 중요하다. 만약 특정 브랜드가 체험으로서의 소비유형에 해당한다면 브랜드 관리자는 자사 브랜드의 의미체계를 소비자 체험을 중심으로 구축하는 것이 효과적이다. 그런데 '브랜드와 상호작용하는 과정에서 소비자가 획득하는 체험이란 것은 구체적으로 무엇인가?'라는 질문을 해 보아야 한다.

전략적 체험모듈(Strategic Experience Modules: SEMs)을 제안한 슈미트(Schmitt, 1999, 2003)는 브랜드 가치를 극대화하려면 브랜드는 소비자에게 제품 본연의 특징이나 편익 이외에 다양한 체험요소를 제공해야 하는데, 여기에는 소비자가 경험하는 감각적, 정서적, 인지적, 육체적 그리고 소비자를 준거집단이나 문화에 연결시킴으로써 얻게 되는 사회적 정체성의 다섯 가지 유형의 체험이 결정적인 역할을 한다. 다음은 슈미트의 체험 마케팅에서 인용한 글의 일부다.

> 이제 소비자는 기능적 특징과 편익, 품질 그리고 긍정적인 브랜드 이미지를 당연시하며, 그 이상을 기대하게 되었다. 소비자는 자신의 감각에 호소하고 가슴에 와 닿고 자신의 정신을 자극하는 제품과 커뮤니케이션을 원한다. 나아가 소비자는 관계를 경험할 수 있고 라이프스타일에 맞는 제품과 커뮤니케이션을 원한다. 소비자는 느낄 수 있고 체험할 수 있는 제품과 커뮤니케이션을 원하는 것이다. 이제 바람직한 소비자 체험을 창출하는 능력과 이를 뒷받침하는 요소를 어떻게 활용하는지에 따라 기업의 생존과 성공은 결정될 것이다.

체험은 소비행위 그 자체에서 발생하는 브랜드에 대한 오감 중심의 감각적, 정서적 경험에서 끝나는 것이 아니다. 브랜드 체험은 문화적 맥락이나 문화적인 특수성하에서 소비자가 특정 브랜드를 소비함으로써 얻게 되는 사회와의 융화로까지 확장된다. 브랜드가 제공하는 체험의 다섯 가지 영역은 다음과 같다.

- 감각체험: 시각, 청각, 촉각, 미각, 후각의 오감 자극
- 감성체험: 정서, 감정, 느낌의 자극
- 인지체험: 지적 호기심, 흥미, 놀라움을 통한 사고의 자극
- 행동체험: 신체적 자극과 라이프스타일의 연계
- 관계체험: 감각, 감성, 인지, 행동의 총체적 체험을 소비자의 자기와 타인 그리고 문화와 연결

우리는 '브랜드 인식'을 다룬 2장에서 '인식의 게슈탈트'에 대해 알아보았다. 게슈탈트는 '전체는 부분들의 단순 합 그 이상'을 강조한다. 브랜드가 제공하는 체험요소가 하나일 때보다는 여럿일 때 게슈탈트의 시너지가 커질 가능성은 증가한다. 브랜드가 감각이나 감성체험에 머물기보다는 행동체험과 연계될 때, 나아가 관계체험으로 발전될 때 소비자와 브랜드 관계는 더욱 심화된다. 하지만 이런 경우에도 양보다는 질의 문제가 여전히 중요하다. 브랜드가 다양한 체험요소를 제공하더라도 그것 간에는 조화로운 일관성이 반드시 유지되어야 한다는 것이다. 단순히 양적으로 다양한 체험이 아니라 체험의 시너지, 즉 체험의 게슈탈트를 소비자에게 제공해야 한다.

분류로서의 소비와 브랜드

분류로서의 소비행위는 사회적 상황에서 자신의 위치를 나타내는 수단으로 작용하기 때문에 이 경우에는 브랜드가 소비자를 어떤 계층이나 부류에 귀속시키거나 또는 다른 계층으로 분리하는 역할을 한다. 이를 통해 소비자

는 '나는 누구인가?'를 지속적으로 확인하고 강화한다.

'나는 누구인가?'는 개인의 정체성에 관한 것이다. 확신을 하건 아니건 관계없이 우리는 지속적으로 자신의 정체성을 확인하고 표현하려는 경향이 있다. 현대에서 개인의 정체성을 표현하는 가장 훌륭한 수단 중의 하나는 두말할 필요 없이 브랜드다. 앞서 살펴본 것처럼, 브랜드는 광고를 통해 의미를 획득하는 순간부터 단순한 제품 그 이상의 존재로 발전한다. 이 중의 하나는 브랜드가 특정 부류나 집단을 나타내는 상징이 되는 것이다. 왜 우리는 특정 부류나 집단을 상징하는 브랜드를 구입하는 것일까? 어떤 청소년은 맨체스터 유나이티드의 유니폼을 입지만 어떤 청소년은 왜 첼시의 유니폼을 입는 것일까? 이런 소비행동은 동일시(identification)라는 심리욕구와 관련성이 있다.

동일시는 특정 부류의 사람처럼 보이려는, 그 부류의 성원이 되려는 욕구다. 동일시는 동조(conformity)와는 다르다. 동조는 특정 부류의 성원처럼 행동하려는 것이지만 그 이면에는 배척당하지 않고 튀지 않으려는 욕구가 작용한다. 하지만 동일시는 적극적으로 특정 부류에 소속되고자 하는 것이다. 브랜드가 특정 부류를 나타내는 상징성을 획득하게 되면 소비자는 그 브랜드를 동일시의 대상으로 취급한다. 브랜드에 대한 동일시는 브랜드가 상징하는 특정 인물이나 부류와 같다는 생각을 강화하는 동시에 우리 자신이 누구인지를 다른 사람에게 효과적으로 드러내는 기능을 한다. 소비자가 동일시하고자 하는 욕구가 강한 브랜드일수록 그 브랜드에 대한 심리적 애착과 몰입은 강해질 수밖에 없다.

유희로서의 소비와 브랜드

유희로서의 소비에는 타인과 상호작용하는 사회적 맥락이 개입되기는 하지만 소비행위는 타인과의 상호작용을 위한 것이 아니라 바로 소비가 목적 그 자체인 것이다. 때문에 유희로서의 소비에서 타인은 소비자의 욕구충족을 위한 부속물에 지나지 않는다. 그렇지만 소비자와 브랜드의 상호작용은 타인의 존재로 인하여 극대화될 수 있다. 유희로서의 소비에서도 브랜드 자체가 매우 중요한 역할을 하는데, 여기서 브랜드는 타인과의 상호작용 수단이 아니라 목적이기 때문이다. 유희소비에 관여하는 두 가지 심리기제는 다음과 같다.

- 교감: 동일한 브랜드를 구입했거나 사용 중인 다른 사람과 그 브랜드에 대해 이야기를 주고받으면서 서로의 경험, 느낌의 공유를 확인하는 과정에서 교감이 일어난다. 우리는 누군가 자기와 같은 브랜드를 사용하고 있을 때 브랜드를 구입하게 된 배경이나 사용하면서 느꼈던 장점 등이 자신과 같음을 발견하고는 서로 통한다는 느낌을 받는 경험을 하게 된다. 요즘 인터넷상의 브랜드 커뮤니티도 일종의 교감형 유희소비와 관련된 현상으로 볼 수 있다. 교감은 소비자와 브랜드 관계를 심화하는 중요한 촉매제가 된다.
- 사회화: 교감을 넘어 타인과 더욱 적극적으로 상호작용하면서 경험을 즐기는 것이다. 하지만 이 경우에 타인은 자신의 경험을 극대화하는 수단에 지나지 않는다. 사회화 기제는 특히 스포츠 경기나 콘서트 같은 경우에 두드러진다. 이동통신 브랜드는 표적 청소년을 대상으로 콘서트 이벤트를 자주 개최한다. 수천에서 수만의 소비자가 운집하여 환호하며 울부짖기도 한다. 이는 타인이 존재하기에 더욱 극적이 된다.

통합으로서의 소비와 브랜드

통합으로서의 소비에서 브랜드의 핵심 기능은 소비자의 자기를 강화하는 것이다. 소비자는 브랜드를 통해 개인의 정체성을 강화하는 등의 자기강화를 목적으로 하기 때문에 브랜드는 소비의 수단인 동시에 소비과정에서 소비자가 브랜드에서 의미를 획득하고 조작하는 과정이 매우 중요하다. 통합으로서의 소비는 분류로서의 소비와는 달리 소비는 브랜드가 지닌 상징의미 사용을 촉진하는 도구적 행위다.

통합으로서의 소비는 두 가지 방향으로 작용한다. 한 가지는 브랜드와 같은 외부의 소비대상을 자기개념에 흡수하는 것이며, 다른 한 가지는 자기개념을 재정위(reorienting)함으로써 사회적, 제도적으로 정의된 정체성과 조화를 이루는 것이다. 통합으로서의 소비에서는 소비자의 자기개념이 브랜드와의 상호작용에서 핵심적인 요소다. 남성답고 활동적인 자기개념을 강화하려는 소비자와 지적이면서 앞서가는 자기개념을 강화하려는 소비자가 선호하는 패션 브랜드는 같지 않을 것이다.

4. 심리학적 브랜드 관계 관리 틀

지금까지 우리는 소비자와 브랜드 간의 관계는 어떻게 형성되며, 관계 형성에 관여하는 핵심 기제가 무엇인지 알아보았다. 핵심 기제를 정리해 보면 다음과 같다.

- 소비자가 브랜드에 부여하는 심리적 가치
- 문화로부터 브랜드가 의미를 획득하고 이를 소비자에게 제공

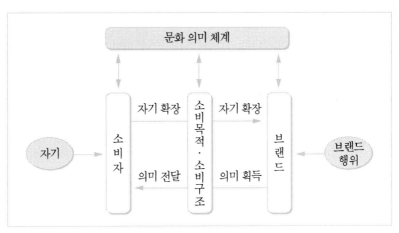

[그림 6-10] ◉━ 심리학적 브랜드 관계 관리 틀

- 소비자의 자기개념과 브랜드 의미 간의 상호작용
- 소비행위 과정에서 일어나는 소비자와 브랜드 간의 상호작용

지금까지 논의한 내용에 기초해 '심리학적 브랜드 관계 관리 틀'을 제시한다([그림 6-10] 참조). 이 틀을 토대로 하여 브랜드 관리자는 다음과 같은 질문에 답함으로써 좀 더 경쟁력 있는 브랜드 관계의 구축전략을 설계할 수 있다(성영신, 우석봉, 2000).

- 소비자가 우리 브랜드에 부여하는 심리적 가치는 무엇인가?
- 우리 브랜드에 내재한 문화 의미는 무엇인가?
- 소비자의 자기와 우리 브랜드 간에는 어떤 상호작용이 있는가?
- 소비행위 과정에서 소비자와 우리 브랜드 간에는 어떤 유형의 상호작용이 일어나는가?

효과적인 브랜드 관계의 형성과 관리에는 브랜드 행위가 전개되는 문화에 대한 이해가 필수다. 브랜드가 자산 형성의 초기단계에 있을수록 그리고 자사 브랜드가 속한 제품범주에서 브랜드 간의 물리적, 기능적 제품 질의 차이가 미미할수록 브랜드가 속한 문화적 맥락과 문화 의미체계에 대한 이해는 더욱 중요하다. 신념, 전통, 가치의 상징적 복합체인 문화는 문화의미를 생산하며 문화의미나 문화 아이콘의 전이과정을 통해 마침내 브랜드에 의미를 부여함으로써 궁극적으로 소비자는 브랜드에서 가치를 획득하고 브랜드와 소비자 간의 관계는 발전·심화된다.

현대와 같이 브랜드 간 기능이나 품질 차이가 미미할수록 브랜드가 전달하는 의미체계는 브랜드 가치는 물론 소비자와 브랜드 간의 관계에 심대한 영향을 미친다는 사실을 잊지 말아야 한다. 소비자는 브랜드를 관계의 대상으로 취급할 뿐만 아니라 적극적으로 브랜드의 의미를 해석하고 이로부터 심리적 가치를 취한다는 사실도 상기하기 바란다. 현대 브랜드 전략가는 더이상 진공상태에서 브랜드 행위를 집행하는 단순 기술자여서는 안 된다. 현대 브랜드 전략가는 문화라는 만남의 장소에서 소비자와 브랜드를 주선하는 안목 있는 중개인이 되어야 한다.

5. 정서와 브랜드 관계

지금까지 소비자와 브랜드와의 관계 형성에 영향을 미치는 다양한 요인과 심리학적 현상에 대해 살펴보았다. 하지만 뭔가 빠트린 것 같은 허전함을 느끼지 않았는가? 그렇다. '관계'를 이해하는 데 반드시 고려해야 할 그 무언가를 이야기하지 않았다. 그것은 바로 정서다. 정서가 없는 관계란 상상하기

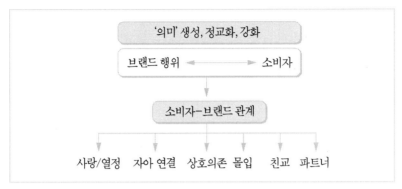

[그림 6-11] 소비자-브랜드 관계유형

어렵다. '나는 누구 없이는 못 살 것 같다'거나 '나는 누구에게 실망했다'고 말할 때 거기에는 정서가 녹아 있기 마련이다.

　브랜드라고 해서 예외는 아니다. 앞서 우리는 브랜드도 마치 인격체와 같아서 소비자와 교류할 수 있음을 이야기하였다. 브랜드 관계에 관한 연구로 널리 알려진 수전 포니어(Fournier, 1998)는 소비자와 브랜드 간에 형성되는 관계를 여섯 가지 유형으로 정리한 바 있다(그림 6-11) 참조).

　다음에 있는 여섯 가지의 관계유형을 살펴보자. 이들 관계유형에서도 정서가 깊이 관여함을 알 수 있다.

- 사랑과 열정: 강력한 브랜드 관계의 핵심을 구성하는 정서유대다. 사랑과 열정의 브랜드 관계는 '나는 ○○ 브랜드를 좋아한다'는 차원 그 이

---

6) 정서(emotion) 외에 감정(affect), 느낌(feeling), 기분(mood) 등의 용어가 사용된다. 학자에 따라 각 용어에 대한 정의가 일치하지는 않지만 정서는 느낌이나 기분에 비해 일시적이 아니며 특정 대상과의 관련성이 높고 주관적 경험의 강도 및 생리 반응과 신체표현의 강도가 높은 것으로 본다. 그리고 감정은 정서, 느낌, 기분을 총칭하는 용어로 사용한다. 하지만 이 책에서는 감정 대신 정서를 느낌과 기분을 포괄하는 용어로 사용할 것이다.

상의 정서적 경험이며 유대다. 소비자가 특정 브랜드와 사랑의 관계에 빠질 때, 한동안 그 브랜드를 사용하지 않게 되면 소비자는 뭔가를 상실한 느낌을 가진다. 그 기간이 좀 더 길어지면 마치 아이가 엄마와 헤어져 있을 때 느끼는 감정과 같은 '분리 불안'을 경험하게 된다. 브랜드와 사랑의 관계에 있을 때 소비자는 그 브랜드를 '편애'하게 된다. 사랑에 빠지면 좋은 점은 더 좋아지고 나쁜 점도 그다지 문제되지 않는 것처럼 말이다.

• 자아 연결: 브랜드가 소비자의 자아를 격려하고 응원하는 관계다. 누구나 완전하고 완벽한 자기인식을 가질 수는 없다. 뭔가 문제 있고 부족하며, 그래서 더 채우고 싶은 것이 우리의 자아다. 브랜드는 이런 문제에서 지지자이며 후원자다.

• 상호의존: 정서적으로 깊이 관여되지는 않지만 서로를 필요로 하는 관계다. 이 관계에서는 빈번한 상호작용, 즉 구입이나 사용이 나타난다. 우리가 충성도라고 표현하는 반복구입과 높은 구입 비율이 특징이다. 상호의존 관계에 있을 때 소비자는 브랜드의 확장제품에 대해서도 높은 구입률을 보인다. 어떻게 보면 마치 특정 브랜드의 구입과 사용이 의례 (ritual)처럼 보이기도 한다.

• 몰입: 브랜드와 오랜 관계를 유지하려는 높은 수준의 정서적이며 행동적인 의도다. '나는 ○○ 브랜드 이외에 다른 브랜드는 사지 않을 거야' 라든지 '나는 ○○ 브랜드와 의리를 지킬 거야' 또는 '나는 앞으로도 ○○ 브랜드만 계속 구입할 거야'라는 식으로 표현된다.

• 친교: 브랜드에 정통하는 것이다. 브랜드의 역사, 특징, 성능 등에 대해 많은 지식을 가진다. 물론 이런 지식을 바탕으로 하여 상당한 정서유대 (주로 성능이나 편익에 대한 믿음)를 가진다. 브랜드에 대한 확신 그리고

경쟁 브랜드의 공격에 대한 강한 저항력을 보인다.

- 파트너: 부부나 연인이 느끼는 파트너로서의 상대의 자질과 성품, 친교를 바탕으로 특정 브랜드가 '나의 파트너로서 적절한가?'에 대한 인식이다.

우리가 브랜드와 교류를 할 때 정서가 배제된 상태는 가정하기 어렵다. 오늘날 강력한 브랜드가 갖추어야 할 요건으로 소비자와의 정서적인 유대를 꼽는 데 주저하는 브랜드 관리자는 아마 없을 것이다. 관계의 동력원이라고도 할 수 있는 정서에 대한 고려를 하지 않고 소비자와 브랜드와의 관계를 제대로 이해하기는 어렵다. 마케팅 컨설팅사인 '뉴 솔루션'의 리서치 디렉터인 리처드 우즈(Richard Woods)는 "이제 브랜드 마케팅은 제품편익이 아니라 소비자와의 정서결합을 파는 시대에 접어들었다."라고 하였으며, *Emotional Branding*의 저자인 마크 고베(Gobe, 2001)도 정서 브랜딩이 브랜드와 소비자 관계 관리를 위한 새로운 패러다임임을 강조한다. 이제부터 정서가 소비자와 브랜드의 관계 형성에서 어떤 역할을 하며 왜 정서가 중요한지 알아본다.

소비 정서의 실체

프랑스의 대표적인 지성인 장 보드리야르(Jean Baudrilard)는 "소비는 결핍에서 비롯되며 결핍은 결코 충족되지 않는다."라고 하였다. 결핍은 결코 손에 넣을 수 없는 무엇인가에 대한 욕망인 것이다. 어떤 물질을 손에 넣는 순간 그것은 저만큼 멀어지고 또 다른 물질에 대한 욕망이 다가온다. 현대에서 이러한 욕망의 창출에 무엇보다 많은 영향을 미치는 것은 광고임을 부정할 수는 없다. 소비에 대한 기호학적 접근에서는 광고가 물질(브랜드)의 획득을 이미지나 아이콘 그리고 정서로 충만한 하나의 문화경험으로 바꾸어 놓는다고 본다. 광고는 브랜드가 지닌 정서의미를 전달하는 기호로 가득 차 있는 것이다.

현대의 브랜드 관리자라면 '브랜드는 실용적인 제품편익의 제공이 아니라 소비의 의미나 체험의 제공자'라고 말하는 데 주저하지 않는다. 이런 주장에 대해서는 최근의 광고를 들여다보면 더 쉽게 수긍할 것이다. 화장품은 '영원한 젊음'을 이야기한다. 자동차는 '사회적 우월이나 성취'를 그리고 다이아몬드는 '변치 않는 사랑'을 이야기한다. 그리고 정보통신 브랜드는 '마음먹은 대로 할 수 있음'을 이야기한다. 이렇듯 브랜드가 소비의 의미나 체험을 제공한다면 소비는 곧 '정서체험'이 되는 것이다.

정서심리학자는 정서는 인지, 동기, 평가 그리고 신체반응을 동시에 포함하는 '내적인 에너지'로 본다. 이를 소비 맥락에 대입해 보자. 정서가 활성화되려면 첫째, 어떤 대상에 대한 인지나 신념이 수반된다. 예를 들면, '명품 핸드백은 사회적 성공을 나타내는 표시다'라는 신념은 정서가 유발되기 위해 필요하다. 둘째, '나는 명품 핸드백이 좋다. 다른 사람이 나를 알아주니까'와 같은 평가적인 판단이 동원된다. 셋째, 명품 핸드백을 생각하거나 보았을 때 일어나는(비록 미세하여 알아차리기 쉽지 않지만) 신체반응이 있을 것이다. 그리고 '명품 핸드백을 사고 싶다'와 같은 행위 동기가 유발된다.

그러면 소비에서 정서가 에너지를 수반하는 것은 무엇 때문일까? 그것은 바로 '나', 즉 '자기(self)'와 브랜드가 지닌 의미의 상호작용이 개입하기 때문이다. 다시 말해 자기가 개입한다는 것은 첫째는 소비의 맥락에서 소비자는 홀로 존재하는 것이 아니라 환경과의 관계 속에 놓임을 의미하며 둘째로는 브랜드를 통해 자기를 표출하기 위해서는 브랜드가 특정한 의미(meaning)를 제공함을 의미한다. 자기는 사회적인 실체다. '나는 이 브랜드가 너무 마음에 들어' 또는 '친구가 이번에 새 차를 샀는데 부럽더라'와 같은 반응에는 그 브랜드 자체에 대한 소비자 개인의 주관적 평가가 주를 이루는 것 같지만 거

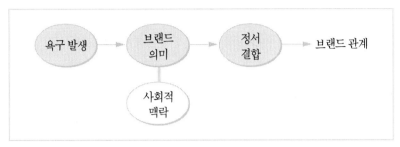

[그림 6-12] ○⌐ 브랜드 관계에서 브랜드와 정서의 역할

기에는 다른 사람의 인식이나 시선이 반영되어 있는 것이다. 즉, 비교 대상이 있기 때문이다. 이 장의 앞에서 소비자의 자기는 하나가 아니라 실제적 자기, 이상적 자기 그리고 사회적 자기의 다차원적 구성체임을 보았다. 실제적 자기이든 사회적 자기이든 거기에는 다른 사람과의 비교가 개입하기 때문에 소비에는 정서 경험이 동반될 개연성이 높다고 보아야 한다. 이러한 비교과정에서 브랜드 의미가 정서적 반응을 강화하는 역할을 한다([그림 6-12] 참조). 우리는 이 장의 앞부분 전체에 걸쳐 소비자와 브랜드와의 관계 형성은 문화적이며 사회적 실체임을 강조하였다. 마찬가지 관점에서 소비 정서 역시 심리학적 실체이기에 앞서 문화적이며 사회적인 실체임을 상기하자.

소비 정서는 어떻게, 왜 일어나는가

현대에서 소비는 전통적인 마케팅 관점처럼 실용적인 욕구의 충족행위 그 이상이다. 현대에서 소비는 곧 문화체계다. 문화체계는 한 문화에서 공유되는 이미지나 상징 그리고 개념으로 구성된다. 현대사회에서 소비는 이러한 이미지나 상징, 개념의 소유와 사용행위다. 그런데 이러한 공유 이미지나 상징은 정서와 결합되는 경향이 있다. 두말할 필요 없이 현대 소비에서 가장 강력한 문화체계의 하나는 브랜드일 것이다.

광고 등의 다양한 커뮤니케이션은 브랜드에 의미체계를 지속적으로 제공하고 결국에는 이것이 소비자의 머릿속에 브랜드 의미 네트워크를 형성한다. 영원한 사랑 또는 영원한 젊음을 이야기하는 다이아몬드나 화장품 브랜드는 브랜드와 사랑, 젊음 간의 연결고리를 강력하게 구축해 나간다. 하지만 브랜드는 광고의 등장인물을 통해 브랜드 사용과 관련된 정서를 대리 경험하게 만든다. 이러한 대리 정서 경험 역시 그 브랜드를 구성하는 체계로 통합된다. 이러한 과정은 고전적 조건형성(classical conditioning)과 무관하지 않다. 처음에는 아무런 반응을 유발하지 않는 자극(브랜드)이 어떤 정서 반응을 유발하는 자극(광고가 제공하는 정서)과 지속적으로 결합되면 이전에는 반응을 유발하지 않던 자극도 마침내 어느 순간에는 정서를 유발하는 '힘'을 얻게 되는 것과 같다. 만약 어떤 브랜드가 획득한 정서 유발력이 강하면 강할수록 그 브랜드에 대한 끌림 현상은 더욱 강하다.

현대에서 대부분의 브랜드는 감각체험의 형태를 띤다는 점도 소비 정서의 유발과 관련이 있다. 체험을 제공하는 브랜드를 보라. 『체험 마케팅』의 저자인 슈미트도 주장하는 것처럼 현대의 브랜드 마케팅은 소비자에게 체험을 제공하는 데 주력하고 있을 뿐만 아니라 체험의 제공이야말로 소비자와 브랜드 관계를 강화하는 매우 중요한 수단이다. 브랜드가 제공하는 다양한 체험과 그로 인한 정서경험 역시 브랜드의 한 부분이 된다. 제품의 패키지나 디자인 그리고 매장의 인테리어가 제공하는 다양한 감각 체험, 심지어 웹의 가상 스토어에 들렀을 때의 느낌 이 모든 것이 브랜드를 구성하게 된다(궁금하다면 고디바 홈페이지 www.godiva.com을 방문해 보라).

하지만 하나의 브랜드가 언제나 특정한 한 가지의 정서만을 제공하는 것은 아니다. 특히 사회적인 맥락을 고려할 때는 더욱 그렇다. 이런 현상은 정

[그림 6-13] ◦ GODIVA 홈페이지

서가 지니는 정적, 부적 유인가 때문이다. 소비는 다양한 정적, 부적 정서를 통해 일어난다. 왜 동일한 제품이라도 브랜드에 따라 소비 형태에서 차이가 생기는 것인가? 또 하나의 브랜드라도 왜 정서 상태에 따라 다르게 소비되는 것인가? 예를 들면, 밸런타인데이에 남자 친구에게 초콜릿을 선물하는 경우를 생각해 보자. 어떤 경우에는 친구에게 지지 않으려는 질투심 때문에 더 값비싼 초콜릿을 구입할 수 있다. 하지만 남자 친구와 소원해진 것 같아서 이전의 관계로 되돌리기 위해 정성을 들여 더 고급스러운 초콜릿을 구입할 수도 있다. 정서 심리학자인 로버트 플루치크(Plutchik, 1984)[7]는 정서는 복합적으

---

7) 플루치크는 진화론적 관점에서 정서이론을 제안한 정서에 관한 가장 영향력 있는 학자 중 한 명이다. 플루치크는 인간의 기본적인 정서는 기쁨, 수용, 공포, 놀람, 슬픔, 혐오, 분노, 예기의 여덟 가지임을 제안했다. 이러한 기본 정서는 생물학적으로 타고난 것이며 유기체의 적응가치를 높이기 위한 진화의 산물로 본다. 여덟 가지의 정서는 강도 수준에 따라 달라진다. 예컨대, 강한 혐오는 증오로 약한 혐오는 지루함으로 느껴진다. 새로운 정서는 여덟 가지의 기본 정서의 혼합으로 형성된다. 사랑은 기쁨과 수용, 경멸은 혐오와 분노 그리고 향수는 기쁨과 슬픔이 뒤섞인 것이다.

로 또는 사랑과 질투와 같은 양극의 정서가 동시에 발생할 수 있다고 하지 않았던가!

이렇게 볼 때, 정서는 소비자의 목표나 가치관 등을 통해 세상에 대한 소비자 개인의 관점을 표현하는 도구다. 소비 정서는 소비자 개인의 중요성 또는 가치에 대한 주관적인 관점에서 세상을 표현하는 것이다. 정서는 다시 말해 소비자 개인의 선호에 우선순위를 매기는 기능을 한다.

정서 강화와 브랜드 관계

우리는 오랫동안 구입이나 소비를 해 온 브랜드에는 친숙함을 느낀다. 친숙함은 나쁜가? 그렇지는 않다. 하지만 친숙함이 장기적으로 지속되면 다른 한편으로는 '지루함'이나 '싫증'을 느끼게 된다. 지루함이나 싫증은 새로운 것, 새로운 브랜드에 대한 욕구를 유발할 수 있다. 새로운 브랜드에 대한 관심은 어찌 보면 흥분과 편안함이라는 두 가지 정서 동인에 의해 활성화된다고도 볼 수 있다. 오랜 브랜드에 대한 권태와 새로운 브랜드가 가져다줄 수 있는 즐거움은 동전의 양면처럼 모순을 가진다.

소비자와 브랜드의 지속적인 관계 강화를 추구하는 브랜드 관리자는 바로 친숙함과 쾌를 적절히 조율하는 조율사의 역할을 해야 한다. 이는 무엇을 말하는가? 브랜드 관리자는 소비자에게 자사 브랜드의 새로움을 끊임없이 제공해야 한다. 그렇다고 수시로 자사 브랜드의 포지셔닝을 바꾸라는 말은 결코 아니다. 유지해야 하는 브랜드의 아이덴티티나 포지셔닝의 범위에서 지속적으로 새로움, 즉 '쾌'를 제공해야 한다는 것이다. 새로운 제품 체험 기회를 제공하고 웹 페이지를 리뉴얼한다거나 브랜드를 경험할 수 있는 소비자 접점을 개발하고 다양화하는 등의 노력을 전개해야 한다.

한때 브랜드 관리자는 프로슈머(prosumer)에 주목한 적이 있다. 프로듀서(producer)와 컨슈머(consumer)의 합성어인 프로슈머는 미래학자 앨빈 토플러(Alvin Toffler)가 그의 저서 『제3의 물결』에서 사용한 용어로 소비는 물론 제품개발과 유통과정에도 직접 참여하는 생산적인 소비자를 의미한다. 소비자가 단순히 물건을 구입하는 데 그치지 않고 다양한 방식으로 생산에 직접 참여함으로써 소비자의 요구를 제품과 판매방식에 반영하기 때문에 소비자와 생산자 모두에게 좋은 반응을 얻었다. 기업의 입장에서는 소비자의 신선한 의견이나 아이디어를 참고할 수 있어서 좋고, 소비자는 자신들이 요구하는 부분이 제품에 반영되어 좋았던 것이다. 기업이 소비자의 욕구를 파악한 뒤 신제품을 개발하던 방법에서 한발 더 나아가 소비자가 직접 아이디어를 제안하고, 기업이 이를 받아들여 신제품을 개발함으로써 고객만족을 극대화할 뿐만 아니라 소비자와의 관계 강화에도 도움이 된다.

하지만 더욱 새롭고 독특한 자극을 원하는 현대의 소비자는 이제 프로슈머에서 트라이슈머(trysumer)로 진화한다. 트라이슈머는 구매나 소비에서 나아가 독특한 정서체험과 그로 인한 심리적인 보상을 요구하는 소비자다. 이런 경향은 특히 10대나 20대의 소비층에서 두드러진다. 독특하고 새로운 정서체험은 '개인화된 커뮤니케이션'일수록 그 강도를 더한다. 예를 들면, 퓨마가 온라인 사이트에서 제공하는 'Puma Mongolian Shoe BBQ'는 서른 가지 이상의 컬러와 재질 등을 제공하고 소비자가 개인의 취향에 맞게 조합하여 자기만의 신발을 디자인할 수 있는 기회를 제공한다. 흥미로운 것은 운동화 제작과정을 마치 요리과정처럼 만들었다는 것이다. 독특한 경험이 아니겠는가! 이렇게 개인화된 독특하고 새로운 정서체험은 소비자와 브랜드의 관계를 더욱 강력하게 만들어 주는 역할을 한다.

새로운 정서체험에서 비롯되는 즐거움 외에 시기와 질투 그리고 불안의 정서도 브랜드 관계에서 중요한 역할을 한다. 명품이나 유명 브랜드를 이용한 소비는 자신의 부나 명예 또는 사회적 지위를 그 브랜드를 통해 타인에게 표출하려는 행위인데 여기에는 다른 사람을 능가함으로써 얻게 되는 자부심, 기쁨의 정서가 개입한다. 승용차나 가전 그리고 패션 브랜드가 이러한 정서를 지속적으로 강화하는 예를 쉽게 발견할 수 있다. 어떤 경우는 특정 브랜드의 소유에서 비롯되는 자부심이나 기쁨과 같은 정서가 역으로 작용하기도 한다. 한 예로 시기나 질투와 같은 정서를 들 수 있다. 소비는 사회적인 것이므로 열망하는 브랜드를 소유하지 못할 때는 소유한 자에 대한 질투나 개인의 사회적 위치 또는 지위를 적절하게 표현하지 못함으로써 불안과 같은 정서가 유발될 수도 있다. 질투나 불안이 크면 클수록 브랜드의 소유는 오히려 소비자와의 관계를 강화하는 계기가 될 수도 있는 것이다.

상상과 소비 정서

캠벨(Campbell, 1987)은 현대사회에서 소비재는 우리가 마음속에 그려 보는 더 나은 삶을 구축하게 하는 원천이라고 하였다. 우리는 어떤 브랜드를 구입하기 전에 그 브랜드를 소유하면 어떨지 상상해 본다. 아마 이런 현상은 타인에게 노출되는 브랜드일 때 더욱 극단적으로 나타난다. 새 차로 바꾸려는 소비자는 이 브랜드, 저 브랜드의 차를 타고 있거나 또는 운전하는 상상을 한다. 옷을 구입하는 경우에는 여러 브랜드의 옷을 상상하면서 이런저런 상황에 그 옷을 입고 등장하는 자신을 상상해 본다. 그리고 다른 사람이 보일 반응도 상상의 시나리오에 첨가시켜 본다. 결국 현대사회에서 브랜드는 더 나은 삶에 대한 상상에 다리를 놓는 역할을 한다. 브랜드는 소비자 개인을 '나는 누구인가'와 연결하는 꿈 그리고 환상을 제공하는 역할을 충실히 해 낼 수 있다. 이렇게 어떤 브랜드를 구입하고 소유하는 본질은 그 브랜드를 통해 추구하는 환상에서 비롯하는 '쾌'를 즐기는 것이다.

상상은 '없는 것'을 '있는 것'으로 표상하는 인지과정이다. 그런데 중요한 점은 이런 상상은 언제나 정서를 동반한다는 점이다. 인지심리학자인 오토니 등(Ortony et al., 1988)은 가상의 상황이 실제적으로 묘사되면 될수록 정서가 유발될 가능성은 증가한다고 하였다. 칙센트미하이(Csikszentmihalyi, 1975)도 상상은 그 자체로 긍정적인 정서를 유발한다고 하였다. 상상은 우리를 상상의 삶이나 세계에 '몰입'하게 만든다. 그리고 몰입은 '자기 보상적인' 경험을 제공하는데 그 때문에 기분 좋은 느낌을 가지게 된다. 소비와 관련한 상상과 그에 따른 정서는 실제구매가 뒤따라야만 유지되고 강화되는 것은 아니다. 만약 상상이 실제적인 것으로 느껴진다면 상상은 실제 구매만큼이나 자극되며 더욱 강도가 높은 정서가 유발된다.

명품 패션 브랜드 매장을 보자. 재미있는 것은 명품 브랜드의 매장일수록 매장 안의 공간이 덜 개방적이다. 그 앞을 지나가노라면 매장 내부에 대한 궁금증이 높아진다. 궁금증은 상상하게 만든다.[8] 선뜻 접근하기 쉽지 않은 그 공간에서 내가 뭔가를 사기 위해 이것저것 고르고 걸쳐 보는 상상을 하게 만든다. 약간의 질투와 흥분이 그 브랜드에 대한 열망을 더욱 강하게 만든다. 신비주의적 매장전략뿐만 아니라 창의적이고 혁신적인 아이디어도 상상을 강화한다. 새로운 아이디어의 제품 디자인은 평범한 제품 디자인에 비해 소비자의 상상을 더욱 자극한다. 실제 제품 디자인이 아니라 제품제작의 과정

---

8) 2010년 선보인 애플의 태블릿 PC인 iPad가 유래 없이 성공적인 신제품 발표회를 가질 수 있었던 이유 중의 하나도 발표 직전까지 철저하게 신제품 정보를 노출하지 않고 궁금증을 유발하여 소비자가 상상하게 만들었기 때문이다.

[그림 6-14] 소비자의 상상을 자극하는 나이키의 PhotoiD

을 혁신적으로 개선하는 것도 소비자의 상상을 자극할 수 있다. 나이키는 단순히 제품을 디스플레이하는 매장에서 나아가 소비자가 제품을 직접 디자인하거나 또는 그 결과를 경험할 수 있는 기회를 제공하는데, 이것도 바로 소비자의 상상을 극대화하는 훌륭한 방편인 것이다(그림 6-14 참조).

　광고도 예외는 아니다. 우리가 광고를 볼 때 단순히 제품의 기능이나 특징을 이야기하기보다는 생활의 단면을 끌어들이거나 또는 특정 브랜드를 사용했을 때의 기분이나 느낌을 묘사하는 전환광고(transformational ad.)에 더욱 정서적으로 반응하는 것도, 그러한 광고가 더욱 상상하게 만들고 그러한 상상이 생생하게 다가오는 것처럼 느끼게 만들기 때문이다. 인터넷 등 디지털게임에 마운틴 듀, 아디다스 등과 같은 실제 브랜드를 노출하는 전략 역시 상상과 결부된 가상세계 경험에서 유발되는 정서효과와 관계가 있다. 온라인 레이싱 게임에 등장하는 실제 브랜드(게임 속에 등장하는 실제 브랜드의 옥외광고, 실제 브랜드 매장 등), 야구 게임에 등장하는 실제 브랜드의 펜스광고 그리고 가상현실 게임에 등장하는 실제 브랜드의 매장이나 제품 등을 보자. 이러한 디지털 게임 과정에서 경험하는 정서효과는 가상, 즉 상상의 세계가 실제처럼 다가올수록 극대화된다. 상상이 개입한 가상세계의 경험은 결코 실제 세계가 될 수 없기 때문에 게임에 몰입한 소비자의 정서 경험은 더욱 극적으로 변화하며, 게임 속의 실제 브랜드는 상상을 현실로 만들어 주는 역할을 함으로써 소비자와 브랜드 관계를 심화하는 효과를 발휘한다(Molesworth, 2006). 상상하게 만들라. 그리고 자사의 브랜드가 그러한 상상의 이상적 세계를 성취하는 매개체로 인식되게 하라.

브랜드 관리의
문화심리학

BRAND PSYCHOLOGY

07

BRAND PSYCHOLOGY

소비자행동의 많은 부분은 문화와 뗄 수 없는 관계에 있다. 6장 '브랜드 관계의 심리학'에서는 강력한 브랜드를 만들기 위해서는 문화를 고려해야 할 필요성이 있음을 강조한 바 있다. 아마 브랜드 전략가라면 브랜드 작명이나 패키지 디자인 그리고 광고커뮤니케이션 등에서 문화차이를 고려하지 않아서 실패한 국내외의 다양한 사례를 잘 알 것이다. 하지만 이번 장의 목적은 단지 문화차이의 중요성을 강조하거나 문화차이로 인한 실패 또는 성공사례를 소개하는 데 있지 않다. 이 장에서는 문화가 소비자행동 그리고 브랜드 관리에 어떤 차별적인 영향을 미치는지 그리고 왜 특정한 방식으로 영향을 미치는지 그 핵심적인 작동 메커니즘에 대해 알아보려고 한다.

최근 들어 문화에 따른 소비자행동의 차이와 그로 인한 전략적 브랜드 관리에 대한 관심이 증대하고 있다. 그 이유는 첫째, 인터넷과 인터넷 기반의 소셜 미디어 등 범지구적 커뮤니케이션의 활성화로 상이한 문화권에 대한 이해가 증대하기도 했지만 상이한 문화에 대한 관심이 오히려 고조되었다. 둘째, 비교문화에 대한 연구가 축적되면서 문화는 단지 소비자행동의 차이를 설명하는 변수로서의 역할을 넘어 소비자행동의 결정변수로 인식되고 있다. 비교문화심리학(cross-cultural psychology)의 비약적인 발전으로 인해 그동안 보편적인 것으로 별다른 의문 없이 이해했던 인지, 성격, 동기 그리고 사회적 행동과 같은 심리현상들이 문화에 따라 작용하는 방식이 다르다는 것을 인정하게 되었기 때문이다(한성열, 한민, 이누미야 요시유키, 심경섭, 2015).

이 책에서 일관되게 주장하는 것처럼 브랜드 성패의 열쇠는 브랜드 전략
가가 아니라 소비자가 쥐고 있기 때문에 문화의 구성원으로서 우리나라 소
비자가 속해 있는 문화의 영향과 그 기제를 살펴보는 것은 매우 의미 있는 과
정이다. 국내 기업이건 아니면 국내에서 브랜드 활동을 하고 있는 외국기업
이건 간에 우리나라 소비자를 문화심리학적 관점에서 고찰해 보는 것은 강
력한 브랜드 관리에 한 걸음 더 다가가는 계기가 될 것이다.

1. 문화에 대한 관점

문화에 대한 정의는 학자 수만큼이나 다양하지만 대체로 문화는 '사회의
구성원으로서 개인이 가진 지식, 신념, 다양한 능력과 습관 그리고 사회의 도
덕과 법, 관습 등을 포함하는 복합체'(Tylor, 1974)로, 인간의 내적, 외적행동에
영향을 미치는 모든 것이라 할 만큼 그 영향은 광범위하다. 그동안 마케팅 커
뮤니케이션이나 브랜드 관리자는 브랜드가 활동하는 국가나 사회의 문화특
성을 최대한 활용하려고 노력해 왔다. 하지만 최근 들어서는 문화의 실체를
어떻게 보느냐에 대해서 다양한 접근이 등장하고 있다.

문화를 정태적 실체로 보는 관점에서는 문화를 '상황적인 요인과는 독립
적으로 행동에 영향을 미치는 비교적 고정된 차원의 안정적인 차이'로 본다.
한편, 동태적인 실체로서의 문화는 고정된 것이 아니라 '맥락이나 상황에 의
해 촉발되어 행동에 영향을 미치는 것으로 동일한 문화 내에서도 개인차를
유발하는 것'으로 본다(Oyserman & Sorensen, 2009). 동태적 또는 정태적 실체
로서의 문화에 대한 관점의 차이는 브랜드 관리자가 문화를 보다 유연하게
활용할 수 있는 계기를 제공한다. 문화가 동태적 실체라고 한다면 브랜드 관

리자는 맥락이나 상황요인의 조작을 통해 특정 문화차원을 소비자 마음속에서 활성화시킬 수 있는 것이다. 두 가지 접근을 좀 더 구체적으로 살펴보자.

정태적 실체로서의 문화   이 접근에서는 문화를 거시수준에서 정의하며 문화시스템의 본질은 집단적으로 분포하고 공유되는 가치와 관습의 집합체로 본다. 문화는 집단이 공유하는 의미와 연합된 행동패턴들로 구성되는 집단적 수준의 현상으로 개념화된다. 이 관점은 집단이 공유하는 사회적 가치뿐만 아니라 집단적인 가치로부터 파생되는 행동습관이나 행동패턴의 중요성을 강조하며 개인의 행동성향은 그것들이 발달되는 문화시스템과 분리될 수 없다고 본다. 따라서 정태적 접근은 문화 간의 차이를 발생시키는 거시적인 문화차원이 무엇인지 확인하는 데 유용하다. 예컨대, '자기(self)'에 대한 정태적인 문화적 접근에 의하면, 독특한 문화적 시스템 때문에 미국에서는 자기를 향상하려는 욕구가 지배적이지만 일본에서는 자기겸손이나 비판이 지배적인 현상이다. 이러한 차이는 특정 문화에서 사회적 행위들이 집단적으로 규정되고 유지, 경험되는 방식에서 비롯된다. 문화를 정태적 실체로 접근할 경우, 브랜드 관리자의 역할은 자사 브랜드가 활동하는 문화를 정확히 이해하고 그에 적합한 브랜드 전략을 수립하는 것이다.

동태적 실체로서의 문화   문화에 대한 동태적 접근은 특정 문화성향을 작동시키는 인지과정과 기제에 초점을 맞춘다. 정태적 관점과는 달리 동태적 관점에서는 문화를 집단수준의 사회에 있는 것이 아니라 개인의 마음에 있는 것으로 본다. 패턴화된 신념이나 지식 또는 마음 태(mind set)는 개인의 머릿속에 서로 느슨하게 엮여 있는데, 다만 어떤 것이 더 활성화되는지에 차이가 있을 뿐이다. 그리고 특정한 상황이나 맥락이 어떤 것을 활성화할 것인지에 영향을 미친다. 결과적으로 개인이 속해 있는 정태적, 거시적 문화가 아닌 다른 문화성향이 촉발될 수도 있는 것이다.

좀 더 개인수준의 동태적 관점을 취하는 '역동적 구성주의'에 따르면 문화와 관련한 규범, 가치 그리고 행동성향 등은 상호 연결되어서 연합망의 형태로 개인의 기억에 저장된다. 만약 개인이 특정한 문화적 정체에 주의를 기울이게 되면 그에 상응하는 기억 네트워크에 대한 접근성이 증가하고 그것에 포함된 인지도 활성화된다. 네트워크에서 어떤 요소가 작동할지는 상황이나 맥락에 의해 결정된다. 상황, 시간 그리고 맥락에 따라 개인이 속한 집단적인 문화와는 상이한 문화성향이 유발될 수 있는 것이다. 점화(priming)[1]는 개인이 속한 문화와 관계없이 특정 문화차원을 촉발시키기에 충분하다. 예컨대, 자유의 여신상이나 만리장성과 같은 문화적인 상징, 애플(Apple)이나 메르세데스(Mercedes)와 같은 브랜드 또는 특정 언어에 노출되는 것으로도 개인이 속한 문화성향에 관계없이 상징이나 브랜드 그리고 특정 언어가 유발하는 문화차원이 활성화될 수 있다.

2. 문화차원과 브랜드 관리

문화는 어떤 차원으로 구분할 수 있을까? 소비자 행동이나 광고 커뮤니케이션 분야에서 가장 널리 알려진 홉스테드(Hofstede, 1980, 1991)와 트리언디스(Triandis, 1995, 1996)는 문화를 개인주의-집단주의, 권력거리, 남성성-여성

---

1) 점화(priming)는 시간적으로 먼저 제시된 자극이 나중에 제시된 자극의 처리에 영향을 주는 현상이다. 점화에 대한 자세한 설명과 예는 3장을 참고하기 바란다.

성, 불확실성 회피 그리고 시간지향의 차원으로 구분한다. 슈워츠(Schwartz, 2009)는 홉스테드나 트리언디스와 겹치는 것도 있지만 좀 더 정교한 문화차원을 제시했는데 평등, 조화와 자율성 등의 차원을 추가했다. 또한 브릴리와 와이어(Briley & Wyer, 2001)는 개인주의, 정서유대, 자기희생, 경쟁력 그리고 타인에게 뒤지지 않으려는 동기의 5개 차원으로 문화를 구분할 수 있다고 보았다. 여기에서는 가장 널리 사용되는 홉스테드의 문화차원에 대해 살펴보고 다음으로는 최근 주목받고 있는 동태적 관점의 문화차원에 대해 알아보기로 한다.

홉스테드의 문화차원

홉스테드는 '개인주의/집단주의' '권력거리' '남성성/여성성' '불확실성 회피' 그리고 이후에 추가된 유교적 역동성이라고도 불리는 '장기/단기지향성'의 5가지 문화차원을 제안했다.[2]

• 개인주의와 집단주의(individualism/collectivism): 개인이 자신과 직계가족을 돌보는 데 우선하느냐 또는 개인이 충성을 하는 대가로 개인이 속한 내집단 성원이 자신을 돌봐 주기를 기대하느냐에 따라 구분된다. 개인주의 문화에서는 개인의 정체(identity)는 자신에게 있으며 자기성취가 무엇보다 중요하다. 개인주의 문화는 '저 맥락(low context)' 의사소통

---

2) 1967~1973년, 홉스테드는 IBM의 전 세계 자회사 직원들을 대상으로 국가적 가치관의 차이에 관한 대규모 조사연구를 수행했다. 그는 서로 다른 국가의 IBM 직원 117,000명 표본의 답변을 동일한 방식으로 비교 대조했다. 처음에는 40개 국가를 그리고 이후 50개 국가와 3개 지역으로 확장했다.

문화이기도 하다. 저 맥락 문화에서는 의사소통이 명시적이고 직접적이 며 언어가 의사소통의 가장 중요한 수단이다.

한편, 집단주의 문화에서는 '나'보다는 '우리'가 우선시된다(우리나라 에서는 자신과 관련된 사람을 지칭할 때도 개인 중심이 아니라 우리 중심이다. '우리 엄마' '우리 집사람'이라는 표현은 일상적이다). 개인의 정체는 자신 이 아니라 자신이 속한 집단에 의해 규정된다. 그리고 조화와 체면이 중 시된다. 개인주의 문화에서는 저 맥락 의사소통이 지배적이라면 집단주 의 문화에서는 '고 맥락(high context)' 의사소통이 지배적이어서 우회적 인 의사소통 스타일이 중요하다. 겉으로 드러난 직접적이고 명시적인 표현보다는 저변에 깔린 의미가 더욱 중요하다. 그래서 집단주의 문화 의 소비자는 상징의미에 더 친숙하다.

개인주의와 집단주의 간 의사소통 스타일의 차이 때문에 서구와 같 은 개인주의 문화에서는 브랜드의 핵심적인 기능이나 특징이 가장 중요 하며, 이를 직접적으로 전달해야 효과적이다. 하지만 집단주의 문화에 서는 브랜드의 판매 포인트보다는 신뢰와 관계를 쌓는 것이 더 우선시 된다. 판매설득보다는 신뢰형성이 더 중요한 것이다.

- 권력거리(power distance): 파워가 약한 구성원이 그가 속한 사회의 권력 의 불평등을 수용하고 기대하는 정도다. 권력거리는 권력이 있든 없든 모든 구성원의 가치에 반영된다(우리나라는 권력거리가 큰 문화에 속한다). 권력거리가 큰 문화에서 개인은 사회적인 지위가 분명하고 위계적인 경 향이 있으며 권력의 불평등은 당연한 것으로 받아들여진다. 이 문화에 서 지위는 권력을 보여 주는 중요한 의미를 지닌다. 글로벌 브랜드나 명 품 브랜드 또는 지위의 상징성이 강한 브랜드는 권력거리가 큰 문화의 소비자들에게 더 많은 영향을 미치게 된다.

반면, 권력거리가 작은 문화에서는 권리와 기회의 평등을 강조한다. 권력거리는 사람들이 권력을 이양하고 권위를 인정하는 방식에도 영향을 미친다. 권력거리가 큰 문화에서는 모든 사람이 사회적 위계에서 적절한 위치를 차지하며 결국 자연스럽게 권력을 이양하고 권위를 받아들인다. 이런 문화에서는 위계질서를 인정하는 것이 매우 자연스러운 일이다. 부모와 자식, 상사와 부하직원, 교수와 학생 간에는 강한 의존성이 존재한다. 하지만 권력거리가 작은 문화에서는 어린 시절부터 독립적인 사람이 되도록 길러진다. 다른 사람에게 의지하는 것을 피하려 하고, 직계가족 구성원을 제외하고는 다른 사람들이 자신에게 의지하는 것을 원치 않는다.

* 남성성과 여성성(masculinity/feminity): 사회나 조직구성원이 남성과 여성의 사회적 역할을 얼마나 분명하게 구분하는지에 대한 것이다. 남성성 문화는 사회적 성 역할이 명확하게 구분되는 사회이며 남자는 자기주장이 강하며 거칠고 물질적인 성공을 추구하는 반면, 여자는 보다 겸손하고 부드러우며 삶의 질에 관심을 둔다. 남성성 문화에서 지배적인 가치는 성취, 업적과 성공이며, 여성성 문화에서 지배적인 가치는 다른 이를 돌보아 주는 것과 생활의 질이다. 여성성 문화에서는 남성이 요리나 쇼핑 등과 같은 집안일에 적극적으로 참여하며 여성과 역할이 겹치는 경향이 있다. 여성성 문화에서는 삶의 질이 경쟁에서의 승리보다 중요하며 지위가 반드시 성공을 의미하지는 않는다. 작은 것이 아름답게 여겨지고 역할차별이 적으며 인간지향적이고 다수와의 의견 일치에 노력을 기울인다.

* 불확실성회피(uncertainty avoidance): 불확실하거나 애매한 상황에 대해 두려움을 느껴 과거의 전통, 관습, 규칙 등을 통해 안정감을 확보하여

불확실함에서 오는 두려움을 회피하고자 하는 정도를 말한다. 불확실성 회피성이 높은 문화에서는 모호함을 감소하려는 동기가 강하게 작용한다. 이 문화에 사는 사람들은 조직, 기관, 인간관계에서 안정감을 추구한다. 반면, 불확실성회피성이 상대적으로 낮은 문화에서는 긴박감이 팽배해 있지 않다(우리나라는 불확실성회피성향이 높은 국가에 속한다). 예컨대, 자동차 주행 제한속도를 더 낮추어도 큰 반발이 없다. 익숙한 모험뿐만 아니라 익숙하지 않은 모험도 기꺼이 받아들인다. 따라서 불확실성회피성향이 낮은 문화에서는 새로운 혁신제품이나 익숙하지 않은 제품에 대한 구매 시도 경향도 더 강하다.

불확실성회피성이 높은 문화에서는 모호한 상황을 기피하며 모험이나 실패를 두려워하고 변화에 저항하며 규칙, 기준, 행동강령, 법 제정에 집착하여 불확실성을 최소화하려는 경향이 있어 전문가를 더욱 존중하고 규정과 엄격한 구조를 가진다. 반면, 불확실성회피성이 낮은 문화에 속한 사람일수록 모험이나 변화를 두려워하지 않기 때문에 독창적이거나 일상적이지 않은 행동이나 아이디어에 거부감이 덜하고 긍정적인 태도를 가진다.

- 장기/단기지향성: 유교적 역동성이라고 불리는 시간지향성은 홉스테드가 가장 최근에 제안한 장기 대 단기지향(long vs. short-term orientation) 문화차원으로, 어떤 사회가 실용적인 미래지향적 관점을 가지느냐 또는 관습적인 역사적, 단기지향적 관점을 가지느냐에 따라 구분된다. 장기지향의 문화에서는 인내, 지위에 의한 서열, 절약, 근검 그리고 수치심과 같은 가치들이 중시되며 단기지향의 문화에서는 개인적인 안정성, 전통 중시 그리고 마음의 평화보다는 현재의 행복추구와 같은 가치가 중시된다. 또한 단기지향에 비해 장기지향 문화는 미래에 대한 투자에

더 적극적이다. 당장 성과를 얻기 힘들지만 장기적인 수익을 기대할 수 있는 제품이나 사업에 대한 투자는 단기지향성의 국가보다는 장기지향성의 국가에서 더 활발한 경향이 있다(De Mooij, 2010).

앞의 네 가지 문화차원이 어릴 적부터 사회화 과정에 의해 습득되는 것이라면 단기/장기지향은 개인이 처한 사회, 문화적 배경의 영향을 받는다. 단기/장기지향은 시간에 대한 개인의 주관적인 경험으로 과거, 현재 그리고 미래로 구성된다. 중국인과 캐나다인을 비교한 연구에 의하면, 중국인은 캐나다인에 비해 현재 처한 문제는 과거의 일과 더 많은 관련이 있다고 생각하며 과거의 사건들에 대해 더 상세하게 기억하고 또 시간적으로도 더 가깝게 느낀다. 우리나라를 포함한 아시아 사람은 서구 사람에 비해 현재보다는 과거의 느낌과 사건에 더 많이 의존한다(Briley, 2009). 미래에 대해서도 문화차이가 발견되고 있다. 연구에 의하면 캐나다인은 중국인에 비해 과거보다는 미래의 시간에 더 많은 가치를 부여하는 경향이 있다. 또한 아시아 사람은 서구 사람에 비해 시간적으로 거리가 먼 사건을 더 가깝게 느끼며 현재의 결과도 과거의 사건과 더 많은 관련성을 부여한다. 시간지향에 따른 이러한 문화차이는 시간 틀과 연합된 지식구조의 상대적인 현저성을 반영하는 것이라 할 수 있다.

3. 문화성향과 브랜드 관리

집단주의/개인주의

우리나라를 포함한 아시아는 집단주의 문화성향이 강해서 서구 사람에

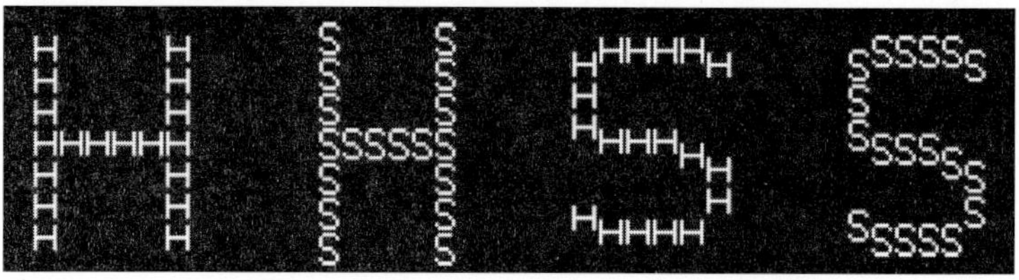

[그림 7-1] ❍━ Navon 철자

비해 다른 사람의 의견에 더 많은 영향을 받는다. 집단의 일원임을 강조하
는 메시지의 영향력도 서구 사람보다 아시아 사람에게서 더 강하게 작용한
다. 소비자 행동도 예외가 아니다. 아시아 사람은 자신을 묘사할 때 개인특성
보다는 그들이 맡고 있는 사회적 역할을 사용하는 경향이 강하며 주변 사람
과의 조화나 집단의 이익을 강조하는 광고소구(우석봉, 이성수, 2012; Lin, 2001)
그리고 자신보다는 타인에 초점을 맞춘 광고소구에 더 많은 영향을 받는다
(Aaker & Williams, 1998).[3]

　　개인주의와 집단주의 문화는 사회적인 자극뿐만 아니라 비사회적인 정보
처리에도 영향을 미친다. 한 연구(McKone et al., 2010)에서는 아시아인과 서구
인에게 '네이본(Navon) 철자인식 과제'([그림 7-1] 참조)를 수행하게 했다. 실
험참가자들에게 네이본 철자를 제시하고 큰 철자나 또는 큰 철자를 구성하
는 작은 철자를 확인하도록 했다. 동아시아의 참가자들은 서구 참가자들에
비해 큰 철자를 인식하는 속도가 더 빨랐고 서구인들은 작은 철자를 인식하

---

3) 하지만 아시아 사람도 서구문화에 점차 많이 노출되면서 이러한 차이가 감소하는 추세이기
　는 하다. 특히 아시아의 젊은이들을 대상으로 하는 광고에서는 개인주의 소구가 흔해지고
　있다. 집단주의 문화에 살고 있는 젊은이들은 개인주의와 집단주의 소구 모두에 반응하는
　등 이중문화화(bicultural)되는 경향이 있다.

는 속도가 더 빨랐다. 아시아인은 서구인에 비해 정보를 처리할 때 국지적이고 세밀한 것보다는 전체적이고 총체적으로 반응한다는 것을 이 연구는 보여준다.

점화기법을 통해 상황적으로 특정문화 차원을 활성화해도 동일한 결과가 나타난다. 1인칭 단수 대명사('나' '나의' 등) 또는 1인칭 복수 대명사('우리' '우리의' 등) 중 어떤 것으로 점화를 하느냐에 따라 자신을 개인 또는 집단의 성원으로 생각하는 성향은 영향을 받는다(Kühnen & Oyserman, 2002). 뿐만 아니라, 복수 대명사로 점화했을 때는 집단주의 문화성향이 촉발되어서 단수 대명사로 점화했을 때에 비해 큰 철자에 더 빨리 반응하였다. 이러한 경향은 그림과제에서도 나타난다. 마쯔다와 니스벳(Masuda & Nisbett, 2001)은 문화성향에 따라 자극에 기울이는 주의에서 어떤 차이가 있는지를 연구했다. 미국학생과 일본학생을 대상으로 [그림 7-2]를 보여 주고 그들이 무엇을 기억하는지 살펴보았다. 전경으로 두드러지는 물고기나 튀는 색깔의 물고기의 경

[그림 7-2] 마쯔다와 니스벳이 사용한 실험자극

우에는 문화성향에 관계없이 모든 학생이 공통적으로 기억하였지만 배경 자극에 대한 기억에서는 문화차이가 있었다. 미국학생에 비해 일본학생은 개구리나 수초와 같은 배경 대상을 더 잘 기억하였다.

이상의 결과들을 종합하면, 우리나라 소비자는 특정 브랜드의 마케팅이나 마케팅 커뮤니케이션 행위를 독립적으로 그리고 분리된 것으로 바라보기보다는 지금까지 수행된 행위들과의 관계에서 총체적으로 평가할 것이며 브랜드의 마케팅이나 마케팅 커뮤니케이션 행위 그 자체보다는 행위의 배경에도 관심을 기울일 가능성이 높다.

정보를 획득하고 조직, 활용하는 면에서도 차이를 보인다. 집단주의문화의 사람들은 정보를 처리할 때 개인주의문화의 사람들에 비해 상징, 기호 그리고 간접적인 커뮤니케이션에 더 많이 의존한다. 하지만 개인주의문화의 사람들은 언어 지향적이고 설명식의 설득적인 카피에 더 많이 의존하는 경향이 있다. 광고의 작동방식에 관한 모형들도 개인주의의 서구문화에서 개발되었기 때문에 무엇보다 정보의 수집단계에 많은 비중을 둔다. 광고효과의 작동단계도 개인주의문화에 잘 맞추어져 있다. 예컨대, FCB 모형[4]은 광고가 소비자에게 미치는 영향은 네 가지 순서로 작동함을 제안한다. 하지만 미라클(Miracle, 1987)은 일본 소비자에게 적용하기 위해서는 기존의 모형에 'feel-do-learn'이 추가되어야 한다고 주장한다. 일본 광고들은 브랜드의 기능이나 특성을 전달하기보다는 주로 소비자와 기업 간의 신뢰와 관계를 구축하는 데 관심을 둔다. 일본 광고의 목적은 소비자를 즐겁게 하고 상호의존

---

4) FCB Grid 모형은 크루그먼(Krugman)의 관여이론과 좌·우 두뇌세분화 이론을 복합시켜 개발한 광고전략 모델이다. 4개의 차원은 'learn-feel-do' 'feel-learn-do' 'do-learn-feel' 그리고 'do-feel-learn'이다.

성을 강화하려는 것이며 이는 직접적이기보다는 간접적인 표현전략에 의존하는 경향이 있다. 그 결과로 광고에 대한 일본 소비자의 우선적인 반응은 '느낌'이며 행위는 그 다음에 따라온다. 지식은 행위의 다음 순서다.

자기해석 수준

거시적인 수준에서의 개인주의 · 집단주의와 달리 마커스와 키타야마 (Markus & Kitayama, 1991)는 개인수준에서 개인주의 · 집단주의 문화가치의 개인차에 대한 자기해석(self-construal)이라는 개념을 제안하였다. 자기해석은 개인이 자기 자신과 타인과의 관계를 어떻게 규정하는가에 대한 것이다([그림 7-3] 참조).

개인주의 문화권의 사람들은 독립적인 자기해석의 경향이, 집단주의 문화권의 사람들은 타인과의 관계 중심의 상호의존적인 자기해석의 경향이 있

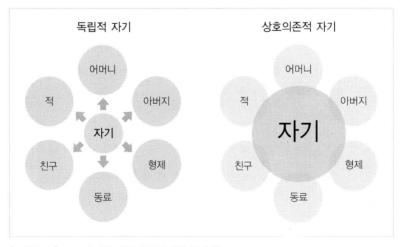

[그림 7-3] 자기와 타인과의 관계의 두 유형

다. 자기해석의 개념은 동태적 관점에 기초한 것으로 비록 개인주의 또는 집단주의 문화에서 성장한 사람이더라도 두 가지 자기해석은 한 개인 내에 모두 존재하며 상황이나 맥락에 의해 특정의 자기해석이 활성화될 수 있다. 독립적인 자기해석이 활성화될 경우에는 개인의 생각과 행동이 자신의 생각, 느낌, 행위 중심으로 조직되고 의미를 부여하지만 상호의존적인 자기해석이 활성화될 경우에는 자신이 속한 내집단 성원들과의 관계를 통해 바라보고 조절한다. 아시아 사람은 자신의 문화적 정체성을 부각시키면 그렇지 않을 때에 비해 의무나 타인에 대한 복종에 가치를 부여하는 경향이 있고 북미 사람은 개인의 권리에 가치를 더 부여하는 경향을 보인다.

어떤 행동의 원인을 추론하는 귀인(attribution)과정에서도 차이를 보인다. 귀인이론에 의하면 어떤 행동이나 사건의 원인을 설명하는 방식은 두 가지다. 원인을 행위자 자신에게 돌리거나 또는 상황이나 외부요인 탓으로 돌리는 것이다. 예컨대, 새로 구입한 가전제품이 고장났을 때 소비자는 그 원인을 자신의 부주의 탓으로 돌릴 수도 있고 제조회사 측의 품질관리 탓으로 돌릴 수도 있다. 다양한 상황이 있을 수 있겠으나 귀인을 어떻게 하느냐에 따라 소비자의 후속 행동은 많은 영향을 받는다. 대체적으로 서구인에 비해 동양인은 어떤 행동의 원인을 추론할 때 그 행동을 행한 개인의 특성 탓으로 돌리기보다는 상황적인 요인 탓으로 돌리는 경향이 있다(Choi, Dalal, Kim-Pietro, & Park, 2003).

독립적 · 상호의존적 자기해석 문화차원은 비사회적인 자극에 대해서도 영향을 미친다. 대상을 분류하는 과제를 하도록 했을 때 아시아 사람은 서구 사람에 비해 기능적인 관련성을 중심으로 대상을 분류하는 경향이 있다. 예컨대, 당근, 가지, 토끼를 분류하도록 했을 때 아시아 사람은 당근과 토끼를 하나로 묶지만 서구인은 기능이 아니라 범주를 기준으로 하여 당근과 가지를 같은 부류로 묶는다. 또 한 연구에서는 낱장 카드에 단어를 하나씩 적어 제시하고 이를 기억하는 과제를 냈다. 어떤 카드에는 단어와 그림을 함께 제시했다. 하지만 그 그림은 단어와는 관련성이 없고 오히려 단어에 대한 주의를 분산하는 것이었다. 그럼에도 아시아 사람은 단어만 제시되었을 때보다는 단어가 그림과 함께 제시되었을 때 그 단어에 대한 기억이 훨씬 좋았다. 하지만 서구인의 경우는 그렇지 않았다. 아시아 사람은 단어를 주변 맥락(그림)과 함께 총체적으로 처리하는 경향이 있음을 보여 주는 것이다(Park, Nisbett, & Hedden, 1999). 이런 경향은 순간적으로 특정 문화차원을 점화시켰을 때도 발생한다. 어떤 그림들을 차례대로 제시하고 기억하도록 하면서 단수 대명사가 아니라 복수 대명사로 상호의존적 문화차원을 점화했을 때 그림의 순서를 더 잘 기억했다.

소비자행동에 미치는 영향을 살펴보면, 한 연구에서는 독립적인 문화권과 상호의존적인 문화권의 참가자들에게 서로 관련된 물건(휴대폰, 이어폰, 충전기, 휴대폰 케이스)을 제시하고 한 세트를 선택하도록 했다. 그리고 나중에 그들에게 제시한 물건 모두가 당장 가져갈 수 있는 것은 아니라고 말해 주었다. 상호의존적 문화권의 참가자들은 독립적인 문화권의 참가자들에 비해 일부

[그림 7-4] ○— 중앙 인물의 정서표현은 동일하지만 배경 인물의 표정은 다르다

물건만 선택하는 것을 주저했고 시간이 좀 걸리더라도 빠진 물건들을 가져갈 수 있을 때 돈을 지불하겠다는 경향이 강했다. 이 역시 상호의존적인 문화권의 소비자들이 개별 제품 중심이 아니라 제품 간의 기능적인 관계를 고려하여 판단한다는 방증이다.

한 흥미로운 연구에서는 타인의 얼굴표정에 나타난 정서를 지각할 때 문화차이가 있는지를 살펴보았다(Masuda et al., 2008). 이들은 [그림 7-4]의 자료를 이용하였는데 중앙의 인물을 둘러싸고 있는 주변 사람들의 얼굴표정(배경정보)이 중앙 인물(표적)의 정서를 지각하는 데 영향을 미치는지 그리고 그 영향의 정도는 문화에 따라 차이가 있는지를 규명하는 데 관심이 있었다. 연구결과, 중앙 인물의 정서를 해석할 때 일본 참가자들은 미국 참가자들에 비해 주변 인물의 표정에 더 많은 영향을 받는 것으로 나타났다. 집단주의의 상호의존적 문화성향의 사람은 초점이 되는 대상을 중심으로 분석적인 사고를 하기보다는 배경을 동시에 처리하는 총체적인 사고를 하는 경향이 있음을 보여 주는 것이다.

이러한 연구결과는 통합 브랜드 커뮤니케이션에 상당한 시사점을 제공한다. 통합 브랜드 커뮤니케이션에서는 개별적인 브랜드 행위의 효과보다는 행위 간의 조화에 의한 시너지가 더욱 중요하다. 우리나라 소비자는 브랜드의 행위를 개별적으로 처리하기보다는 브랜드의 행위 전체를 총체적으로 처리하는 경향이 있기 때문에 브랜드 관리자는 브랜드 행위 간의 조화에 더욱 주의를 기울여야 할 것이다.

광고의 경우, 중국 소비자는 광고의 맥락 특징에 더 민감한데 이는 서구 소비자에 비해 광고의 주변요소가 광고효과에서 더 큰 역할을 할 수 있음을 시사한다. TV나 잡지광고에서는 제품의 속성과는 관련성이 낮은 맥락 자극(배경, 소품 등)과 함께 제품이 제시되는 경우가 많은데 이 경우에도 서구 소비자에 비해 아시아 소비자는 맥락 자극에 더 많은 영향을 받는다. 아시아 소비자는 서구 소비자에 비해 제품의 핵심이 아닌 주변적인 속성이나 특징에 더 많은 영향을 받을 수 있음을 시사한다. 중국 소비자는 제품의 속성이 아닌 주변적인 것에 대한 타인의 의견을 통해 구매에 더 많은 영향을 받는다 (Aaker & Maheswaran, 1997).

문화에 따른 상호의존적 사고, 즉 관계적으로 사고하는 경향은 브랜드 확장에도 영향을 미친다(Ahluwalia, 2008). 아시아 소비자는 대상 간의 관련성에 초점을 맞추어 사고하는 경향이 강하기 때문에 서구 소비자에 비해 모 브랜드와 확장 브랜드 간의 관계를 지각하는 데도 영향을 받는다. 독립적이 아닌 상호의존적인 자기해석이 활성화될 경우에는 추상적으로 사고하는 경향이 있다. 따라서 상호의존적 문화성향일 때에는 비록 모 브랜드와 확장 브랜드의 물리적인 속성 유사성이 낮더라도(예, 모 브랜드: 향수 → 확장 브랜드: 만년필) 독립적인 문화성향일 때에 비해 브랜드 확장에 대한 반응은 더 호의적이다.

소비자와 브랜드는 개인수준에서의 관계 또는 집단수준에서의 관계를 토대로 형성될 수 있다. 예컨대, 메르세데스에 대한 소비자의 관계는 개인수준의 독특한 정체(예, 자기 개념)를 표현하고자 하는 욕구에 토대할 것이다. 반면에, 소나타와 같은 국내 브랜드의 경우에는 애국심이나 원산지 등 집단수준의 국가정체를 토대로 소비자와 브랜드 관계가 형성될 것이다. 자기해석의 유형에 따라서 어떤 형태의 관계가 더 중요한지를 살핀 연구에 의하면, 독립적인 자기해석의 문화성향이 활성화될 경우에는 소비자의 자기개념과 브랜드를 연결하는 브랜드관계 전략이 더 주효하며, 상호의존적인 문화성향이 활성화될 때는 국가정체나 원산지와 같은 집단수준의 요소를 토대로 브랜드 관계 전략을 구사하는 것이 더욱 효과적이다(Swaminathan, Winterich, &

Gurhan-Canli, 2012), 브랜드 관계(brand relationship) 전략에서도 자기해석에 따른 문화성향을 차별적으로 고려할 필요가 있다.

소비자의 자기개념과 브랜드의 개성은 일반적으로 일치하지 않는 것에 비해 일치하는 것이 더욱 효과적이다. 하지만 브랜드 개성과 소비자의 자기개념 간의 일치성 효과도 자기해석 유형에 따라 다를 수 있다. 독립적인 자기해석의 경우에는 개인의 독특한 정체나 자기개념이 중요하다. 하지만 상호의존적인 자기해석의 경우에는 개인의 독특한 정체는 덜 중요하다. 따라서 소비자의 자기개념과 브랜드 개성 간의 일치성 효과는 상호의존적인 자기해석보다는 독립적인 자기해석일 때 더욱 효과적이다. 뿐만 아니라 독립적인 자기해석의 경우에는 브랜드가 뚜렷한 개성을 가지는 것이 중요하다. 소비자가 브랜드를 자신에게 통합한다면 브랜드에 대한 충성이나 몰입은 더욱 강할 것이다. 하지만 소비자에 따라서 브랜드 개성을 자신의 자기에 통합하는 정도에서도 문화성향에 따른 차이가 있다. 독립적인 자기해석 문화의 미국과 상호의존적인 자기해석 문화의 한국 소비자를 대상으로 브랜드를 자신에게 통합하는 정도를 살핀 연구에 의하면, 한국에 비해 미국 소비자의 경우에 브랜드를 자신에 통합하는 정도가 더욱 강하다.

향상지향 vs. 예방지향

향상지향과 예방지향은 결정을 내린 사항에 대한 결과의 어떤 측면에 더 중요성을 부여하느냐 하는 성향이다. 결정을 내렸을 때 긍정적인 결과에 더 중요성을 부여하는 것은 향상지향(promotion orientation)이라 하고 부정적인 결과를 피하려고 하는 것은 예방지향(prevention orientation)이라 한다. 이를 '자기조절초점(self regulatory focus)'이라고도 한다(Higgins, 1997).

사람들은 단순히 쾌락을 추구하고 고통을 회피하려는 것이 아니라 어떤 전략을 통해 쾌락추구와 고통회피를 스스로 조절한다. 향상동기에 초점이 맞추어지면 사람들은 이상, 성취, 도전 등과 같은 더 나은 상태를 추구하게 되지만 예방동기에 초점을 맞추게 되면 안전, 보호, 의무 등과 같은 현 상태보다 더 나빠지지 않는 상태를 추구한다.

문화는 사회구성원의 예방동기와 향상동기의 형성에 중요한 역할을 하며 문화에 따라서 향상동기와 예방동기의 수준은 달라진다. 자기조절초점과 문화차이에 대한 많은 연구는 개인주의와 집단주의 문화차원에 따라 향상지향과 예방지향에서 차이가 있음을 보여 준다. 예방과 향상지향에 따른 문화차이의 경우, 집단주의 문화권인 아시아에서는 주로 예방지향적 경향을 보이며 개인주의의 서구인은 주로 향상지향적 경향을 보인다(Kurman & Hui, 2011).

한국인과 미국인을 대상으로 그들이 일상에서 추구하는 목표를 질문한 다음 이를 향상추구 목표와 예방추구 목표로 분류하고 그 차이를 살펴보았는데, 한국인은 예방추구 목표(예, 친구를 잃지 않는 것)를, 미국인은 향상추구 목표(예, 새로운 친구를 얻는 것)를 더 많이 언급하였다(Elliot, Chirkov, Kim, & Sheldon, 2001). 미국인은 자신의 행동에 대한 긍정적인 결과는 자신의 탓으로 돌리지만 부정적인 결과에 대해서는 그 책임을 외부 요인에 전가하는 경향이 있다. 하지만 아시아 사람은 실패했을 때 자신의 책임으로 돌리며 성공했을 때는 외부의 환경 탓으로 돌리는 경향이 있다(Oishi, Wyer, & Colcombe, 2000).

예방과 향상의 문화적 성향은 앞서 살펴본 독립적·상호의존적 문화성향처럼 상황이나 맥락요인에 의해 점화될 수 있으며 또 이들 문화차원과 서로 연결되기도 한다. 한 연구에서는 참가자들에게 운동시합 상황을 상상하게 한 뒤에 시합에서 이기는 것과 패하지 않는 두 가지의 시나리오를 제시하고 어떤 시나리오의 영향을 더 많이 받는지를 보았다. 자신이 팀의 멤버로서 시합에 참여한다고 가정하게 했을 때(상호의존적)는 독자적으로 참여한다고 가정했을 때(독립적)에 비해 이기는 결과의 시나리오보다는 패하지 않는, 즉 부정적인 결과를 회피하는 예방지향 시나리오의 영향을 더 많이 받는 것으로 나타났다(Lee, Aaker, & Gardner, 2000). 같은 절차를 다른 문화권의 사람들에게 적용했을 때에도 중국인의 경우에는 서구인에 비해 이기는 시나리오(향상)보다 지지 않는 시나리오(예방)의 영향이 더 컸다.

또 다른 흥미 있는 연구에서는 철자 맞히기 과제를 내고 어떤 참가자는 혼자서 또 어떤 참가자는 집단으로 과제를 해결하게 하여서 서로 상이한 문화성향(독립적 vs. 상호의존적)을 활성화시켰다. 이어서 제품을 선택하게 했는데 독립적인 문화성향이 활성화된 사람은 제품사용으로 인한 혜택이 극대화될 수 있는 제품을 선택했고 상호의존적인 문화성향이 활성화된 사람은 부정적인 결과를 최소화하는 제품을 더 많이 선택했다. 이런 경향은 참가자 자신들의 국가정체를 활성화했을 때도 나타났다(Briley & Wyer, 2002). 미국에 거주하는 중국인으로 양쪽 언어를 모두 사용하는 경우에 영어로 활성화했을 때는 향상초점의 선택을 했고 중국어로 활성화했을 때는 예방초점의 선택을 했다.

다른 연구들도 서구인에 비해 아시아인이 향상보다는 예방에 초점을 맞춘 선택을 하는 경향이 더 강함을 보여 준다. 영국과 아시아인을 대상으로 한 건강 커뮤니케이션의 효과에 대한 연구를 보면, 영국인은 건강의 향상을 주장하는 메시지에 더 호의적으로 반응하지만 아시아인은 현재의 건강을 유지하는 주장의 메시지에 더 호의적으로 반응한다(Uskul, Sherman, & Fitzgibbon, 2009).

향상지향적인 참가자와 예방지향적인 참가자에게 제품의 긍정적인 측면만을 전달하는 일면적 메시지의 광고와 제품의 긍정적 측면과 함께 부정적인 측면도 포함하는 양면적 메시지의 광고를 제시하면 예방지향적인 참가자는 일면적 메시지 광고에만 긍정적으로 반응하지만 향상지향적인 참가자는 양면적 메시지의 광고에 대해서도 별다른 영향을 받지 않는다(윤태웅, 2011). 브랜드 확장에서도 유사한 결과를 발견할 수 있다. 모 브랜드와 유사성이 높은 확장과 유사성이 낮은 확장의 경우에 예방성향의 참가자는 유사성이 높은 적합확장 제품을 더 호의적으로 평가하지만 향상성향의 참가자는 유사성이 낮은 부적합확장 제품에 대해서도 덜 부정적으로 평가한다(여준상, 2006). 광고 메시지이든 또는 제품 판매 포인트이든 소비자의 조절초점과 들어맞는 것이 더욱 효과적이다. 향상지향적인 문화에서는 예방지향적인 문화에 비해 이미 시장에 나와 있는 브랜드 간의 차이가 더 민감하여서 우월한 브랜드에 더욱 호의적으로 반응한다. 아울러 새로운 브랜드에 대한 수용이나 선호도 예방지향적인 문화에 비해 향상지향적인 문화에서 더 높은 경향이 있다. 다른 많은 변수가 고려될 수 있지만 공격적인 브랜드전략은 향상지향적인 문화에 비해 예방지향적인 문화에서는 효과를 거두기에 상대적으로 어려움이 있을 수 있다(Edwin et al., 2010).

　흥미롭고 기대감을 불러일으키는 브랜드의 경우에는 예방초점에 비해 향상초점의 광고 메시지일 때 설득효과가 더 크다. 하지만 기능중심적인 브랜드일 때는 향상초점보다는 예방초점의 광고 메시지일 때 설득효과가 더 크다. 실제 브랜드(Gucci와 Old Navy)를 대상으로 연구한 결과를 보면, 세련된 브랜드 개성의 구찌의 경우에는 향상초점의 브랜드 메시지일 때 브랜드에 대한 태도가 더 긍정적이었고, 진실한 브랜드 개성의 올드 네이비의 경우에는 예방초점의 브랜드 메시지일 때 브랜드에 대한 태도가 더욱 긍정적이었다(Kim & Sung, 2013). 단지 광고 메시지가 소비자의 조절초점과 일치해도 그 광고 브랜드를 구매하겠다는 의도는 증가한다. 한 연구에서는 점화를 통해 소비자의 조절초점을 조작하고 조작된 조절초점과 일치하거나 불일치하는 메시지의 광고를 보여 주었다. 그리고 그 광고의 브랜드를 구매할 의사가 어느 정도인지 물었는데 점화된 조절초점과 광고 메시지가 일치할 때 광고 브랜드를 구입하겠다는 의사가 더 높게 나타났다(Arnd & Martin, 2006). 이러한 연구들은 브랜드 개성을 단지 표현하는 것에서 나아가 브랜드 개성이 지닌 조절초점성향을 파악하고 이를 광고 메시지의 조절초점 틀과 일치시킬 필요가 있음을 보여 준다.

4. 문화에 따른 심리속성의 차이와 브랜드 관리

개인주의의 서구문화에서 발전한 자기(self)와 개성(personality)이라는 개념에서는 개인은 타인과는 뚜렷이 구분되는 속성들을 지닌 자율적인 실체다(이 두 개념은 브랜드 전략에서도 중요한 역할을 한다). 개인의 행동을 결정하는 것은 타인과 구분되는 내적인 속성들로 본다. 그리고 이러한 내적인 속성들은 상황의 영향을 받지 않고 일관되게 유지되어야 한다고 믿는다. 서구사회에서는 상황에 따라 행동이 바뀌는 사람은 위선자 취급을 당한다. 하지만 집단주의 문화권에서는 개인은 타인과 엄격하게 분리되지 않으며 사회와도 불가분의 관계다. 결국 집단주의 문화에서 자기는 사회적 관계의 일부분으로서 상호의존적인 실체인 것이다. 집단주의 문화에서는 개인의 행동은 상황과 결코 분리되지 않는다. 상황 그리고 시간에 따라 개인의 행동은 변할 수 있는 것이다.

또한 집단주의 문화에서 자존(self-esteem)은 순전히 개인의 차원이 아니라 타인과의 관계와 관련된다. 중국의 유아가 배우는 최초의 단어들은 사람에 관한 것이지만 미국 유아는 대상에 관한 단어를 처음으로 배우기 시작한다(Tardiff et al., 2008). 일본에서는 '기분 좋음'은 주로 대인관계와 관련되지만 미국에서는 개인의 우월이나 자부심과 같이 타인과 구별됨으로써 가질 수 있는 상황과 관련되는 경향이 높다. 영국에서는 '행복'은 독립감에서 비롯되고 집단주의 문화인 그리스에서는 그 반대의 경향이 있다.

심리학에서는 개성을 개인의 독특하고 상황에 따라 일관된 특징이나 속성으로 규정한다. 개인주의의 서구문화에서는 개인의 특징이나 속성은 변하는 것이 아니라 고정된 것이며 개인을 구성하는 한 부분이다. 반면, 집단주의 문화에서는 개인의 이상적인 특징들은 사회적인 역할에 따라 변하며 행동은 개인이 처한 맥락의 영향을 받는다고 본다. 아시아 사람은 성격은 상황에 따라 지속적으로 변해 가는 것이라고 생각한다. 개인주의의 서구인에게 자신을 묘사하라고 하면 그들은 탈맥락적이며 객관적이고 추상적으로 기술하는 경향이 있다(예: '나는 ~하다'). 하지만 집단주의 문화에 사는 사람은 특정 맥락을 토대로 개인이 아닌 사람들을 통해 기술하는 경향이 강하다(예: '내 친구들은 나를 ~라고 생각한다'). 개성이라는 심리적인 속성은 집단주의보다는 개인주의 문화에 더 잘 들어맞는 개념인 것이다. 심리학의 성격연구에서 가장 널리 사용되는 '5요인 모형(Big Five Model)'[5]은 집단주의 문화권에는 그대로 적용되지 않는다. 아시아에서는 기존의 5요인에 '타인에 대한 의존' 요인이 추가되어야 한다는 것이 최근 연구(Hofstede, 2007)에서 밝혀진 바 있다.

'브랜드 개성' 역시 문화특수적임을 밝힌 연구들이 있다. 문화에 따라 브랜드 개성을 구성하는 요소가 다르다는 것이다. 문화권에 따라 브랜드를 바

---

5) 성격의 특성이론에서는 개인차를 가져오는 성격의 주요한 특성차원을 발견하고 특성의 속성 규명에 관심을 가진다. 특성이론은 커텔(Cattell)과 아이젠크(Eysenck) 등에 의해 발전되었고 최근에는 많은 성격 연구자가 개인의 성격차원은 크게 5요인으로 구성된다는 성격의 5요인 모형(Big Five Model)에 동의한다. 5요인은 '신경증(정서적 안정성)' '외향성' '경험에 대한 개방성(지성)' '친화성' 그리고 '성실성(성취에 대한 의지)'이다.

라보는 소비자의 관점이 다르다는 것으로도 볼 수 있다. 한국 소비자를 대상으로 나이키나 아디다스와 같은 유명 글로벌 브랜드의 개성을 연구했을 때 다른 문화에서는 나타나지 않는 두 가지 개성(지배력, 수동적 호감)을 발견하였다(Sung & Tinkham, 2005). 또한 문화에 따라 동일한 브랜드에 대해서도 다른 브랜드 개성을 부여한다. 레드 불(Red Bull)은 일관된 브랜드 정체전략을 유지하였음에도 불구하고 문화권에 따라 소비자가 브랜드의 개성을 달리 지각하는 것으로 나타났다. 상황적인 단서와 브랜드 개성 간의 일관성이 브랜드에 대한 선호에 미치는 영향을 살핀 연구(Sung, Choi, & Lin, 2012)에 의하면, 미국 소비자에 비해 한국 소비자는 개인이 처한 사회적인 상황과 일치하는 개성을 지닌 브랜드에 더 강한 호감을 나타냈다. 집단주의의 상호의존적인 성향의 한국 소비자는 미국 소비자에 비해 상이한 사회적 상황에 따라 자신을 더욱 유연하게 해석하는 경향이 있다. 따라서 브랜드 개성과 일치하는 상황적 단서를 현저하게 만들어 주면 한국 소비자는 미국 소비자에 비해 상황과 일치하는 브랜드를 더 선호하는 것이다. 이 결과는 상징소비와 관련된 브랜드의 관리에 상당한 시사점을 제공한다.

브랜드 개성과 함께 브랜드 정체(brand identity)와 브랜드 이미지에서도 문화차이가 발견된다. 정체는 자신에 대해 가지는 생각이며 이미지는 다른 사람이 어떻게 인식하고 판단하는가에 대한 것이다. 정체와 이미지 역시 개인을 구성하는 한 부분이기 때문에 개인주의 문화에서는 정체와 이미지는 독특한 존재로서의 개인을 반영하는 것이다. 서구의 개인주의 문화에서는 성격특징이나 나이, 직업 등 개인적인 특징으로 자신이나 타인의 정체를 평가하는 경향이 있다. 반면, 집단주의 문화에서는 개인의 특징보다는 타인과의 조화로운 관계를 유지하는 능력으로 정체를 평가한다. 집단주의 문화에서는 가족, 학교, 직장과 같이 개인이 활동하는 집단이 곧 개인의 정체인 것이다(De Mooij, 2010). 흥미로운 한 연구에 의하면, 한국과 일본의 TV광고에서는 미국의 TV광고에 비해 제품 브랜드보다는 기업 브랜드 노출이 더 빈번하다고 한다. 기업 브랜드에 비해 제품 브랜드는 제품 자체의 독특성을 강조하는 것이라는 점을 감안하면 이 연구의 결과는 문화성향과도 일치하는 것이다. 문화에 따라 브랜드 이미지의 영향이 다르다면 표준화된 브랜드 이미지 전략은 한계가 있음을 인정해야 한다. 한 연구(Park & Rabolt, 2009)에 의하면, 폴로(Polo)의 브랜드 이미지를 미국과 한국 소비자를 대상으로 비교했을 때 미국 소비자는 한국 소비자에 비해 폴로를 더 세련되고 트렌디한 브랜드로 인식한다.

신체는 정체와 이미지에 영향을 미치는 중요한 요소다. 몸에 대한 관점은 문화에 따라 다를까? 서구 심리학에서는 신체를 개인 정체의 한 부분으로 본다. 신체에 대한 존중은 자존과 연결되며 신체적으로 매력적인 사람은 더 바람직한 특징들을 가지는 것으로 생각한다. 서구적인 관점에서는 바람직한 외모는 더 나은 자존감에 기여하는 것이다. 성공을 개인의 내적요인보다는 상황과 같은 외적요인의 탓으로 더 많이 돌리는 일본에서는 신체를 자존의 근거로 강조하는 경향이 서구에 비해 상대적으로 강하지 않다. 유교적 관점에서는 자존과 행복의 발흥에서 외모는 성공적인 사회적 역할의 수행에 비해 덜 중요하다. 유니레버(Unilever)는 도브(Dove)의 '리얼 뷰티(Real Beauty)' 캠페인을 전 세계적으로 펼쳤다. 광고에 등장한 일반 여성은 '진정한 아름다움은 내면에서 발견된다'고 말한다. 모든 여성은 아름다움을 느낄 가치가 있다는 것이다. 이후에 유니레버는 10개 나라의 여성들을 대상으로 육체적인 매력에 대한 진술과 자신에 대한 묘사가 어떠한지를 연구한 결과를 발표했다. 자신을 신체적으로 매력적이라고 답한 여성의 비율은 정확히 개인주의 문화와 정적인 상관을 보였다(Etcoff et al., 2006). 여성의 미와 매력에 대한 인식은 문화에 따라 차이가 있는 것이다.

자기, 개성, 정체 그리고 이미지와 함께 소비자행동에 영향을 미치는 중요한 구성개념은 태도(attitude)다. 서구의 소비자 전략가들은 제품이나 브랜드 그리고 광고에 대한 태도는 지속적인 것이라고 본다. 개인주의 문화에서는 태도와 감정 그리고 행동 간에는 일관성이 있어야 한다고 믿는다. 서구 심리학에서 태도를 행동의 훌륭한 예측 변수로 보는 것도 개인주의 문화성향과 무관하지 않다. 인지부조화(cognitive dissonance)[6] 현상도 서구에서는 바람직하지 않은 것으로 소비자를 움직이게 만드는 강력한 동기라고 믿는 것이다. 하지만 집단주의 문화에서는 태도와 미래 행동 간에는 일관된 관련성이 약하다. 오히려 역의 관계가 성립되기도 한다. 같은 현상이더라도 서구인에 비해 동양인들은 인지부조화를 덜 경험한다.

광고에 대한 태도와 광고효과가 작동하는 방식도 집단주의 문화권에서는 다른 방식으로 작동할 가능성이 있다. 브랜드 태도와 관련하여 브랜드 충성(brand loyalty)은 브랜드 자산의 중요한 구성요소다. 특정 브랜드에 대한 충성행동 역시 문화에 따라 차이가 있을까? 집단주의 문화에서는 자신이 속한 집단의 이익을 우선시하지만 개인주의 문화에서는 자신의 이익을 극대화하는 일을 더 중시한다. 그렇기 때문에 개인주의 문화에서는 사회나 집단의 규범 그리고 대중적인 마케팅 미디어의 영향을 덜 받는 경향이 있다. 개인주의 문화에서는 다른 사람의 영향을 덜 받으며 자신에게 적합한 브랜드를 고집하는 성향이 집단주의 문화에 비해 강하다. 그렇기 때문에 개인주의 문화의 소비자가 집단주의 문화에 비해 브랜드에 대한 충성경향이 강하다(Lam, 2007).

6) 인지부조화란 두 가지 이상의 상충되는 신념, 생각, 행동을 동시에 지닐 때 또는 기존에 가지고 있던 것과 반대되는 새로운 정보를 접했을 때 개인이 받는 불편한 심리적 경험이다. 부조화를 경험하면 개인은 심리적으로 불편함을 해소하고 불일치를 줄이기 위해 동기화된다.

브랜드 관리를 위한
실용적 조사와 분석기법

BRAND PSYCHOLOGY

08

BRAND PSYCHOLOGY

브랜드 관리는 주관적 경험이나 직관에만 의존할 수 없다. 물론 직관은 매우 중요하다. 하지만 객관적 자료를 토대로 한 직관이어야 한다. 흔히 브랜드 관리를 위해 소비자 조사를 실시하자는 제안을 하면 '다 알고 있는데 굳이 돈이나 시간을 들여 조사할 필요가 있느냐' '조사를 해 봤자 대략 아는 결과가 나올 텐데……' 하는 반응을 보일 때가 많다. 그래도 상대를 설득하여 막상 조사를 실시하고 브랜드 현황을 진단하여 제시했을 때 막연하게 알고 있던 것과 다른 사실이라도 발견할 때는 놀라거나 당황해하는 모습을 종종 본다. 왜 많은 브랜드 관리자가 조사에 회의를 가지게 되었을까? 왜 조사의 가치가 떨어지고 있는 것일까?

이런 현상은 브랜드 관리자나 전략가의 잘못이 아니다. 사실 상당수의 조사가 그야말로 '조사를 위한 조사'에 그치는 경우가 허다하다. 나 역시 브랜드 전략자문을 하는 과정에서 기업이 실시한 조사보고서를 검토하다 보면 '도대체 이런 조사를 왜 했을까?' 하는 의구심이 들 때가 많다. 그럼에도 소비자 조사는 효과적인 브랜드 관리를 위한 필수사항이다. 조사의 필요성이나 가치에 회의를 가지는 사람에게 내가 평소 자주 하는 말이 있다. "조사는 아무 잘못이 없습니다. 조사를 설계하고 질문지를 작성하며, 자료를 분석하고 전략을 고안하는 사람이 잘못이지 조사가 무슨 잘못이 있습니까?"

조사의 설계에서부터 최종 분석에 이르는 과정에 관여하는 사람들은 이제 틀에 박힌 사고에서 벗어나야 한다. 시장이나 소비자 그리고 브랜드 환경이 점차 복잡해지면서 더 이상 관성으로 실시되는 조사는 지양되어야만 한다. 조사도 창의성과 결합되어야 한다. 창의성은 예술가나 광고제작자의 전유물이 아니다. 리서처나 브랜드 전략가 모두에게도 창의성이 필요하다. 동일한 조사기법이라도 어떻게 적용하느냐 그리고 동일한 자료라도 어떤 시각에서 분석하고 해석하느냐에 따라 전략적 결론은 당연히 달라질 수 있다.

더 이상 조사는 틀에 박힌 질문과 분석을 통해 자료를 찍어 내는 단순공정이 되어서는 안 된다. '쓰레기를 넣으면 쓰레기가 나온다(garbage in, garbage out)'는 말이 있다. 조사를 하면 뭔가는 반드시 나온다. 중요한 것은 그 뭔가가 무엇인가다. 그 뭔가는 가치 있고 브랜드 전략가에게 통찰을 줄 수 있는 것이어야만 한다.

이 장에서는 브랜드 관리를 위한 핵심적인 소비자 조사기법과 그에 따른 분석의 시각을 함께 제시하고자 한다. 이 중에는 이미 널리 사용되는 것도 있고 새로운 것도 있다. 소비자 조사를 실시하여 자료를 분석하고 이를 토대로 전략을 수립하는 데 있어 브랜드 관리자나 전략가는 다음 사항을 염두에 두어야 한다.

- 브랜드 관리에서 반드시 고려해야 하는 소비자 심리기제는 무엇인가?
- 이런 심리기제는 조사 설계와 조사항목의 선정, 자료의 분석 그리고 해석에 어떻게 적용될 수 있는가?

위의 첫 번째 사항은 이미 우리가 2장에서부터 6장을 통해 알아보았다. 이제 소비자 조사에 적용하는 단계가 남았다. 미리 말해 두지만 이 장에서는 거창하고 난해한 공식으로 구성된 브랜드 자산 또는 브랜드 가치를 측정하는 모형을 제시하려는 것이 아니다. 이 장에서는 일상적으로 진행되는 소비자

조사를 다룰 것이다. 하지만 단순히 조사기법을 나열하지는 않는다. 기존에 많이 사용되고 있는 기법은 브랜드 심리학적 관점에서 어떻게 더 유용하게 활용될 수 있으며, 새로운 기법은 브랜드 관리를 위해 어떤 유용성이 있는지 논의할 것이다. 물론 이제부터 알아보려는 기법이 브랜드 관리를 위한 소비자 조사기법을 망라하는 것은 아니지만 필자의 경험에 따르면, 다음의 기법과 분석시각만 잘 활용하여도 브랜드 관리를 위한 전략적 통찰을 얻는 데 부족함이 없을 것이다.

1. 범주단서 회상법

개요

범주단서 회상(category cued recall)은 응답자에게 특정 제품범주(예, 라면, 캐주얼, 은행 등)를 제시한 뒤 그 범주에 대해 떠올리는 브랜드를 탐색하는 것이다. 범주단서 회상법은 브랜드 관리뿐만 아니라 시장전략이나 마케팅 전략을 위한 모든 유형의 소비자 조사에서 빠지지 않고 사용되는 방법이다.

앞서 2장에서 회상이란 소비자가 자발적으로 기억을 탐색하고 필요한 지식을 순차적으로 끄집어내는 과정이라는 것을 알아보았다. 따라서 범주단서 회상법을 통해 자료를 획득하고 분석할 때에도 회상의 순서를 고려하는 것이 매우 중요하다. 비단 분석의 문제를 넘어 상당한 전략적 통찰을 얻을 수 있을 것이다.

특정 제품범주에 대해 응답자가 최초로 응답한 것을 최초 회상(Top-of-Mind: TOM)이라 한다. 소비자 연구결과에 따르면, 소비자가 가장 먼저 회상해 낸 브랜드는 선호도나 태도 또는 구매의향에서도 우선순위를 차지하는 경향이 높다. 최초 회상 브랜드는 두 번째, 세 번째로 회상한 브랜드와는 질적으로 다른 것이다(브랜드 회상의 세부적인 심리학적 기제와 과정은 3장 참조). 단, 범주단서 회상법을 통해서는 특정 제품범주에서 어떤 브랜드가 소비자 마음속에서 우선순위를 차지하는지는 알 수 있지만 '왜?'에 대한 구체적인 답은 할 수 없다. '왜'를 알기 위해서는 브랜드 선호이유나 구매이유 또는 브랜드 이미지 등과 같은 질문의 응답을 범주단서 회상결과와 결합하여 해석하면 된다.[1]

방법 및 활용

개방형 질문을 취한다. 범주단서 회상법에서 사용되는 전형적인 질문은 다음과 같다.

> 질문 "귀하께서는 '녹차음료'라고 하면 어떤 브랜드가 가장 먼저 떠오르는지요?
> 그다음으로 떠오르는 브랜드는 무엇입니까?"

질문에 대해 소비자가 응답한 순서대로 브랜드를 기록하는 것이 매우 중

---

1) '왜?'에 대한 통찰을 얻으려면 '교차분석' 방법을 적용하면 된다. 예컨대, 최초 회상과 구매이유를 교차분석한다고 하자. 이때 자사 브랜드를 최초 회상한 응답자를 집단 ①로 하고, 나머지 응답자를 집단 ②로 분류한 다음 자사 브랜드 구매이유를 각 집단별로 분류하여 집계한다. 이렇게 하면 집단별 구매이유가 어떻게 다른지, 구매이유상의 차이가 무엇을 의미하는지 파악할 수 있다. 이런 방식을 브랜드 이미지, 광고 회상이나 평가 등의 항목에도 적용하면 된다.

요하다. 아니, 반드시 그렇게 해야 한다. 통상 분석 시에는 최초 회상한 브랜드만 분리하여 집계하고 나머지 회상 브랜드는 순서를 무시하고 한데 묶어 집계하는 경향이 있는데 이는 자료의 가치를 떨어뜨리는 것이므로 결코 바람직하지 않다. 범주단서 회상법의 적용과 자료 분석 시 다음 사항을 염두에 두기 바란다.

* 질문지 작성 시 회상 순서대로 기입할 수 있도록 하라. 그리고 분석 시에도 회상 순서를 무시하지 말라. 최초 회상 응답만을 중시하지 말라. 최초 회상이 중요하지만 어떤 브랜드에서는 최초 회상보다는 두 번째 회상 혹은 세 번째 회상이 더 중요할 수 있다. 브랜드의 시장위치와 브랜드 목표에 따라 몇 번째 회상이 중요한지는 다르기 때문이다. 만약 귀사의 브랜드가 이제 시장에 출시된 지 겨우 6개월 정도 되었다고 하자. 소비자 조사를 실시한다면 최초회상 결과에 연연하는 것은 별다른 의미가 없다. 두 번째, 아니 세 번째 회상에서 귀사의 브랜드가 좋은 성과만 보여도 매우 만족스러운 것 아닌가?

* 범주를 '브랜드 전략 관점'에서 정의하라. 범주회상이라고 해서 브랜드가 속한 제품의 최상위 범주만을 중심으로 질문할 필요는 없다. 예컨대, 당신의 브랜드가 석류로 만든 음료라고 치자. 이 경우 소비자 조사를 통해 범주단서 회상 질문을 한다면 범주의 기준을 무엇으로 하겠는가? 음료로 하겠는가? 그럴 필요는 없다. 음료, 기능성 음료, 미용 음료, 여성 음료 또는 건강 음료 등 다양한 범주를 기준으로 질문할 수 있다. 아니, 그렇게 해야 한다. 단, 무엇을 기준으로 할 것인지는 당신 브랜드가 지향하는 '표적 시장'과 '경쟁의 틀'에 따라 달라진다(이에 관한 것은 2장, 브랜드 인식의 '포지셔닝' 부분을 참고하라).

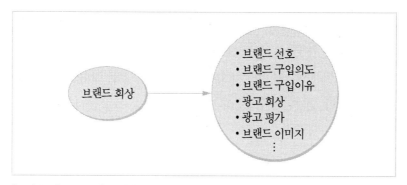

[그림 8-1] 브랜드 회상과 관련 조사결과의 결합
이를 통하면 더 많은 전략적 통찰을 얻을 수 있다.

• 범주회상을 다른 브랜드 전략 지표와 결합하여 분석해 보라.

흔히 범주회상 결과만을 독립적으로 분석하고 거기서 끝내 버린다. '우리 브랜드의 TOM은 6%군⋯⋯.' 하고 거기서 그친다는 것이다. 이는 범주회상 자료의 가치를 떨어뜨리는 것이다. 범주회상 자료를 '브랜드 선호'나 '구입 이유' 등과 같은 자료와 결합하여 분석하면 범주회상 자료의 가치를 더욱 높일 수 있다. 자사 브랜드를 최초로 회상해 낸 소비자와 그렇지 못한 소비 자에게 그 브랜드가 차지하는 중요도는 다르다. 그렇다면 자사 브랜드를 최 초로 회상한 소비자와 그렇지 못한 소비자는 여타의 브랜드 질문(브랜드 구 입 의도, 브랜드 이미지 등)에 대한 반응도 다를 것이다. 브랜드 회상을 그 밖의 다른 자료와 결합함으로써 유용한 전략적 가설을 만들어 내고 검증해 볼 수 있다.

2. 범주-브랜드 양방향 회상법

개요

범주단서 회상법은 특정 범주에 대한 회상 브랜드를 얻어 내는 일방향
(one-way) 탐색이다. 일방향 회상은 치토스, 신라면, 햇반, 박카스와 같은 개
별 제품 브랜드(product brand)의 경우에는 유용하지만 도브, 랄프 로렌, 캘빈
클라인, 3M, 삼성전자나 LG전자와 같이 다양한 제품을 거느린 마스터 브랜
드(master brand)나 기업 브랜드의 경우에는 양방향 회상법이 더욱 적합하다.

양방향 회상의 심리학적 기제는 일방향 회상과 동일하다. 차이가 있다면
양방향 회상은 (1) 특정 범주를 단서로 제시했을 때의 브랜드 회상과 (2) 브
랜드를 단서로 제시했을 때의 제품범주 회상은 반드시 일대일 대칭 관계가
아님을 가정한 것이다. 예컨대, 도브를 단서로 제시하면 비누라는 범주가 강
력하게 회상되지만 비누를 단서로 제시하면 도브가 아니라 아이보리가 강력
하게 회상될 수 있다. 양방향 회상은 브랜드와 해당 범주 간의 결합력과 유형
을 좀 더 심도 있게 들여다보는 데 도움을 줄 뿐만 아니라 특히 브랜드 확장
가능성을 점검할 때 적용할 수 있는 훌륭한 방법이다.

[그림 8-2] 양방향 회상법
회상의 출발을 달리함으로써 브랜드와 범주 간의 관계를 심도 있게 이해할 수 있다.

방법 및 활용

개방형 질문 형태를 취한다. 범주와 브랜드 간 양방향 회상자료를 얻기 위해서는 전체 표본을 반으로 나누어 조사를 실시하는 것이 바람직하다.

만약 400명의 표집을 대상으로 조사를 실시한다고 했을 때, 200명에 대해서는 범주에서 출발하여 브랜드 회상을 실시하고 나머지 200명에 대해서는 브랜드로부터 범주를 회상하게 한다. 모든 응답자에게 두 가지 회상질문을 모두 하려면 집단을 분리하여 회상 순서를 회전시켜야 한다. 200명에게는 범주-브랜드, 브랜드-범주의 순서로 그리고 나머지 200명에게는 브랜드-범주, 범주-브랜드 순으로 질문해야 한다. 질문지에서 회상 이외의 나머지 질문은 양 집단에 동일하게 적용되므로 실제로는 그렇게 번거로운 절차는 아닐 것이다.

방향성을 제외하면 질문유형은 범주단서 회상과 동일하다. 양방향 회상에서도 회상의 순서는 여전히 중요하다. 특히 브랜드 단서 회상은 브랜드 확장을 할 때 염두에 두는 확장 제품과 브랜드 적합도(적합도에 대해서는 4장 참조)를 평가하는 데 매우 유용하게 사용될 수 있다. 전형적인 질문유형은 다음과 같다.

> ☞질문 범주 단서 회상: "비누라고 하면 어떤 브랜드가 가장 먼저 생각나십니까?"
>
> 브랜드 단서 회상: "브랜드 ○○라고 하면 어떤 제품이 가장 먼저 생각나십니까?"

3. 속성단서 회상법

개요

속성단서 회상(attribute cued recall)은 특정 속성(열량, 연비, 저장용량, 디자인 등과 같은 구체적 속성뿐만 아니라 '젊은' '활기찬' '세련된' 등과 같은 추상적 속성도 무관하다)에 대해 응답자가 떠올리는 브랜드를 알아내는 것이다. 제품범주에 대한 브랜드의 결합 강도가 있는 것처럼 특정 속성에 대해서도 브랜드는 상이한 결합 강도를 가진다. 브랜드 관리자나 전략가는 소비자 조사에서 제품범주 회상은 빠지지 않고 질문하면서도 속성단서 회상은 간과하는 경향이 있다. 속성단서 회상은 왜 중요한 것일까?

속성은 바로 브랜드의 포지셔닝 전략과 관련이 있기 때문이다. 애플의 아이팟은 유저 인터페이스의 기능도 기능이지만 감각적인 디자인이 핵심적인 성공 요인이자 차별점이다. 이는 아이팟의 포지셔닝과 불가분의 관계다. 만약 '디자인이 뛰어난 MP3 하면 어떤 브랜드가 떠오르는가?'를 탐색했다면 아이팟의 최초회상률이 높아야 할 것이다. 물론 범주단서 회상에서와 같이 속성단서 회상에서도 회상순서가 매우 중요하다.

하지만 속성단서 회상은 브랜드에 대한 자유연상(특정 브랜드를 생각하면 떠오르는 지식)과는 다르다는 점을 염두에 두라. 브랜드 연상을 통해서도 브랜드와 특정 속성 간의 결합 강도를 알 수 있지만 속성은 브랜드의 포지셔닝에 초점을 맞추는 것인 데 비해 브랜드 연상은 브랜드에 관한 포괄적 지식을 포함하기 때문에 전략적 시사점이 다르다. 속성단서 회상은 브랜드 관리자가 전략적으로 중요하다고 판단하는 특정 속성과 자사 브랜드의 결합 강도가 얼마나 강한지 알고자 할 때 사용할 수 있다.

방법 및 활용

방법은 범주단서 회상과 같이 개방형 질문을 취한다. 만약 어떤 프린터 브랜드가 속도를 핵심 경쟁우위로 하는 브랜드 포지셔닝 전략을 수행 중이라고 하자. 이럴 경우 질문은 다음과 같다.

> 질문 "귀하께서는 속도가 빠른 프린터라고 하면 어떤 브랜드가 가장 먼저 생각나십니까? 그다음으로 생각나는 브랜드는 무엇입니까?"

질문에 대해 응답한 순서대로 브랜드를 얻어 내고, 회상률을 분석할 때에도 반드시 순서를 고려해야 한다. 속성단서에 대한 최초 회상과 나머지 응답 브랜드를 합산한 총 회상만을 집계하는 것이 아니라 응답 순서별로 브랜드 회상률을 알아내어야 한다. 프린터 브랜드 관리자가 속도 단서에 대한 자사 브랜드의 회상률을 응답순서에 따라 얻으면 이는 자사 브랜드의 시장수행성에 대한 강력한 평가 및 예측지표로 사용될 수 있다. 만약 속도라는 속성에서 최초로 자사 브랜드를 응답한 소비자를 대상으로 하여 자사 브랜드에 대한

[그림 8-3] ●━ 속성회상과 관련 지표의 결합 분석

이를 통하면 브랜드 포지셔닝의 훌륭한 평가 자료를 얻을 수 있다.

향후 구매의도, 브랜드에 대한 태도를 결합하여 점검해 보면 자사 브랜드 포지셔닝의 효과를 평가하는 데 많은 도움이 된다.

4. 브랜드 연상법

개요

우리는 3장에서 브랜드 연상의 유형과 기능에 대해 자세히 알아보았다. 브랜드 연상(brand association)은 특정 브랜드에 대해 떠올리는 모든 유형의 지식을 탐색하는 것이다. 브랜드 지식, 즉 연상 내용은 브랜드 네임의 회상 기제와 마찬가지로 동시에 떠오르는 것이 아니라 순차적으로 하나씩 떠오른다는 점을 염두에 두는 것이 중요하다.

3장에서는 모든 유형의 브랜드 연상을 기술하였지만 브랜드에 따라 연상 내용은 같지 않다는 점이 중요하다. 브랜드는 시장역사, 신제품 개발이나 광고 등과 같은 브랜드 행위에서 저마다 다르기 때문이다. 브랜드 연상을 심도 있게 파악함으로써 브랜드별로 어떤 유형의 지식에 대한 결합 강도가 높거나 낮은지 그리고 경쟁 브랜드와 비교해 자사 브랜드 연상지식의 상대적인 유형과 강도는 어떤 차이가 있는지 알아낼 수 있다.

방법 및 활용

회상에서처럼 개방형 질문을 취한다. 브랜드 연상법은 대규모 표본에 의한 정량조사와 집단 심층면접(FGI)이나 개별 심층면접과 같은 정성조사 모두에 적용할 수 있다. 하지만 여기서는 정량조사 중심으로 방법과 활용을 논할 것이다. 브랜드 연상을 파악하기 위한 전형적 질문유형은 다음과 같다.

질문 "갤럭시라고 하면 무엇이 떠오릅니까? 어떤 것이라도 좋으니 모두 말씀해 주십시오."

브랜드 연상결과는 브랜드의 현재 강점이나 비교우위의 발견 그리고 향후 브랜드 관리를 위한 다양한 전략적 시사점을 제공하는 정보의 창고와도 같다. 통상 브랜드 연상을 분석할 때 복수 응답 내용을 합산 처리하는 경향이 있다. 이렇게 하면 정보의 가치가 떨어지게 된다.

브랜드 연상에서도 응답한 순서대로 연상 내용을 얻어 내고 분석 시에도 반드시 순서를 고려해야 한다. 브랜드 연상에서 최초로 응답한 내용을 따로 집계해 보라. 최초 응답한 연상은 특정 브랜드와 결합이 가장 강한 것이다. 만약 정량적 소비자 조사를 실시하였다면 자사 브랜드와 경쟁 브랜드에 대

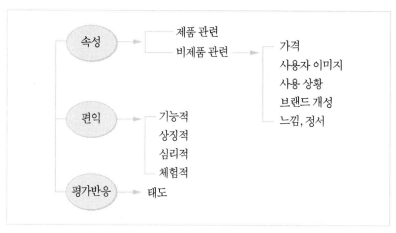

[그림 8-4] 브랜드 연상 그룹핑 참조체계

한 최초 연상 내용의 양적(%) 비교 자료를 얻을 것이다. 여기서 분석을 완료한다면 별로 얻을 것이 없다. 최초 응답한 브랜드 연상 내용을 유형별로 그룹핑해 보라. 브랜드 연상 내용의 그룹핑은 최초 응답뿐만 아니라 총 응답에 대해서도 실시할 수 있다. 몇 번째 응답 순서까지 분석에 적용할지는 자사 브랜드의 현재 위치를 고려하여 탄력적으로 결정할 수 있다.

브랜드 연상 내용을 자사 브랜드 선호자와 비선호자 혹은 사용 경험자와 비사용 경험자 또는 경쟁 브랜드 사용자 등 전략적 세부 변수별로 구분하여 각 집단별로 자사 브랜드 연상 내용을 그룹핑하고 유형별 연상 강도를 추가적으로 분석함으로써 자사나 경쟁사 브랜드 자산을 파악하는 강력한 수단이 된다.

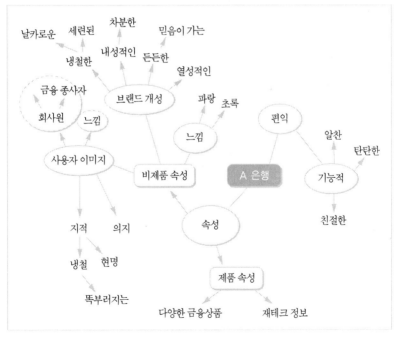

[그림 8-5] ●— 은행 브랜드 연상 결과
원과 연결선의 짙고 옅음은 연상 강도를 나타낸다.

5. 브랜드 콘셉트 맵핑

브랜드 콘셉트 맵핑(John, Loken, Kim, & Monga, 2006)은 '기억 연합망 모형'에 기초한 브랜드 연상법을 적용한 것으로 실행이 간편하다. ZMET(Zaltman Metaphor Elicitation Technique)처럼 자료의 해석에 전문적 지식이 요구되거나 난해한 모형처럼 고차적인 수리 지식이 필요하지도 않다. 아울러 결과를 정량적으로 제시 가능하다는 장점도 있다. 브랜드 콘셉트 맵핑의 실행절차는 다음과 같다.

사전조사 단계

사전조사의 형식으로서 소규모 응답자를 대상으로 개방형 질문을 통해 탐색하고자 하는 브랜드에 대한 연상 내용을 수집한다. 이때 빈도상으로 전체 응답자의 50% 이상이 응답한 연상 내용을 추려 낸다. 브랜드 담당자의 판단에 따라 소비자가 응답하지는 않았지만 빠진 주요 속성이 있으면 추가할 수 있다.

맵핑 단계

표본을 구성한다. 표본 구성은 조사목적에 따라 달라질 것이다. 자사 브랜드 사용, 비사용 혹은 자사 브랜드 사용자, 경쟁 브랜드 사용자 등으로 구성할 수 있다. 조사는 일대일 개별면접 형식으로 진행한다. 응답자는 다음과 같은 4단계로 맵핑을 진행한다.

- 단계 1: 특정 브랜드를 생각할 때 마음속에 떠오르는 모든 것을 진술하도록 한다. 이때 사전조사에서 수집한 브랜드 연상 내용을 연상 내용 인출을 돕기 위한 보조 자극으로 제시해도 무방하다. 연상 내용이 하나씩 인쇄된 카드를 사용할 수 있다. 응답자가 특정 브랜드에 대한 연상을 완료하면 카드 하나에 연상 내용 하나씩 기록하게 한다.

- 단계 2: 응답자에게 브랜드 콘셉트 맵핑 방법을 설명해 준다. 이때 브랜드 콘셉트 맵핑 사례를 보여 주는 것도 도움이 된다. 브랜드 콘셉트 맵핑에서는 연상 내용 간의 상호연결이 중요하므로 사례는 이에 대한 설명에 많은 도움이 된다. 연결 강도에 대한 설명도 필요하다. 예컨대, 연상 내용 간에 옅은 선은 약한 결합 강도를 그리고 짙은 연결선은 강한 결합 강도를 나타낸다. 응답자에게 이 같은 선의 이용에 대해서도 충분히 숙지시킨다.

- 단계 3: 이제 응답자에게 보드를 나누어 준 뒤, 특정 브랜드에 대해 맵핑하도록 한다. 보드의 중앙에는 브랜드가 위치하도록 한다. 이제 응답자 자신들의 연상 내용이 기록된 카드를 보드에 부착하도록 한다. 그리고 세 가지 종류의 선(싱글, 더블, 트리플 라인)을 제공하고 카드들을 연결시키도록 한다.

- 단계 4: 맵핑하는 브랜드에 대한 전반적인 느낌(예, 매우 좋다, 매우 싫다 등)을 척도를 이용해 표시하도록 한다. 그리고 그 결과를 보드 중앙의 브랜드 옆에 표기하도록 한다.

종합 단계

응답자 개개인의 맵핑 보드로부터 다음의 자료를 계산한다.

- 맵핑에 사용된 연상 내용별 빈도
- 연결에 사용된 선(line) 유형별 빈도
- 연상 내용의 연결 수준(1 = 브랜드에 연결, 2 = 연상 내용 간 연결)
- 연상 내용의 연결 위치(위, 아래)

이상의 유형별 자료를 종합하여 다음의 자료를 도출한다.

- 사용빈도: 연상 내용별 사용 빈도
- 상호 연결빈도: 다른 연상 내용과 연결된 빈도
- 1차 연상빈도: 브랜드와 직접 연결된 빈도
- 하위 연결: 특정 연상 내용에 뒤이어 연상된 빈도
- 상위 연결: 특정 연상에 앞서 연상된 빈도

브랜드 콘셉트 맵의 작성

- 단계 1: 핵심 브랜드 연상의 추출. '사용빈도'와 '상호 연결빈도'에서 40~50%에 해당하는 연상 내용
- 단계 2: 1차 연상 내용의 추출. 최소 50% 이상의 '1차 연상빈도'이면서 주로 하위 연결 연상을 많이 가진 연상 내용을 추출
- 단계 3: 핵심 연상 연결의 추출. 상위, 하위에 관계없이 핵심 브랜드 연상에 연결된 링크의 빈도를 기준으로 추출
- 단계 4: 비핵심 연상 연결의 추출. 상위, 하위에 관계없이 핵심 브랜드 연상에 연결된 링크의 빈도를 기준으로 추출
- 단계 5: 연결선의 빈도 추출. 개별 링크에 사용된 선의 평균치(싱글라

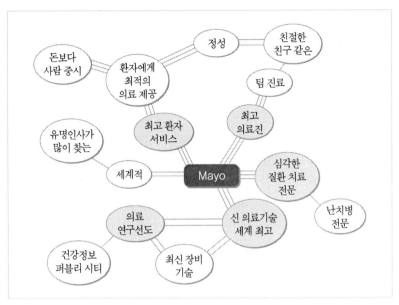

[그림 8-6] ᅌᅳ 브랜드 콘셉트 맵핑을 통해 작성한 'Mayo' 의료기관의 연합망 구조

인=1, 더블라인=2, 트리플라인=3으로 계산)

6. 브랜드 투사법

개요

투사(projection)는 프로이트(S. Freud)의 정신분석학에 기원을 둔 개념으로 무의식작용으로 개인의 억압된 욕구나 감정 등을 타인이나 사물에 있는 듯이 느끼는 작용을 말한다. 소비자나 마케팅 장면에도 활발하게 사용되고 있는데 주로 소비자 내면의 동기를 탐색하기 위해 사용된다. 투사법은 양적 조

사가 아니라 집단 심층면접이나 개별 심층면접과 같은 정성 조사에서 광범
하게 사용되는 방법이다.

투사법은 브랜드의 상징성이나 브랜드 내재 의미와 같이 소비자가 구체적
인 언어로 표현하기 어렵거나 또는 사회적 바람직성이나 자아방어 기제에
의해 진솔한 반응을 탐색하기 어려울 때 사용할 수 있다. 특히 브랜드의 상징
적 · 심리적 요인을 탐색할 때 사용하기 적절한 방법이다. 예컨대, 외제 자동
차의 경우에 권위나 지위 등 사회적 · 상징적 동기가 작용함에도 브랜드 구
입 이유를 질문하면 주로 엔진 성능이나 내구성 또는 안전성과 같은 사회적
으로 용인되고 부담 없이 표현할 수 있는 측면만을 응답하는 경향이 있다. 이
같은 경우에 투사법을 적용하면 실제 브랜드에 관한 내면동기를 밝히는 데
도움이 된다. 이 밖에 스낵, 음료, 맥주 등과 같은 저관여 제품의 경우에도 브
랜드 간의 미묘한 상징성이나 의미차이를 탐색하는 데 유용하다.

방법 및 활용

브랜드 투사는 정량 면접조사처
럼 구조화된 질문지를 이용할 수 없
을 뿐만 아니라 제품범주단서나 브
랜드 단서 또는 브랜드 연상에서 실
시하는 정량적 분석을 적용할 수도
없다. 브랜드 투사는 실시상의 기법
보다는 해석이 매우 중요하다. 동일
한 결과라 하더라도 분석자의 해석
에 따라 결과가 달라질 수 있다. 자

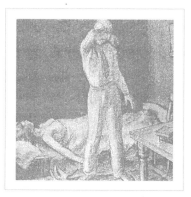

[그림 8-7] ◉— 임상장면에 사용되는 TAT
자극 예

사 브랜드 관리자나 전략가가 분석하게 되면 사전에 가지고 있던 전략이나 선입견의 영향을 받을 수 있으므로 가능하면 객관적 입장에 있는 제3의 전문 분석가가 결과를 해석하는 것이 바람직하다. 한계가 있지만 그럼에도 브랜드 투사는 브랜드 전략가에게 통찰을 줄 수 있는 매우 값진 도구임에 틀림없다. 브랜드 투사에 이용할 수 있는 도구는 다양하다. 일반적으로 사용할 수 있는 도구는 다음과 같다.

* 주제통각검사(Thematic Apperception Test: TAT)
* 문장 완성법(sentence completion)
* 이야기 완성법(story completion)

주제통각검사는 그림이나 사진 장면을 제시하고 응답자로 하여금 자유롭게 해석하고 설명하도록 하는 것이다. 임상 검사 장면에 사용하는 TAT 자극은 표준화 작업을 거친 그림이나 사진으로 구성된다(그림 8-7 참조). 하지만 브랜드 투사에서는 임상 장면에 사용하는 자극을 그대로 적용하기 부적절하므로 적절한 변형이 필요하다. 그림이나 사진은 구체적 조사 목적을 가지고 제작되어야 한다. 비표준화, 질적 조사라고 해서 탐색의 방향이나 목적 없이 되는 대로 아무런 그림이나 사진을 사용해서는 안 된다. TAT를 통해 밝히고자 하는 것이 자사 브랜드의 어떤 측면인지를 고려하여 자극물을 마련해야 한다.

문장 완성법은 주제통각검사와 달리 그림이나 사진 자극물을 제시하지 않고 미완성의 문장을 제시한 후 응답자가 그 문장을 채워 넣어 완성하도록 하는 방법이다. 이는 문장을 완성하는 과정에서 응답자가 브랜드에 대한 내면의 동기를 투사할 것이라고 가정한 것이다. 과거 미국에서 인스턴트커피가 출시

[그림 8-8] 이야기 완성법 자극 예

되었을 때 소비자 반응을 탐색하기 위해 이 방법이 사용되기도 했다.

이야기 완성법은 주제통각검사와 문장 완성법을 결합한 방법으로 말풍선을 이용하여 특정 장면에서 자사의 브랜드에 대한 소비자 인식을 투사하는 기법이다. 주제통각이나 문장 완성에 비해 이야기 완성법은 실시하기에 재미가 있고 더 간편하다는 이점이 있다.

7. 브랜드 의인화

개요

브랜드 의인화(brand personification)는 브랜드를 사람에 비유하여 표현하게 하는 것으로 이 역시 일종의 투사기법이라 할 수 있다. 우리는 사물을 의인화하는 능력이 있으며, 특히 브랜드는 의인화하기에 가장 좋은 대상이라는 데 착안한 것이다.

의인화 기준(예, 성별, 연령, 직업, 성격 등)을 사전에 결정할 수 있으면 구조화된 질문으로 만들어 정량조사를 통해 자료를 수집할 수 있다. 하지만 의인화 기준의 사전 설정이 어렵거나 의인화 유형의 양적 결과보다는 '왜, 우리 브랜드는 이러저러한 사람으로 표현되는가?'와 같은 심층탐색이 중요하다면 집단 심층면접이나 개별 심층면접과 같은 정성조사에 적용하는 것이 더욱 효과적이다. 브랜드 의인화는 포지셔닝이나 소비자-브랜드 관계전략 수립의 자료가 되는데 구체적으로 보면 첫째, 광고의 톤이나 무드의 결정, 둘째, 표적 소비자의 자기개념과 브랜드 개성의 적합도, 셋째, 광고모델 이미지와 브랜드 개성의 일치도를 점검하는 데 효과적으로 사용될 수 있다.

방법 및 활용

질문은 비교적 간단하다. 만약 정량적인 브랜드 의인화 자료를 얻고자 한다면 의인화 기준을 사전에 정한 다음, 각 기준에 대해서도 세부 기준(예, 성별: ① 남, ② 여 등)을 정한 뒤 질문지를 구성하면 된다. 하지만 브랜드 연상법과 같이 구체적인 기준을 제시하여 '그렇다, 아니다'를 체크하지 않고 개방형 질문을 사용해도 무방하다. 개방형 질문을 사용하면 응답순서를 알 수 있기 때문에 특정 브랜드가 어떤 의인화 요소와 강력하게 결합되는지 그 강도를 파악할 수 있다는 장점이 있다. 탐색 질문의 유형은 다음과 같다.

> 질문   "브랜드 ○○○를 사람이라고 가정해 봅시다."
>
> "브랜드 ○○○는 어떤 사람일까요?"

정량조사가 아니라 집단 심층면접이나 개별 심층면접과 같은 정성조사를 통해 브랜드 의인화를 사용할 경우에는 회상의 기제에서 언급한 것처럼 브랜드별로 의인화의 어떤 기준과 강력하게 결합되어 있는지 파악해야 한다.

만약 '카스 맥주가 사람이라면 어떤 사람일까요?'라고 질문했을 때는 '20대 대학생'이라는 '최초 응답'이 많고 '하이트 맥주가 사람이라면 누구일까요?'라고 질문했을 때는 '건강을 생각하는 사람'이라는 최초 응답이 많았

다고 하자. 이러한 결과는 무엇을 시사하는 것일까? 카스는 연령과 직업중심
으로 결합이 강하지만 하이트는 편익중심의 소비자 유형과 의인화 결합이
강한 것을 알 수 있다. 또 한 가지는 하이트는 사용자 범위가 카스에 비해 더
욱 폭넓다는 사실을 알 수 있다.

질적이든 양적 조사이든 질문형식을 취하지 않고 그림이나 사진을 사용할
수 있다. 패션 브랜드와 같이 언어적으로 의인화하기 어려울 때 적용하면 효
과적이다. 사진은 다양한 인물 프로필을 포괄하는 것일수록 좋다. 사진은 얼
굴이나 신체만 있는 것이 아니라 주변 배경을 포함하면 더욱 효과적이다. 하
지만 배경을 포함하는 인물사진의 경우에 배경은 동일하게 통제해야 한다.
만약 다섯 장의 인물사진을 사용할 때 하나의 사진이 도심의 빌딩을 배경으
로 한다면 나머지 네 장의 사진도 도심의 빌딩을 배경으로 하는 것이어야 한
다. 배경을 통제하지 않으면 해석도 그만큼 어려울 수 있다. 브랜드별로 준비
한 사진이나 그림을 제시하고 각 브랜드를 가장 잘 나타내는 것을 고르도록
하면 된다.

8. 브랜드-소비자 양방향 투사법

개요 및 방법

우리는 6장에서 브랜드 관계를 이야기하면서 브랜드와 소비자는 일방향
이 아니라 상호작용 관계에 있음을 알아보았다. 브랜드와 소비자 양방향 투
사법은 소비자와 브랜드 상호작용 관계를 이해하고자 하는 것이다. 기본적
으로 브랜드 의인화와 실시 방법은 동일하다. 차이가 있다면 동일한 소비자

소비자

패션 브랜드 ○○○: "당신은 품위 있고, 세련된 사람이군요."

패션 브랜드 ○○○

소비자 ○○○: "당신은 나와 어울리기에는 문제가 있군요."

여기서 우리는 브랜드와 소비자 간의 관계는 갈등구조일 수 있음을 알 수 있다.

[그림 8-9] ○━ 소비자, 브랜드 양방향 투사의 가상결과

에게 다음의 두 가지를 동시에 파악한다는 것이다.

* 소비자가 브랜드를 어떻게 지각하는가?
* 브랜드가 자신(소비자)을 어떻게 본다고 지각하는가?

　통상 브랜드 전략가는 소비자가 의인화를 통해 자사 브랜드를 어떻게 지각하는지를 탐색하는 데만 관심이 있고 또 익숙해 있다. 그리고 그 결과가 자사 브랜드에 대한 소비자 관계인 양 결론짓는다. 하지만 브랜드와 소비자 상호작용을 탐색함으로써 소비자와 브랜드 관계에 내재된 문제와 기회를 새로운 시각에서 좀 더 깊이 있게 알아낼 수 있다는 것이 이 방법의 가장 큰 이점이다.

9. 브랜드-브랜드 결합법

개요

브랜드를 사람이 아니라 특정 사물에 비유하는 것도 일종의 투사법이라 볼 수 있다. 브랜드-브랜드 결합법은 TAT나 문장 완성법처럼, 브랜드를 특정 사물에 비유함으로써 언어로 표현하는 데 어려움이 있는 브랜드의 상징적 의미를 파악하는 매우 효과적인 방법이다.

브랜드-브랜드 결합법은 자사 브랜드를 다른 제품범주의 어떤 브랜드에 비유되는지 탐색하는 것이다. 우리는 2장에서 브랜드는 의미복합체로서 상징의 역할을 한다는 것을 논의하였다. 자사 브랜드와 비유되는 브랜드의 상징을 해독함으로써 직접적인 질문으로 알아낼 수 없는 풍부한 정보를 탐색할 수 있다. 브랜드-브랜드 결합법은 양적, 질적 방법 모두에서 사용이 가능하다. 하지만 가급적 질적 조사에서 사용하기를 권하고 싶다. 연상한 브랜드의 양적 지표도 중요하지만 '왜, 그렇게 생각하는지?' 예컨대, SM7이 백화점 중에서도 현대백화점에 비유된다면 '왜 그렇게 생각하는지?'가 더 중요하기 때문이다. '왜'에 대한 응답으로부터 브랜드 관리자는 자사 브랜드에 대해 더 많은 단서를 얻을 수 있다.

방법

브랜드-브랜드 결합법에서는 자사 브랜드를 비유할 적합한 제품범주를 선정하는 것이 중요하다. 그냥 되는 대로 이 제품, 저 제품을 마구잡이로 사용해서는 안 된다. 그렇게 하면 후에 해석이 매우 어려워진다. 자사 브랜드의 이미지, 개성 그리고 포지셔닝 요소를 고려하여 비유할 제품범주를 선정해야 한다.

〈표 8-1〉은 필자가 실제 수행하였던 금융 브랜드 컨설팅의 한 부분으로, 우리나라 은행 브랜드 3개에 대해 브랜드-브랜드 결합법을 적용한 실제 결과다. 자동차에 비유한 결과를 살펴보면, 3개의 브랜드는 현격한 차이를 보인다. 자동차는 무엇인가? 이는 기술 집약, 서비스, 신뢰가 상징 속에 녹아 있는 제품이다. 브랜드 A와 브랜드 B가 자동차의 어떤 브랜드에 비유되는지를 안다면 브랜드 의인화나 브랜드 연상으로 알아낼 수 없는 정보를 얻을 수 있다. 결과에 나타나는 비유 브랜드를 광고에 그대로 사용해도 큰 문제는 없다.

〈표 8-1〉 브랜드-브랜드 결합법을 통한 국내 은행 브랜드의 상징성

	은행A	은행B	은행C
자동차	• 볼보	• 소나타	• 국산중형 준중형 혼재
국가	• 대만 • 싱가포르	• 중국	• 한국
색깔	• 파랑	• 노랑	• 파랑 • 흰색
음악	• 재즈 • 락	• 대중가요	• 대중가요 • 팝
옷	• 폴로	• 파크랜드 • 지오다노	• 인디안 • 한독패션
유통	• 갤러리아	• 롯데	• 애경 • 이마트 • 홈플러스
기업	• 삼성전자	• 현대	• 삼양식품 • 오뚜기

하지만 이 방법을 사용할 경우에는 해석에 신중을 기해야 하며 최대한 해석의 객관성을 기해야 한다. 권하고 싶은 방법으로는 연구자 혼자 해석을 하고 결론에 도달하기보다는 최소 2인 이상으로 공동 연구자와 해석의 적합성에 대해 논의하고 불일치 의견은 조율하는 과정을 거쳐야 한다. 브랜드-브랜드 결합법에서 사용하는 질문유형은 다음과 같다.

> 질문   "○○은행을 백화점이라고 생각해 봅시다. 그러면 어느 백화점일까요?"
>
> "○○은행을 패션이라고 생각해 봅시다. 과연 어떤 브랜드일까요?"
>
> "○○은행을 술이라고 생각해 봅시다. 어떤 술일까요? 브랜드는?"

10. 지불가격 환산법

개요

특정 브랜드이기 때문에 소비자가 기꺼이 지불하고자 하는 가격을 알아냄으로써 브랜드의 가격 프리미엄을 탐색하는 것이 지불가격 환산법(dollarmetric)이다. 크라이슬러사가 '이글 프리미어(Eagle Premier)'의 실제 판매가격을 책정할 때 이 방법을 사용한 것으로 잘 알려져 있다. 가격 책정을 위한 재무적 접근처럼 보이지만 실상은 심리학적 접근이라 할 수 있다.

방법 및 활용

지불가격 환산법은 신제품(주로 브랜드 확장 신제품)에 적용된다. 소비자에게 두 가지 구매대안을 제시한다. 하나는 아무런 브랜드명이 부착되지 않은 것이고 다른 하나는 자사 브랜드명을 부착한 것이다. 또는 자사 브랜드와 경쟁 브랜드의 두 가지 대안을 사용해도 된다. 각각의 대안에 대해 만약 구매한다면 얼마를 지불할 의사가 있는지 물어본다. 예컨대, 신제품 브랜드를 이 방법으로 조사한다고 가정하자. 브랜드를 제시하지 않았을 때 지불가격이 15만 원이고 브랜드를 알려 주었을 때는 지불의사 평균 가격이 19만 원이 나왔다면 이 브랜드의 가격 프리미엄은 4만 원이라고 할 수 있다. 경쟁 브랜드를 포함하여 보자. 그 결과 경쟁 브랜드를 부착했을 때는 지불 의사가격이 16만 원이라 하자. 그렇다면 이 브랜드 자산은 경쟁 브랜드에 비해 금액 측면에서는 3만 원이라는 부가가치를 가지는 것이다. 물론 구매 대안의 수는 두 가지로 국한할 필요도 없고 모두 특정 브랜드를 부착해도 된다.

지불가격 환산법을 적용할 경우에는 한 소비자에게 여러 가지 구매대안 브랜드 모두를 테스트할 수도 있지만 소비자 집단을 구분하여 한 집단에게 하나의 대안 브랜드를 테스트하는 조사 설계(monadic design)를 적용하면 조사의 정확성을 더욱 높일 수 있다. 만약 한 명의 소비자에게 여러 개의 브랜드를 동시에 평가하게 한다면 반드시 브랜드를 제시하는 순서를 순환해야 한다.

11. 브랜드 조망

개요

현대 소비자의 하루는 브랜드로 구성된다 해도 과언이 아니다. 아침에 일어나서 잠자리에 들 때까지 거의 매 순간순간에 브랜드가 개입한다. 일어나서 출근 때까지만 보더라도 10여 개가 넘는 브랜드로 채워진다. A칫솔로 이를 닦고, B면도기로 면도를 하고, C샴푸로 머리를 감고, D제빵의 식빵 토스트에 유기농 딸기잼을 발라 먹고, E패션의 재킷에 면바지를 입고, F브랜드 캐주얼슈즈를 신고, G자동차의 SUV를 타고 아파트를 빠져나간다.

어떻게 보면 별다른 의미 없는 여러 브랜드의 나열처럼 보이지만 특정 소비자의 생활 시간대나 맥락을 중심으로 전반적인 브랜드 구성을 본다면 매우 흥미 있는 현상을 읽어 낼 수 있다. 브랜드 조망(brandscape)은 이처럼 소비자의 생활 시간대나 맥락에서 사용되는 전반적 브랜드 구성을 가지고 자사 브랜드의 의미와 상징성을 추출하는 것이다. 브랜드 조망은 특히 몇 개의 소비자 집단별로 자사 브랜드가 전체 브랜드 조망에서 어떤 브랜드와 조합을 이루는지 들여다봄으로써 표적 집단에서 자사 브랜드의 '소비 의미'를 탐색하는 데 매우 유용하다.

방법 및 활용

소비자의 하루 일과 중(평일인지 아니면 주말인지는 구분할 수 있다)에서 주요 행동 목록(예, 아침에 일어나서 출근 때까지, 퇴근 후 잠자리에 들 때까지)을 정하고 그 행동과 관련해 사용하는 제품의 브랜드를 기입하도록 한다. 하나의 행동 목록과 관련한 제품이라 하더라도 사용 브랜드는 매일 같지 않을 수도 있다. 이 경우에는 응답자의 기억 정확도를 높이기 위해 조사 당일 바로 직전날을 기준으로 브랜드 목록을 작성하도록 하면 된다.

브랜드 조망은 정량적인 자료수집이 가능하다. 브랜드 조망은 표적시장이 인구 통계적으로 구체화된 경우, 이 시장을 좀 더 정밀하게 들여다볼 수 있으며 브랜드 조망을 기준으로 세부 시장 또는 표적 소비자의 묘사가 가능해진다. 이 방법을 쓰면 표적 소비자의 하루를 자사 브랜드를 중심으로 하여 스토리 전개가 가능하므로 프레젠테이션에서도 효과적으로 사용할 수 있다.

12. 반응시간 측정법

개요

우리는 3장 브랜드 활성화에서 반응시간의 개념과 의미에 대해 알아보았다. 반응시간은 인지심리학의 혁명을 가져왔다고 할 만큼 중요한 현상이다. 반응시간을 통해 눈으로 직접 관찰할 수 없는 인간의 머리에서 일어나는 과정을 추론할 수 있기 때문이다. 그 중요성과 브랜드 관리에서의 유용성에도 불구하고 누구나 손쉽게 사용하기 어려운 방법이라는 한계가 있다. 순간노출기 같은 장치가 필요하며 광고나 브랜드 등과 같은 자극에 대한 소비자의 순간적인 반응시간을 즉시 처리할 수 있는 컴퓨터 소프트웨어도 있어야 한다. 하지만 그리 먼 일은 아닐 것이다. 최근에는 안구추적 장치(eye-tracker)나 심지어 기능성 자기공명영상(functional Magnetic Resonance Imaging: fMRI)도 소비자나 광고연구에 사용되고 있으니까! 하지만 장치나 소프트웨어가 없더라도 반응시간의 의미와 시사점만 제대로 이해하고 적용하여도 브랜드 관리에 유용하게 사용할 수 있다. 집단 심층면접이나 개별 심층면접 같은 질적 조사에 반응시간 개념을 적용하여도 조사결과의 시사점을 강화할 수 있다.

방법

집단 심층면접(FGI)에서 반응시간의 적용

집단 심층면접은 참석대상과 진행자 간의 대화로 진행된다. 진행자는 질문의 면접자가 아니다. 그래서 집단 심층면접에서는 면접자(interviewer)라 하지 않고 진행자(moderator)라 하는 것이다. 진행자는 참석자들의 대화를 촉진하는 촉매의 역할을 해야 하지만 실제는 그렇지 못하다. 마치 설문조사에서처럼 주로 진행자가 질문을 하고 참석자는 수동적으로 대답하는 과정으로 진행되기 십상이다. 우리나라는 문화적인 특성 때문에 이런 현상이 더욱 심하다. 그런데다가 진행자나 일방경(one-way mirror) 뒤 관찰실의 참관자는 참석자의 응답내용에만 주의를 기울일 뿐 진행자의 질문에 대한 참석자의 응답 속도(이것이 곧 반응시간이다)에는 거의 관심을 기울이지 않는다.

예를 들어, 진행자가 "XXX 브랜드는 무엇이 장점일까요?"라고 질문했는데 한동안(정확하게 몇 초인지는 재 보지 않더라도) 머뭇거리다 대답을 했다고 하자. 그런데 "YYY 브랜드의 장점은 무엇일까요?"라고 질문했을 때는 조금의 머뭇거림도 없이 즉답을 하였다면 우리는 이 두 현상 간의 차이를 어떻게 볼 수 있을까? 질문에 대한 반응시간으로 볼 때 브랜드 XXX에 비해 브랜드 YYY가 더욱 분명하고 차별적인 장점을 가진다는 것을 시사한다. 장점과 브랜드 간의 결합이 강력하고, 회상이 용이하기 때문에 응답의 반응시간이 빠른 것이다. 그렇지만 보고서에서조차 이런 반응 패턴을 참고로 제시하지 않는다. 마치 정량조사 보고서처럼 '몇 명 중 몇 명이 응답하였음' 정도로 끝난다. 소중한 정보가 날아가 버린다. 비록 반응시간을 특수 장치를 통해 정밀하게 측정하고 양화하지 못한다 하더라도 질적 조사에 적용해 본다면 브랜드 현황 파악을 위한 통찰을 얻는 데 많은 도움이 되리라 믿는다.

반응잠재법

반응잠재법(response latency)과 촉진법(facilitation method)은 점화 효과를 통해 브랜드의 자산을 파악하는 방법으로 이 두 가지 역시 반응시간을 통해 현상을 파악하는 것이다. 우리는 3장에서 점화라는 심리학적 기제가 브랜드 활성화에 어떤 시사점을 제공하는지 알아보았다. 점화란 사전 정보를 이용함으로써 후속 또는 인접 자극의 탐지나 확인 능력이 촉진되는 것이다. 반응잠재법과 촉진법은 점화효과에 기초한 방법이다.

반응잠재법은 순간노출기를 이용한다. 제품범주 명(예, 노트북, 시리얼 등)을 매우 짧은 시간(약 750ms) 제시한 다음, 제품범주에 속하거나 또는 속하지 않는 브랜드를 섞어서 스크린에 짧은 시간 노출시킨다. 소비자는 스크린에 제시된 브랜드가 해당 제품범주에 속하는지 아닌지 가능한 한 빨리 판단하는 과제를 수행한다. 과제수행에 소요된 반응시간은 컴퓨터에 의해 자동으로 기록된다. 반응시간이 짧은 브랜드일수록 그 브랜드와 제품범주와의 결합이 강하며, 반응시간이 길수록 브랜드와 제품범주와의 결합이 강력하지 못한 것이다.

촉진법

반응잠재법과 유사하다. 제품범주명을 컴퓨터 스크린에 짧은 시간 보여준 뒤 곧이어 부분적으로 가려져 알아보기 모호한 브랜드(브랜드명, 로고 또는 트레이드마크 등)를 제시한다는 점에서 반응잠재법과 차이가 있다. 촉진법은 몇 단계로 진행되는 데 단계별로 브랜드를 가리는 부분이 점차 적어진다. 즉, 단계를 거치면서 브랜드를 가렸던 점들이 무선으로 제거되면서 최종 단계에서는 아무것도 가려지지 않고 온전히 알아볼 수 있는 브랜드가 제시된다. 소비자는 점들이 제거되는 단계별로 브랜드가 무엇인지 가능한 한 빨리 맞혀

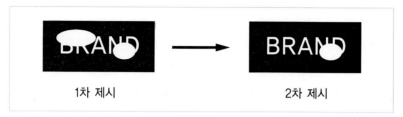

[그림 8-10] ⎯ 촉진법에서 제시 자극의 예

야 한다. 반응잠재법과 마찬가지로 과제수행에 소요된 반응시간은 컴퓨터에
의해 자동으로 기록된다. 최초 단계에서 브랜드가 무엇인지 빨리 알아맞힐
수록 브랜드와 제품범주 간의 결합은 강력함을 나타낸다.

참고문헌

김영채(2006). 학습 심리학. 서울: 박영사.

박성연, 이유경(2006). 브랜드 개성과 자아이미지 일치성이 소비자 만족, 소비자-브랜드 관계 및 브랜드 충성도에 미치는 영향: 한국 소비자들의 브랜드 개성과 소비자-브랜드 관계 유형 인식을 중심으로. 광고학연구, 17(1), 7-24.

박은아, 김태형, 성영신, 강정석(2004). 소비자-브랜드 관계가 확장된 브랜드 평가에 미치는 영향. 소비자학연구, 15(4), 37-58.

성영신, 우석봉(2000). 상표자산의 심리학적 접근: 소비자와 상표 간 상호작용을 중심으로. 한국심리학회지: 소비자·광고, 1, 39-61.

안광호(2006). 정서마케팅. 서울: 애플트리태일즈.

여준상(2006). 조절초점이 브랜드확장 평가에 미치는 영향과 그 매개과정에 관한 연구. 소비문화연구, 9(4), 105-121.

여준상(2010). 조절초점, 확장제품의 제조 난이도, 모 브랜드-확장제품 간 유사성이 브랜드확장 평가에 미치는 영향. 한국심리학회지: 소비자·광고, 11(2), 257-272.

우석봉(2014). IMC 광고기획의 원리와 응용. 서울: 학지사.

우석봉, 이성수(2012). 광고효과에 대한 자기해석과 광고비주얼 표현의 일치성 여부의 영향: 제품유형의 조절. 광고학연구, 23(1), 47-69.

우석봉, 이성수(2015). 시간적 거리와 브랜드확장 적합성이 확장브랜드 평가에 미치는 영향에서 모 브랜드 광고 기대불일치성의 조절적 역할. 한국심리학회지: 소비자 · 광고, 16(1), 1-20.

윤태웅(2011). 일면적 광고와 양면적 광고의 효과에 관한 연구: 조절초점의 조절효
과. 한국심리학회지: 소비자 · 광고, 12(2), 261-282.

이상률(1997). 소비의 사회. 서울: 문예출판사.

이정모(편)(1996). 인지심리학의 제 문제(Ⅰ): 인지 과학적 연관. 서울: 성원사.

한규석(2002). 사회심리학의 이해. 서울: 학지사.

한성열, 한민, 이누미야 요시유키, 심경섭(2015). 문화심리학. 서울: 학지사.

Aaker, D. A. (1991). *Managing brand equity*. New York: The Free Press.

Aaker, J. L., & Maheswaran, D. (1997). The effect of cultural orientation on persuasion. *Journal of Consumer Research, 24*, 315-328.

Aaker, J. L., & Williams, P. (1998). Empathy versus pride: The influence of emotional appeals across cultures. *Journal of Consumer Research, 25*(3), 241-261.

Ahluwalia, R. (2008). How far can a brand stretch? Understanding the role of self-construal. *Journal of Marketing Research, 45*, 337-350.

Alba, J. W., & Chattopadhyay, A. (1986). Salience effects in brand recall. *Journal of Marketing Research, 23*, 369.

Alba, J. W., & Hutchinson, J. W. (1987). Dimensions of consumer expertise. *Journal of Consumer Research, 13* (March), 411-453.

Alba, J. W., Hutchinson, J. W., & Lynch, J. G. (1991). Memory and decision making. In T. S. Robertson & H. H. Kassarjian (Eds.), *Handbook of consumer behavior* (pp. 1-49). Englewood Cliffs, NJ: Prentice-Hall.

Anderson, J. R. (1983). A spreading activation theory of memory. *Journal of Verbal Learning and Verbal Behavior, 22*, 261-275.

Arnd, F., & Martin, S. (2006). The impact of regulatory focus on brand choice and category-brand associations. *Advances in Consumer Research, 33*, 320-321.

Asch, S. E. (1946). Forming impressions of personality. *Journal of Abnormal and*

Social Psychology, 41, 258-290.

Barsalou, L. W. (1991). Deriving categories to achieve goals. In G. H. Bower (Ed.), *The psychology of learning and motivation: Adrances in research and theory* (Vol. 27, pp. 1-64). New York: Academic Press.

Barsalou, L. W., & Ross, B. H. (1986). The roles of automatic and strategic processing in sensitivity to superordinate and property frequency. *Journal of Experimental Psychology: Learning, Memory, and Cognition, 12*, 116-134.

Belk, R. (1988). Possessions and the extended self. *Journal of Consumer Research, 15*, 139-168.

Birdwell, A. E. (1968). A study of influence of image congruence on consumer choice. *Journal of Business, 41*, 76-88.

Blackston, M. (1993). Beyond brand personality: Building brand relationships. In D. A. Aaker & A. L. Biel (Eds.), *Brand equity & advertising* (pp. 113-124). Hillsdale, NJ: Erlbaum.

Boush, D. M. (1993). Brands as categories. In D. A. Aaker & A. L. Biel (Eds.), *Brand equity & advertising* (pp. 299-312). Hillsdale, NJ: Erlbaum.

Briley, D. A. (2009). Looking forward, looking back: Cultural differences and similarities in time orientation. In R. S. Wyer, C. Chiu, & Y. Hong (Eds.), *Understanding culture: Theory, research and application.* New York, NY: Psychology Press.

Briley, D. A., & Wyer, R. S. (2001). Transitory determinants of values and decisions: The utility (or non-utility) of individualism?.collectivism in understanding cultural differences. *Social Cognition, 19*(3), 198-229.

Briley, D. A., & Wyer, R. S. (2002). The effects of group membership on the avoidance of negative outcomes: Implications for social and consumer decisions. *Journal of Consumer Research, 29*(3), 400-415.

Brown, D. E. (1991). *Human universals.* New York: McGraw-Hill.

Bruner, J. S., Goodnow, J. J., & Austin, G. A. (1956). *A study of thinking.* New York: Wiley.

Campbell, C. (1987). *The romantic ethic and the spirit of modern consumerism.* Oxford: Blackwell.

Choi, I., Dalal, R., Kim-Pietro, C., & Park, H. (2003). Culture and judgment of causal relevance. *Journal of Personality and Social Psychology, 84,* 46–59.

Collins, A. M., & Loftus, E. F. (1975). A spreading activation theory of semantic processing. *Psychological Review, 82,* 407–428.

Collins, A. M., & Loftus, E. F. (1975). A spreading–activation theory of semantic processing. *Psychological Review, 82*(6), 407–428.

Csikszentmihalyi, M. (1975). Play and intrinsic reward. *Journal of Humanistic Psychology, 15*(3), 41–63.

Csikszentmihalyi, M., & Rochberg-Halton, E. (1981). *The meaning of things: Domestic symbols and the self.* Cambridge: Cambridge University Press.

Dahlen, M. (2005). The media as a contextual cue. *Journal of Advertising, 34,* 89–98.

Dahlen, M., Granlund, A., & Grenros, M. (2008). The consumer-perceived value of non-traditional media: Effects of brand reputation, appropriateness and expense. *Journal of Consumer Marketing, 26*(3), 155–163.

De Mooij, M. (2010). *Global marketing and advertising: Understanding cultural paradoxes* (3rd ed.). Thousand Oaks, CA: Sage.

Duncan, T. R., Schultz, D. E., & Patti, C. (2005). Special issue on integrated marketing communication(IMC). *Journal of Advertising, 34*(4), 5–118.

Edell, J. A., & Keller, K. L. (1999). *Analyzing media interactions: The effects of coordinated TV-Print advertising campaigns.* Cambridge, MA: Marketing Science Institute.

Edwin, L., Staton, M., Chapman, C., & Okada, E. (2010). Regulatory focus as a determinant of brand value. *Journal of Product & Brand Management, 19*(17),

512-517.

Elias, L. J., & Saucier, D. M. (2006). *Neuropsychology: Clinical and experimental foundations*. Boston: Allyn and Bacon.

Elliot, A. J., Chirkov, V. I., Kim, Y. & Sheldon, K. (2001). A cross-cultural analysis of avoidances (relative to approach) personal goals. *Psychological Science, 12*, 505-510.

Epstein, S. (1980). The self-concept: A review and the proposal of an integrated theory of personality. In E. Staub (Ed.), *Personality: Basic issues and current research* (pp. 82-132). Englewood cliffs, NJ: Prentice-Hall.

Etcoff, N., Orbach, S. Scott, J. & H. D'Agostino, H. (2006). *Beyond stereotypes: Rebuilding the foundation of beauty beliefs*. Findings of the 2005 Dove Global Study.

Farquhar, P. H. (1989). Managing brand equity. *Journal of Marketing Research, 4*, 1-11.

Farquhar, P. H., & Herr, P. M. (1993). The dual structure of brand associations. In D. A. Aaker & A. L. Biel (Eds.), *Brand equity & advertising*. Hillsdale, NJ: Erlbaum.

Fiske, S. T., & Taylor, S. E. (1991). *Social cognition*. New York: McGraw-Hill.

Florack, A., & Scarabis, M. (2006). The impact of regulatory focus on brand choice and category-brand associations. In C. Pechmann, & L. Price (Eds.), *NA-Advances in Consumer Research* (Vol. 33. pp. 320-321). MN: Association for Consumer Research.

Fournier, S. (1998). Consumers and their brands: developing relationship theory in consumer research. *Journal of Consumer Research, 24*, 343-373.

Foxall, G. R., & Goldsmith, R. D. (1994). *Consumer psychology for marketing*. London: Loutledge.

Gobe, M. (2001). *Emotional branding*. Allworth Press.

Grubb, E., & Hupp, G. (1968). Perception of self, generalized stereotypes, and brand selection. *Journal of Marketing Research, 5*, 58-63.

Hagtvedt, H., & Patrick, V. M. (2008). Art and the brand: The role of visual art in enhancing brand extendibility. *Journal of Consumer Psychology, 18*, 212–222.

Halle, D. (1992). *Inside culture.* Chicago: University of Chicago Press.

Hauser J. R., & Wernerfelt, B. (1990). An evaluation cost model of consideration set. *Journal of Consumer Research, 16*(4), 393–408.

Hebb, D. O. (1959). A neuropsychological theory. In S. Koch (Ed.), *Psychology: A study of a science.* New York: McGraw-Hill.

Higgins, E. T. (1997). Beyond pleasure and pain. *American Psychologist, 55*, 1217–1233.

Higgins, E. T., & Gillian, A. K. (1981). Accessibility of social constructs: Information processing consequences of individual and contextual variability. In N. Cantor & J. Kihlstrom (Eds.), *Personality, cognition, and social interaction* (pp. 69–122). Hillsdale, NJ: Erlbaum.

Hofstede, G. (1980). *Culture's consequences: International differences in work related values.* Beverly Hill, CA: Sage.

Hofstede, G. (1991). *Cultures and organisations: Softwares of the mind.* London: McGraw Hill.

Hofstede, G. (2007). A European in Asia. *Asian Journal of Social Psychology, 10*, 16–21.

Holt, D. B. (1995). How consumers consume. *Journal of Consumer Research, 22*, 1–16.

Holt, D. B. (2004). *How brands become icons: The principles of cultural branding.* Boston: Havard Business School Press.

Hong, J. W., & Zinkhan, G. M. (1995). Self-concept and advertising effectiveness: The influence of congruency, conspicuousness and response mode. *Psychology & Marketing, 12*, 53–77.

James, W. (1890). *The principles of psychology.* New York: Henry Holt.

John, D. R., & Loken, B. (1993). Diluting brand beliefs: When do brand extensions have a negative impact? *Journal of Marketing, 57*(Summer), 71–84.

John, D. R., Loken, B., Kim, K., & Monga, A. B. (2006). Brand concept maps: A methodology for identifying brand association networks. *Journal of Marketing Research, 23,* 549−563.

Kapferer, J. N. (2004). *The new strategic brand management.* London: Kogan Page.

Keller, K. L. (1993). *Strategic brand management: Building, measuring and managing brand equity.* Englewood Cliffs, NJ: Prentice-Hall.

Kim, D., & Sung, Y. (2013). Gucci versus Old Navy: Interplay of Brand Personality and Regulatory Focus in Advertising Persuasion. *Psychology & Marketing, 30*(12), 1076−1087.

Kim, K., Park, J., & Kim, J. (2013). Consumer?brand relationship quality: When and how it helps brand extensions. *Journal of Business Research, 67*(4), 591−597.

Kotler, P. (1980). *Marketing management: Analysis, planning, and control* (4th ed.). Englewood Cliffs, NJ: Prentice Hall.

Kotler, P. (1989). *Principles of marketing* (4th ed.). Englewood Cliffs, NJ: Prentice Hall.

Kühnen, U., & Oyserman, D. (2002). Thinking about the self influences thinking in general: Cognitive consequences of salient self-concept. *Journal of Experimental Social Psychology, 38,* 492−499.

Kurman, J., & Hui, C. (2011). Promotion, prevention or both: Regulatory focus and culture revisited. *Online Readings in Psychology and Culture, 5*(3). http://dx.doi.org/10.9707/2307−0919.1109

Lam, D. (2007). Cultural influence on proneness to brand loyalty. *Journal of International Consumer Marketing, 19*(3), 7−21.

Lee, A. Y., Aaker, J. L., & Gardner, W. L. (2000). The pleasures and pains of distinct self-construals: The role of interdependence in regulatory focus. *Journal of Personality and Social Psychology, 78,* 1122−1134.

Lee, D. H. (1990). Symbolic interactionism: Some implications for consumer self-concept and product symbolism research. *Advances in Consumer Research, 17,*

386-393.

Levitt, T. (1981). Marketing intangible products and product intangibles. *Harvard Business Review, 59*(3), 94-102.

Lin, C. A. (2001). Cultural values reflected in Chinese and American television advertising. *Journal of Advertising, 30*, 83-94.

Love, E., Staton, M., Chapman, C. N., & Okada, E. M. (2010). Regulatory focus as a determinant of brand value. *Journal of Product & Brand Management, 19*(7), 512-517.

Madhavaram, S., Badrinarayanan, V., & McDonald, R. E. (2005). Integrated marketing communication (IMC) and brand identity as critical components of brand equity strategy. *Journal of Advertising, 34*(4), 69-80.

Maheswaran, D. J., & Chaiken, S. (1991). Promoting systematic processing in low-involvement settings: Effect of incongruent information on processing and judgment. *Journal of Personality and Social Psychology, 61*, 13-25.

Markus, H. R., & Kitayama, S. (1991). Culture and the self: Implications for cognition, emotion, and motivation. *Psychological Review, 98*, 224-253.

Masuda, T., & Nisbett, R. E. (2001). Attending holistically versus analytically: Comparing the context sensitivity of Japanese and Americans. *Journal of Personality and Social Psychology, 81*(5), 922.

Masuda, T., Ellsworth, P., Mesquita, B., Leu, J., Tanida, S., & Veerdonk, E. (2008). Placing the face in context: Cultural differences in the perception of facial emotion. *Journal of Personality and Social Psychology, 94*(3), 365-381.

Matlin, M. W. (1988). *Sensation and perception.* Boston: Allyn and Bacon.

McCracken, G. (1986). Culture and consumption: A theoretical account of the structure and movement of the cultural meaning of consumer goods. *Journal of Consumer Research, 19*, 317-338.

McCracken, G. (1988). *Culture and consumption.* Bloomington, IN: University Press.

McKone, E., Aimola, A., Fernando, D., Aalders, R., Leung, H., & Wickramariyaratne, T. (2010). Asia has the global advantage: Race and visual attention. *Vision Research, 50*(16), 1540–1549.

Meng, L. (2007). *A Left-brain exploration of consumer creativity: Creative thinking, product evaluation, and cultural differences.* Doctoral Dissertation, University of Minnesota.

Meyers-Levy, J., & Sternthal, B. (1992). A two-factor explanation of assimilation and contrast effects. *Journal of Marketing Research, 30*, 359–368.

Meyrs-Levy, J., & Sternthal, B. (1993). A two-factor explanation of assimilation and contrast effects. *Journal of Marketing Research, 30*(August), 359–368.

Mick, D. G., & Buhl, C. (1992). A meaning-based model of advertising experiences. *Journal of Consumer Research, 19*, 317–338.

Miracle, G. E. (1987). Feel-do-learn: An alternative sequence underlying Japanese consumer response to TV commercials. In The Proceedings of the 1987 Conference of the American Academy of Advertising, 73–78.

Molesworth, M. (2006). Real brands in imaginary worlds: investigating player's experiences of brand placement in digital games. *Journal of Consumer Behavior, 5*, 355–366.

Murphy, G. L., & Medin, D. L. (1985). The role of theories in conceptual coherence. *Psychological Review, 92*, 289–316.

Naik, P. A. (2007). Integrated marketing communications. In G. J. Tellis & T. Ambler (Eds.), *The Sage handbook of advertising.* CA: Sage Publications.

Nedungadi, P. (1990). Recall and consumer consideration sets: Influencing choice without altering brand evaluations. *Journal of Consumer Research, 17*(4), 263–276.

Oishi, S., Wyer, R. S., & Colcombe, S. (2000). Cultural variation in the use of current life satisfaction to predict the future. *Journal of Personality and Social Psychology, 78*,

434–445.

Ortony, A., Clore, G., & Collins, A. (1988). *The cognitive structure of emotions*. Cambridge, New York: New Press.

Oyserman, D., & Sorensen, N. (2009). Understanding cultural syndrome effects on what and how we think: A situated cognition model. In R. S. Wyer, C. Chiu, & Y. Hong (Eds.). *Understanding culture: Theory, research and application*. NY: Psychology Press.

Park, C. H., Milberg, S., & Lawson, R. (1991). Evaluation of brand extension: The role of product level similarity and brand concept consistency. *Journal of Consumer Research, 18*(September), 185–193.

Park, D. C., Nisbett, R. E., & Hedden, T. (1999). Culture, cognition, and aging. *Journal of Gerontology, 54B*, 75–84.

Park, H., & Rabolt, N. J. (2009). Cultural values, consumption value, and global brand image: A cross-national study. *Psychology & Marketing, 26*(8), 714–735.

Plutchik, R. (1984). Emotions: A general psychoevolutionary theory. In K. R. Scherer & P. Ekman(Eds.), Approaches to Emotions. Hillsdale, NJ: Erlbaum.

Rifon, N. J., Choi, S. M., & Trimble, C. S., & Li, H. (2004). Congruence effects in sponsorship: The mediating role of sponsor credibility and consumer attribution of sponsor motive. *Journal of Advertising, 33*(1), 29–42.

Rosch, E. (1975). Cognitive representations of semantic categories. *Journal of Experimental Psychology: General, 104*(3), 192–233.

Rosch, E., & Mervis, C. B. (1975). Family resemblances: Studies in the internal structure of categories. *Cognitive Psychology, 7*, 573–605.

Rosch, E., Mervis, C. B., Gray, W. D., Johnsen, D. M., & Boyes-Braem, P. (1976). Basic objects in natural categories. *Cognitive Psychology, 8*, 382–440.

Rumelhart, D. E. (1980). Schemata: The building blocks of cognition. In R. Spiro, B. Bruce, & W. Brewer (Eds.), *Theoretical issues in reading comprehension*.

Hillsdale, NJ: Erlbaum.

Schmidt, S. R. (1991). Can we have a distinctive theory of memory? *Memory & Cognition, 19*, 523-542.

Schmitt, B. H. (1994). Contextual priming of visual information in advertisements. *Psychology and Marketing, 1*, 1-14.

Schmitt, B. H. (1999). *Experiential marketing.* New York: The Free Press.

Schmitt, B. H. (2003). *Consumer experience management: A revolutionary approach to connecting with your customer.* Indianapolis, IN: John Wiley & Sons.

Schultz, D. E., Tannenbaum, S. I., & Lauterborn, R. F. (1993). *Integrated Marketing Communications: Putting It Together & Making It Work.* Illinois: NTC Business Books.

Schwartz, S. H. (2009). Culture matters: National value cultures, sources and consequences. In R. S. Wyer, C. Chiu, & Y. Hong (Eds.), *Understanding culture: Theory, research and application.* New York: Psychology Press.

Sherry, J. F. (1995). *Contemporary marketing and consumer behavior: An anthroplogial Sourcebook.* London: Sage.

Sheth, J. N., & Mittal, B. (2004). *Consumer behavior: A managerial perspective.* Mason, OH: Thomson.

Sirgy, M. J. (1982). Self-concept in consumer behavior: A critical review. *Journal of Consumer Research, 9*, 287-300.

Sirgy, M. J. (1998). Materialism and quality of life. *Social Indicators Research, 43*, 227-260.

Slamecka N. J. (1968). An examination of trace storage in free recall. *Journal of Experimental Psychol, 76*(4), 504-513.

Smothers, N. (1993). Can products and brands have charisma? In D. A. Aaker & A. L. Biel (Eds.), *Brand equity & advertising* (pp. 97-111). Hillsdale, NJ: Erlbaum.

Srull, K., & Wyer, R. (1989). Person memory and judgment. *Psychological Review,*

96, 58–83.

Sung, Y., & Tinkham, S. F. (2005). Brand personality structures in the United States and Korea: Common and culture-specific factors. *Journal of Consumer Psychology, 15*(4), 334–350.

Sung, Y., Choi, S., & Lin, J. (2012). The interplay of culture and situational cues in consumers' brand evaluation. *International Journal of Consumer Studies, 36*, 696–701.

Swaminathan, V., Winterich, K. P., & Gurhan-Canli, Z. (2012). 'My' brand or 'our' brand: The effects of brand relationship dimensions and self-construal on brand evaluations. *Journal of Consumer Research, 34*(2), 248–259.

Tardiff, T., Fletcher, P. Liang, W. Zhang, Z. Kaciroti, N. & Marchman, V. A. (2008). Baby's first ten words. *Development Psychology, 44*(4), 929–938.

Tauber, E. M. (1993). Fit and leverage in brand extensions. In D. A. Aaker & A. L. Biel (Eds.), *Brand equity & advertising.* Hillsdale, NJ: Erlbaum.

Triandis, H. C. (1995). *Individualism and collectivism.* Boulder, CO: Westview Press.

Triandis, H. C. (1996). The psychological measurement of cultural syndromes. *American Psychologist, 51*(4), 407–415.

Tylor, E. B. (1974). *Primitive culture: researches into the development of mythology, philosophy, religion, art, and custom.* New York: Gordon Press.

Uskul, A. K., Sherman, D. K., & Fitzgibbon, J. (2009). The cultural congruency effect: Culture, regulatory focus, and the effectiveness of gain-vs. loss-framed health messages. *Journal of Experimental Social Psychology, 45*(3). 535–541.

Wang, A., & Nelson, R. A. (2006). The effects of identical versus varied advertising and publicity messages on consumer response. *Journal of Marketing Communications, 12*(2), 109–123.

Ward, J., & Loken, B. (1986). The quintessential snack food: Measurement of product prototypes. In Richard J. Lutz (Ed.), *Advances in Consumer Research, 13*(pp.

126–131). Provo, UT: Association for Consumer Research.

Yi, Y. J. (1990). The effects of contextual priming in print advertisements. *Journal of Consumer Research, 17,* 215–222.

Zaltman, G. (1997). Rethinking market research: Putting the people back in. *Journal of Marketing Research, 34,* 424–437.

Zaltman, G. (2003). *How customers think: Essential insights into the mind of the market.* Boston, MA: Harvard Business School press.

🏷 찾아보기

저자 소개

■ 우석봉(Woo, Seokbong)

　20년간 현장에서 광고, 브랜드 전략 업무를 수행하였다. 대홍기획 마케팅 연구소, Lee & DDB(현 DDB Korea) Consumer Insight Center 소장을 거쳐 금강기획에서는 마케팅 컨설팅 팀을 신설하여 팀장을 역임했으며, 코마코 Brand Center 소장을 끝으로 현장에서 떠나 현재는 대전대학교 경영대학 산업·광고심리학과 교수로 재직 중이다.

　소비자·광고심리학 전공으로 고려대학교에서 박사학위를 받았으며, 광고와 브랜드 실무를 위한 심리학적 모형개발에 관심을 기울이고 있다. 『실전 광고기획 에센스』『광고 심리학』『한국인의 미디어와 소비트렌드』 등의 저서가 있으며, 「상표자산의 심리학적 접근」「모브랜드-확장제품의 유사성, 확장제품가격 및 지각된 위험이 확장제품 평가에 미치는 영향」「시간적 거리와 브랜드확장적합성이 확장 브랜드 평가에 미치는 영향에서 모 브랜드 광고 기대불일치성의 조절적 역할」 등의 논문이 있다.

3판

브랜드 심리학

Brand Psychology, 3rd ed.

2016년 3월 15일 3판 1쇄 발행
2021년 9월 20일 3판 2쇄 발행

지은이 • 우 석 봉

펴낸이 • 김 진 환

펴낸곳 • (주) **학지사**

　　　　04031 서울특별시 마포구 양화로 15길 20 마인드월드빌딩 5층

대표전화 • 02) 330-5114　　　팩스 • 02) 324-2345

등록번호 • 제313-2006-000265호

홈페이지 • http://www.hakjisa.co.kr
페이스북 • https://www.facebook.com/hakjisabook

ISBN 978-89-997-0877-0　93180

정가　16,000원

이 도서의 국립중앙도서관 출판시도서목록(CIP)은 서지정보유통지원시스템
홈페이지(http://seoji.nl.go.kr)와 국가자료공동목록시스템(http://www.nl.go.kr/kolisnet)
에서 이용하실 수 있습니다.
(CIP제어번호: CIP2016002845)

출판 · 교육 · 미디어기업 **학지사**

간호보건의학출판 **학지사메디컬** www.hakjisamd.co.kr
심리검사연구소 **인싸이트** www.inpsyt.co.kr
학술논문서비스 **뉴논문** www.newnonmun.com
원격교육연수원 **카운피아** www.counpia.com